戦国織豊期の貨幣と石高制

本多博之著

吉川弘文館

目次

第三編 貨幣流通と石高制

序論　研究史の整理と課題

一　日本中世貨幣史研究の成果

1　一九二〇年代〜八〇年代

日本中世の貨幣史研究は、戦前の一九二一〜三二年におこなわれた、いわゆるグレシャム法論争で大きく進展した。「悪貨は良貨を駆逐する」というグレシャム法が室町期に発現したとする渡辺世祐氏の主張[1]に対し、柴謙太郎氏が史料的根拠を明示しながら否定したところ、新たに奥野高廣氏が渡辺説を支持する論を展開したことにより、以後、柴氏と奥野氏との間で激しい議論が交わされた[2]。その内容は、永楽銭など明銭の評価をはじめ多岐にわたるものであったが、この論争を通して、「撰銭」の具体的な検討や、いわゆる撰銭令（撰銭禁令）の法文についての厳密な解釈、さらには新たな撰銭令の発見など、貨幣史研究が大きく進展することになった。また同じころ、小葉田淳氏によって貨幣や貿易の研究が独自に進められていたが[3]、対外貿易の考察をふまえた成果は膨大で、その多くは今もなお光彩を放っている。

戦後になると、貨幣史研究は新たな段階を迎え、一九五〇年代に藤田五郎氏が撰銭令を「農民的貨幣経済」の発展度合の面から検討し[4]、六〇年代に滝沢武雄氏や藤木久志氏が、撰銭および撰銭令を社会背景との関係で具体的に考察するようになった。滝沢氏は撰銭と撰銭令の内容、そして撰銭令発布の意図や背景をふまえた上で、とくにその効力に注目し、室町幕府や織田信長の撰銭令について検討した。[5]また藤木氏は、撰銭令を戦国期における諸階層の対抗関係のなかで把握する試みのもと、とくに貨幣の問題を大名権力対地下といった諸階層関係の対立のなかで捉えた。[6]その後、八〇年代に入ると、浦長瀬隆氏が貨幣流通史を銭貨から金銀貨への単線的な展開と捉えるのではなく、そこに米の通貨的使用の事実を確認し、しかもそれが一五七〇年前後に突如出現した現象であることを、実証的に解明した。[7]また松延康隆氏は、鎌倉・室町期において銭の持つ貨幣機能の質的転換や、銭を受容する人々の貨幣観念の根本的な変化を想定し、鎌倉期における銭の貨幣機能（交換手段・支払手段・価値尺度）の変化を詳細に検討した。[8]

そして、これら各氏によって進められた研究の成果は、次のように整理できる。

すなわち、十世紀に皇朝十二銭の鋳造が途絶えて以降、十七世紀半ばに江戸幕府のもとで三貨体制が成立するまでの日本では、国家が銭貨を鋳造せず、十二世紀より貿易を通じて流入した唐・宋・元・明などの中国銭を中心に、朝鮮・琉球・安南など東アジア諸国の銭貨が広く流通・通用していた。当初は、朝廷もこれら渡来銭の使用を厳しく禁じていたが、やがてそれは社会に浸透し始め、十三世紀前期に絹布の交換手段機能を吸収し、十三世紀後期に米のそれを吸収した結果、十四世紀初頭には銭貨が価値尺度機能を統合・独占することになった。

こうして十四・十五世紀には、中国渡来銭を中心とする銭貨流通経済が進展したが、十五世紀後半にはそれが突如混乱に直面し、いかなる銭貨も一枚＝一文という等価値の原則が崩れて異なる銭貨間に価格差が生じたほか、低品位・低価値とみなされた「悪銭」の受領忌避が銭貨授受のさいに生まれた。このいわゆる「撰銭」の発生について従来の理解は、中世後期の商品経済の発展による銭貨需要の増大に銭貨供給が追いつかないなか、国内外の粗悪な私鋳銭が流通したことによる、というものであった。しかし、それに対して新たな見解が、日本史以外の分野から登場し始めることになる。

2　一九九〇年代以降

(1)　東洋史分野での研究の進展

一九九〇年代に入り、日本中世の貨幣史研究は新たな段階を迎える。それは、東洋史（中国史・朝鮮史）や考古学など、日本史以外の分野から声が挙がることで幕を開けた。

まず、日本の「撰銭」状況の発生を、東アジア規模で理解しようとする見解が足立啓二氏によって提唱された(9)。すなわち明国では、十五世紀半ばに国家の銀財政への転換により「国家的支払手段」としての銅銭体系が解体し、銭の国家的信用の喪失が銭の価値低下をもたらし、それが貿易を通じて日本に影響したとして、日本国内での銭貨流通の混乱の背景に明国内での混乱を位置づけた。それは、貨幣を純経済的な交換媒体というよりはむしろ、「国家的支払手段」とみなし、中国の専制国家によって国家的信用を付与された中国銭を基準通貨とする東アジア経済圏（中国「内部貨幣圏」）に日本も包摂されていた、という理解を前提とするものであった。

これに対して大田由紀夫氏は、足立氏の内部貨幣圏包摂説を否定し、十五世紀後半以降の中国の銭貨流通の動揺は、「国家的支払手段」の地位を銀に奪われた銭が信任を失って惹起したのではなく、「低銭」（低品位私鋳銭）の氾濫によって説明されるべき現象と主張した(10)。

一方、黒田明伸氏は、日本における経済現象を世界規模での貿易構造の転換と関連づけ、一五六七年の福建における公認貿易への転換や一五七〇年からのスペイン銀を媒介とする地球規模の交易網へのリンクにより、私鋳銭の日本向け輸出が停止し、その結果として西日本では銭遣いから米遣いへの転換が起こり、ひいては貫高制ではなく石高制としての知行統一が進む動機になったとする。[11] すなわち、渡来銭の供給停止が米遣いへの転換や石高制成立の主たる要因になったという主張であり、それは主に日本国内の状況で理解していた従来の考え方に一石を投じた。

またこのほかにも、須川英徳氏によって朝鮮における通貨事情（銅銭・紙幣や麻布・木綿布）の考察がおこなわれ、隣接する国家でありながら、日本とは大きく異なる貨幣流通の状況が明らかにされた。[12]

このように、日本の銭貨流通の動態を日本の国内だけで理解することが、もはや困難な状況となった。

(2) 考古学分野での研究の進展

東洋史の分野で貨幣についての研究が進むなか、考古学の分野でも新たな動きが始まった。一九九三年に銭貨を研究対象とする学会「出土銭貨研究会」が発足し、翌年からは会誌『出土銭貨』の発行を開始し、銭貨に関する情報が全国規模で集積され、各種分野の研究成果が次々と公表される状況が生まれた。[13] こうした流れのなか鈴木公雄氏は、これら出土銭貨の分析により、中・近世移行期の銭貨動態について注目すべき研究成果を発表した。それは、銭貨構成の分析が可能な一〇〇〇枚以上の出土量を持つ全国各地の出土銭二一七例、総数約三五〇万枚の銭貨を分析し、その中に含まれる最新の鋳造年代の銭貨（最新銭）をもとに八期の時期区分をおこない、その時代的変遷を考察するというものであった。その結果、日本中世の銭貨流通で量的に重要な役割を果たしたのは北宋銭であることを明らかにしたほか、六期、すなわち十六世紀を境に中世の銭貨流通の変質が顕現し、とくに関東地方を中心とした地域に永楽銭の集中化現象と超精銭化現象が確認されることを指摘した。[14]

また、発掘成果として京都・鎌倉・博多・堺で相次いで銭貨鋳型が出土し、国内での銭貨鋳造の事実が明らかとなった。とりわけ堺環濠都市遺跡では、十六世紀中ごろ～後半と推測される商業地区から、渡来銭および無文銭の鋳型と枝銭・鋳放銭・湯道バリ等の金属資料が出土し、模鋳に採用された銭種の九八・九九％が唐・北宋銭であること、そして模鋳銭生産の主体が無文銭であったことなどが、嶋谷和彦氏によって紹介された(15)。

一方、東国での永楽銭集中化現象に対して、他地域においても出土銭貨の地域的特性が指摘されるようになり、南九州地方の中世後半から近世初頭にかけての出土六道銭に洪武通宝が多用される状況から、東日本の永楽銭と類似の役割を南九州では洪武銭が果たすなど、流通銭貨の「地域性」が櫻木晋一氏らによって主張されるようになった(16)。

このように、かつては歴史学・考古学・古銭学など、さまざまな分野で個別に進められていた研究が、現在はその領域を越えて交流し、相互に影響を及ぼしながら進展する状況となっている。

(3) 日本史（文献史学）分野での研究の進展

東洋史や考古学の分野における研究の進展に対し、やはり九〇年代以降、日本史（文献史学）の分野でもそれに呼応するかのように、研究の進展が見られ始めた。

中島圭一氏は、東国と西国における永楽銭の位置とその移り変わりを検討したほか、大陸から持ち込まれた渡来銭を媒体として人々の間に自然に成立した秩序をとくに「貨幣システム」と呼び、その成立から解体に至る史的展開を具体的に論じた(17)。それによれば、渡来銭は国家の承認や裏付けのないまま、人々に貨幣としてしだいに受け入れられたのであり、十四〜十五世紀に発達した貨幣経済は自律的な貨幣秩序を成立させたものの、十五世紀後期には「貨幣システム」の動揺が始まり、人々の貨幣観の変化は国内通用の歴史が浅い明銭の価値下落をもたらし、撰銭が盛んにおこなわれ始めるが、人々は新たなシステムの構築を模索し始め、それは堺環濠都市遺跡出土の無文銭の鋳型に見られるように、民間の商人等による日本独自の新たな銭貨の創出をもたらし、その結果、地域ごとに特色ある貨幣秩序を分立するに至ったという。その見解の特徴としては、渡来銭の国内流通に対して朝廷や幕府が黙認・追認した、あるいは幕府や大名などの公権力が撰銭紛争のさい、調停者として一定の基準を示す以上のことはなしえなかったという評価が示すように、中世権力の限界を述べる点にある。

一方、永原慶二氏は、永楽銭を基準通貨とする関東内陸部での新しい通貨体系の形成について、京都の経済的影響から最も遠いという中島氏の見解を批判しつつ、東西商業の結節点である伊勢（大湊）を扇のカナメとする東国（関東・東海）の永楽銭基準通貨圏の存在を指摘し、その成立に伊勢商人の活動が深く関与している事実を明らかにした。[18]また桜井英治氏は、中世〜近世初期の日本経済について、東アジア史のなかで位置づけながら貨幣（銭および金銀）や手形や米の、個々の機能や信用の変遷を具体的に検討した。[19]それは、近年の東洋史や考古学の研究成果をふまえながら改めて銭と米、そして金銀の性格や機能について整理したもので、新たな視点が随所に認められる。

さらに安国良一氏は、従来、近世の貨幣制度について広く研究を進めていたが、最近はとくに三貨体制成立以前（近世初期）の銭貨状況について検討し、徳川政権の通貨政策が当時直面していた政治課題としての交通政策と密接に関連し、なかでも「京銭」がその重要な役割を果たしていた、という注目すべき事実を明らかにした。[20]

そして近年では、また新たな視点から貨幣史研究が進められつつある。高木久史氏は、中世の撰銭令に食糧需給政策（米価の抑制や米の安定供給の確保）としての性格を見出したほか、石高制の成立とほぼ同時期もしくは若干先行する時期（十六世紀後半）に、奈良周辺で一般の商取引等における米の価値尺度的使用が政策外のレベルで存在していたことを指摘している。[21]

また最近では、銭貨だけでなく金銀の動向にも関心が集まるようになった。すなわち、盛本昌広氏が豊臣政権期における東国の金遣いや西国の銀遣いなど金銀の国内浸透の過程を具体的に論じたほか、[22]田中浩司氏が京都大徳寺塔頭真珠庵の帳簿分析から、十六世紀前半すでに真珠庵周辺に数十両規模の金が存在し、それが所領買得に代わる投資対象や価値蓄蔵手段であったこと、さらに元亀三年（一五七二）の大徳寺帳簿の分析により、銭使用の衰退、米の貨幣としての重要性の増大、そして金銀の使用拡大など、当時の貨幣や米の動向を明らかにし[23]、中島圭一氏も十六世紀第2・3四半期の京都における「銀貨」成立の歴史的背景について新知見を発表している[24]。加えて、石見銀山遺跡（島根県大田市）の世界遺産としての登録をめざす気運のもと、その歴史文化的な位置づけを多方面からおこなう試みが進められており、その学術的成果が近年『石見銀山』として刊行された[25]。

このように、現在は銭貨だけでなく、米の性格や機能、そして金銀の動向についての関心が急速に高まりつつあり、研究の飛躍的な進展が期待される状況にある[26]。

二　研究課題と本書の構成

1　未解明の諸問題

長い研究史を持ち、かつ一九九〇年代に入り急速に進展を見せた日本中世の貨幣史研究であるが、依然として未解明の問題を数多く残している。以下、それについて述べてみたい。

まず、全国各地で出土する銭貨について、それが「備蓄銭」なのか、「埋納銭」なのかという問題がある。それは、網野善彦氏が若狭国太良荘の事例などから、銭は掘ってはいけないとの観念が存在したと指摘したことに端を発し[27]、それをふまえて橋口定志氏が旧来「備蓄銭」と呼ばれてきた出土銭は、地主神に対して土地と人との関係についての継続的保証を求めることを目的とした精神性の強いものであり、土地に対する呪術的・宗教的所有権の存在を前提としたもので、呪術的埋納銭であることを主張した(28)。それに対して峰岸純夫氏は、人と土地との関係行為として安易に呪術に結びつける見方を批判し、中世の大量出土銭の多くは平常時に常に危機を予想したり、現実に危機に直面したさいの財産保持としての地中への隠物であるとし、宗教的なものも含め多様な目的で埋められた銭貨を、「埋蔵銭」と呼ぶことを新たに提唱した(29)。

また、中世の日本でなぜ中国銭を主とする渡来銭が流通したのか、といった銭貨の「信用」問題については、保立道久氏が平安後期の「沽価法」に注目し、それが国家による流通掌握・統制を担うものであり、ひいてはそれが事実上の宋銭に対する使用公認を意味するものと主張した(30)。それに対して中島氏は、中世渡来銭は国家の信用のないところで民間の手によって社会浸透が進んだものと主張し、そこに自律的な貨幣流通秩序の存在を想定する(31)。

さらに、銭貨そのものについても、数々の撰銭令に登場する種々の銭貨、たとえば「京銭」や「さかひ銭」などの実体が何なのか、実際出土する銭貨の何に相当するのか、といった根本的な問題がある。また、各地で出土している模鋳銭や無文銭なども、銭貨として流通・通用していたと推測されるものの、その具体的な流通や機能の実態については依然として明らかにされていない。加えて、撰銭令（撰銭禁令）についても長年の研究蓄積があり、それぞれの法令が発令された歴史的背景や法文そのものの解釈、さらには法令の効果（効力）についてさまざまな見解が出されているが、必ずしも決着を見たとは言えない状況にある。

そして、十五世紀後半から十七世紀前半まで、すなわち日本の中・近世移行期における貨幣流通の史的展開と、国家体制や社会経済構造の変化との関係については、とりわけ未解明の部分が多い。この時期は「撰銭」が発生し、金銀が通貨として流通に参加するなか、統一政権が誕生し、権力編成の基本原理として石高制が成立した時期にあたる。つまり、江戸幕府によって金・銀・銭の三貨体制が構築される前段階として理解できるさまざまな歴史的事象については、依然整理されていない状況にある。

こうした未解明の諸問題をふまえ、本書で明らかにすべき課題について、次で述べることにしたい。

2 課題と視角

本書は、日本の中・近世移行期における貨幣流通の実態と、米の性格や機能、そしてそれに対する中央政権や大名権力、あるいは諸領主らの対応の史的展開について、財政運営や権力編成の視点もふまえ、文献史学の立場で具体的に明らかにすることを目的とする。以下、その研究視角について述べていきたい。

まず、流通に関しては、戦国期から織豊期にかけての銭貨の流通・通用の実態を、十六世紀半ば以降の金銀の社会浸透や、米の性格や機能とあわせて、具体的かつ段階的に考察する。すなわち、等価値使用が原則であった銭貨秩序がどのように崩壊し、通貨としての流通が本格化した金銀とともに、どのような貨幣流通を形成したのか、明らかにする必要がある。また近年、京都・鎌倉・博多・堺で出土した銭貨鋳型が国内での銭貨鋳造を裏付けるものとして注目され、二〇〇一年十二月に開催された出土銭貨研究会第八回大会[32]では「私鋳銭・模鋳銭」がテーマとなり、本銭との比較分析についてさまざまな角度から検討されたが、二〇〇四年九月に開催された第十一回大会[33]では新たに「無文銭」がテーマとなり、その全国的な出土状況や通貨としての流通の可能性について活発な議論が交わされた。実際、こうした出土銭貨が、文献資料（史料）に登場する銭貨名称のいずれに該当するのか興味は尽きないが、それよりもむしろ、明らかに低品位と認識される銭貨であっても、取引手段として通用した可能性の存在そのものが重要であり、文献史学の立場から低品位銭貨の流通・通用の実態について、具体的に解明する必要がある。

次に、財政面の問題である。たとえば、精銭と呼ばれるような良質の銭貨や、新たに高額貨幣として流通市場に登場した金銀の役割、そして米の性格や機能は、中・近世移行期において時の流れとともに変化し、それに伴い中央政権や大名権力、そして諸領主の対応も異なっていたと思われる。したがって、当該期における中央政権や大名権力、そして諸領主の財政運営における貨幣や米の取り扱いについて具体的に明らかにする必要がある。そのさい、良質の銭貨に比べ、支払手段や蓄財手段としては不向きであったと推測される低価格水準の銭貨（低品位の銭貨）についても、多様な銭貨の実態を理解するためには、財政上での位置づけが必要であろう。

そして最後に、権力編成の問題である。とくに、当該期の貨幣事情と密接な関わりを持つと考えられるのが石高制の成立である。浦長瀬氏も取引手段の銭から米への変化と石高制の成立との関連について論じているが、貨幣が本来価値尺度の性格を有し、石高が米穀量を基準とする価値尺度であった以上、米の通貨的使用に着眼した氏であれば当然想起された問題であろう。私もかねてから、貨幣流通に対する公権力の対応を考えるさいには、流通の実態や財政面だけでなく、権力編成の視点が重要と考えていた。すなわち、貨幣額ではなく、なぜ米穀量が権力編成の基本原理として豊臣政権によって採用されたのか、織田政権時代も含め、統一政権誕生時の貨幣や米の状況をふまえて検討しなければならない。また、各地の大名領国においても、石高制の成立過程や銭納基準額の消滅、そして段銭の石高への包摂過程について具体的に明らかにする必要がある。したがって本書では、統一政権の誕生など権力の集中化が進み、中世社会が近世社会へと移り変わる社会経済構造の変化について、貨幣や米の動態を素材に検討したい。

それでは次に、研究対象とする地域や史料について述べたい。

そもそも、「撰銭」が社会現象化して等価値使用の銭貨秩序が崩壊したのち、近世三貨体制が成立するまでの日本国内では、銭貨の流通に「地域性」の存在が想定され、現段階では個々の地域でその実態を丹念に解明していく作業が必要と考える。文献史学の立場では史料文言に沿った分析が求められるが、たとえば「清銭」「並銭」「悪銭」といった銭貨表現は、実は相対的なものであって、同じ表現であっても銭貨の実体が必ずしも同じであるとは限らない。とくに流通経済上、直接の関係を持たない地域間の場合、銭貨表現の比較・検討はより慎重でなければならない。したがって、貨幣流通に「地域性」が想定される中・近世移行期、貨幣を研究対象とするには、考察対象地域をある程度限定して、それを継続的に分析する手法が求められる。

そこで本書では、戦国期から織豊期まで、長期にわたる考察が可能な地域として、大内氏および毛利氏領国（北部九州および中国地方）を取り上げた。大内氏は、確認できる撰銭令としては最も古い文明十七年（一四八五）のものをはじめとして数度の撰銭令の発令実績があるほか、領国内諸地域で銭貨に関する史料が検出され、そのなかには大名権力だけでなく、領主層や地域住民などさまざまな階層の人々について、銭貨との関係を示すものがある。また毛利氏は、九州地方を除く大内氏領国を基本的に継承した戦国大名であり、大内氏時代の状況と比較して考察することが可能であるほか、豊臣政権に臣従する過程で領国をやや縮小させたものの、そのまま領国主であり続けたため、戦国・織豊期を通じて、領国支配の史的展開を分析・考察することが可能である。しかも長州藩では、江戸時代に修史編纂事業を積極的に進めた結果、家臣や寺社などから提出させた所蔵文書の写しをはじめ、藩に残された各種の文書・記録類は膨大な数にのぼり、その多くが現在も山口県文書館に収蔵されている。そしてそのなかには、大内氏や毛利氏時代の状況を伝えるものが数多く含まれており、恵まれた史料環境にあると言えよう。

一方、石高制は、近世の日本社会を規定した土地制度であり社会制度であるが、その成立には、織豊政権を取り巻く経済状況やそれに対する諸政策が深く関わったと理解されるほか、石高制の国内浸透には各地の大名権力の領国支配が多様であったことから、やはり「地域性」の存在が想定される。そこで石高制の成立と国内浸透については、織田氏領国である畿内およびその周辺地域、そして豊臣政権下の北部九州地方（名島小早川領）もあわせて考察対象として取り上げることにした。

このように本書では、大内氏および毛利氏領国、織田氏領国、そして名島小早川領における貨幣や米に関する史料をもとに分析をおこなった。そのさい、銭貨表現には特殊なものがあるため、公刊された活字史料だけでなく、可能な限り原文書やその写真版、さらに影写本や謄写本等を閲覧し、文字・語句の表記について確認をおこなった。そして、実証的な手法により歴史的事実の再構築をはかり、中央政権や大名権力など公権力だけでなく、諸領主や地域社会の動きにも注視して、さまざまな階層の人々にとって貨幣や米の持つ意味を探ることに努めた。

なお、本書では、銀遣いが展開した西国を考察対象の中心に据えるため、金の動向については詳しく触れることができないことを、あらかじめお断りしたい。

3 本書の構成

それでは、本書の構成について述べたい。

第一編（二章構成）では、大内氏領国を対象に戦国期、主として十六世紀前半の銭貨通用の実態について明らかにする。すなわち、十五世紀後半に日本国内で「撰銭」が社会現象となった歴史的背景や、大名大内氏や室町幕府が発令した、いわゆる撰銭令の内容をふまえた上で、大内氏領国のうち安芸・筑前・豊前国の史料を素材に、「撰銭」状況下での領国内諸階層の銭貨に対する姿勢の違いを確認し、銭貨の種類とその額に注目することによって戦国期社会における銭貨通用、とくに「清料」額の性格や、「清料」—「当料」—「和利」といった銭納の仕組み、さらには豊前国における「並銭」の動向から、在地（地域社会）における銭貨通用の実態について明らかにする。

第二編（四章構成）では、十六世紀後半の毛利氏領国を対象に、戦国大名毛利氏の銭貨政策や領国内の銭貨流通の実態、そして銀の浸透過程のほか、米の性格や機能について明らかにする。まず、有力寺社の仏神事料や段銭を素材に、大内氏時代の状況をふまえて毛利氏の銭貨政策から見た領国支配の特質に迫るとともに、流通銭貨である南京銭と鍛（ちゃん）に注目して、多様な銭貨の流通について明らかにする。また、銀の領国内での浸透過程を、石見銀山と安芸厳島の関係をふまえながら検討する一方、大名権力と銀の関係を、銀の需要や財源など大名財政の面から考察する。さらに、戦国・織豊期における米の性格と機能について、安芸・周防両国の史料を素材に地域社会の状況を確認した上で、毛利氏の事例をもとに戦時・平時における大名権力の米需要とその供給源、そして財政構造上の特徴の面から明らかにする。

第三編（三章構成）では、権力編成の基本原理としての石高制が日本国内で成立する過程を、中央政権の国内支配や、地方大名の領国支配とあわせて考察する。まず、十六世紀後半における金銀や銭、そして米に対する織田・豊臣両政権の対応について、経済的諸政策や石高制の採用をふまえながら具体的に明らかにする。また、国内各地における石高制の成立過程について、二つの地域を対象に検討する。すなわち、領国規模は変化したものの戦国期から同じ大名権力の支配が展開した毛利氏領国、そして九州「国分《くにわけ》」ののち豊臣政権の強い影響力のもと、豊臣取立大名や秀吉近親者が領国主となって支配が進められた名島小早川領の二地域であり、各地域ごとに石高制の浸透過程について考察する。

そして最後に、三編九章にわたって明らかにした内容を改めて整理し、その歴史的意義を付言するとともに、近世三貨体制成立までの状況を展望して「結論」としたい。

註

（1）渡辺世祐「足利時代に於ける撰銭とグレシアム法」（『史学雑誌』第三三編第一号、一九二二年）。

（2）柴謙太郎「室町時代の撰銭及びその禁制に関する考察」（『史学雑誌』第三四編第三・四号、一九二三年）・「撰銭禁制の解釈再論」（『史学雑誌』第四二編第九・一一・一二号、第四三編第二号、一九三一～三二年）、奥野高廣「室町時代の撰銭令とグレッシャムの法則」（『史学雑誌』第四二編第二・三号、一九三一年）・「再び室町時代の撰銭令とグレッシャムの法則に就いて」（『史学雑誌』第四三編第五号、一九三二年）。

（3）小葉田淳『日本貨幣流通史』（刀江書院、一九六九年、初版は一九三〇年）・『金銀貿易史の研究』（法政大学出版局、一九七六年）。

（4）藤田五郎「撰銭禁制と貨幣改悪」（藤田五郎著作集第四巻『封建社会の展開過程』所収、御茶の水書房、一九七一年）。

（5）滝沢武雄「撰銭令についての一考察」（『史学雑誌』第七一編第一二号、第七二編第一号、一九六二～六三年）。

（6）藤木久志「戦国期の『撰銭』問題と在地の動向」（『歴史学研究』第三四八号、一九六九年）。のち、同『戦国社会史論―日本中世国家の解体―』（東京大学出版会、一九七四年）各論Ⅱ・第三章に「撰銭令と在地の動向」として収録される。

（7）浦長瀬隆「一六世紀後半西日本における貨幣流通―支払手段の変化を中心として―」（『ヒストリア』第一〇六号、一九八五年）。のち、同『中近世日本貨幣流通史―取引手段の変化と要因―』（勁草書房、二〇〇一年）第四章として収録される。

（8）松延康隆「銭と貨幣の観念―鎌倉期における貨幣機能の変化について―」（網野善彦・塚本学・宮田登編『列島の文化史6』所収、日本エディタースクール出版部、一九八九年）。

（9）足立啓二「中国から見た日本貨幣史の二・三の問題」（『新しい歴史学のために』第二〇三号、一九九一年）・「東アジアにおける銭貨の流通」（荒野泰典・石井正敏・村井章介編『アジアのなかの日本史　Ⅲ海上の道』所収、東京大学出版会、一九九二年）。

（10）大田由紀夫「一二―一五世紀初頭東アジアにおける銅銭の流布―日本・中国を中心として―」（『社会経済史学』第六一巻第二号、一九九五年）・「一五・一六世紀中国における銭貨流通」（『名古屋大学東洋史研究報告』第二一号、一九九七年）。

（11）黒田明伸「一六・一七世紀環シナ海経済と銭貨流通」（歴史学研究会編『越境する貨幣』所収、青木書店、一九九九年）。のち、同『貨幣システムの世界史　〈非対称性〉をよむ』（岩波書店、二〇〇三年）に収録。なお池享氏は、「東アジア社会の変動と統一政権の確立」（『歴史評論』第五三九号、一九九五年）において、米遣いへの転換の背景として、足利義昭＝織田信長政権の成立や室町幕府体制の崩壊という政治的変動を指摘される。

(12) 須川英徳「朝鮮時代の貨幣—「利権在上」をめぐる葛藤—」(歴史学研究会編『越境する貨幣』所収、青木書店、一九九九年)・「朝鮮前期の貨幣発行とその論理」(池享編『銭貨—前近代日本の貨幣と国家—』所収、青木書店、二〇〇一年)。

(13) 一九九四年四月の創刊号に始まり、二〇〇六年三月には第二四号が発行され、その間、出土銭貨に関する各地の最新情報だけでなく、文献史学や保存科学など、銭貨に関するさまざまな分野の論考が掲載された。なお、中世出土銭については、永井久美男編『中世の出土銭—出土銭の調査と分類—』(兵庫埋蔵銭調査会、一九九四年)および同編『中世の出土銭 補遺Ⅰ』(兵庫埋蔵銭調査会、一九九六年)が詳しい。

(14) 鈴木公雄「出土銭貨からみた中・近世移行期の銭貨動態」(歴史学研究会編『越境する貨幣』所収、青木書店、一九九九年)。のち、同『出土銭貨の研究』(東京大学出版会、一九九九年)に収録される。

(15) 嶋谷和彦「中世の模鋳銭生産—堺出土の銭鋳型を中心に—」(『考古学ジャーナル』第三七二号、雄山閣出版、一九九四年)。

(16) 櫻木晋一「九州地域における中・近世の銭貨流通—出土備蓄銭・六道銭からの考察—」(『九州文化史研究所紀要』第三六号、一九九一年)。

(17) 中島圭一「西と東の永楽銭」(石井進編『中世の村と流通』所収、吉川弘文館、一九九二年)・「日本の中世貨幣と国家」(歴史学研究会編『越境する貨幣』所収、青木書店、一九九九年)。

(18) 永原慶二「伊勢商人と永楽銭基準通貨圏」(日本福祉大学知多半島総合研究所編『知多半島の歴史と現在 5』所収、校倉書房、一九九三年)。なお、伊勢地域における貨幣流通については近年、千枝大志氏の精力的な研究により、その実態が解明されつつある(『皇學館論叢』第三二巻第五号所収「中・近世移行期における貨幣流通構造—特に南伊勢地域を事例として—」ほか)。

(19) 桜井英治「日本中世における貨幣と信用について」(『歴史学研究』第七〇三号、一九九七年)。

(20) 安国良一「近世初期の撰銭令をめぐって」(歴史学研究会編『越境する貨幣』所収、青木書店、一九九九年)・「三貨制度の成立」(池享編『銭貨—前近代日本の貨幣と国家—』所収、青木書店、二〇〇一年)。

(21) 髙木久史「撰銭令の再検討—食料需給の視点から—」(『ヒストリア』第一七九号、二〇〇二年)・「一六世紀後半の畿内における価格表記について—『多聞院日記』から—」(『神戸大学史学年報』第一八号、二〇〇三年)。なお黒田基樹氏は、戦国期における撰銭問題の発生と穀物流通量不足との密接な関連を指摘し、撰銭令は飢饉状態拡大を防止するため銭貨流通量の増加を図った飢饉対策と評価される（同『中近世移行期の大名権力と村落』第七章「戦国大名の撰銭対策とその背景」校倉書房、二〇〇三年）。

(22) 盛本昌広「豊臣期における金銀遣いの浸透過程」（『国立歴史民俗博物館研究報告』第八三集、二〇〇〇年）。

(23) 田中浩司「十六世紀前期の京都真珠庵の帳簿史料からみた金の流通と機能」（峰岸純夫編『日本中世史の再発見』所収、吉川弘文館、二〇〇三年）・「一六世紀後期の京都大徳寺の帳簿史料からみた金・銀・米・銭の流通と機能」（『国立歴史民俗博物館研究報告』第一一三集、二〇〇四年）。

(24) 中島圭一「日本の中世貨幣と国家」（歴史学研究会編『越境する貨幣』所収、青木書店、一九九九年）。

(25) 石見銀山歴史文献調査団編『石見銀山（研究論文篇、年表・編年史料綱目篇）』（思文閣出版、二〇〇二年）。

(26) 近年の日本中世貨幣史研究に対する関心の高さを示すように、（主として中・近世移行期を対象とする）先行研究の成果と論点を整理し、これからの研究の方向性を探る試みが最近相次ぐようになった。代表的なものに、髙木久史「日本中世銭貨史研究の現在」（『歴史評論』第六六七号、二〇〇五年）、川戸貴史「中近世移行期日本の貨幣流通史研究を振り返って」（『歴史学研究』第八一二号、二〇〇六年）がある。

(27) 網野善彦「境界領域と国家」（『日本の社会史　第2巻　境界領域と交通』所収、岩波書店、一九八七年）。

(28) 橋口定志「銭を埋めること―埋納銭をめぐる諸問題―」（歴史学研究会編『越境する貨幣』所収、青木書店、一九九九年）。

(29) 峰岸純夫「中世の『埋蔵銭』についての覚書―財産の危機管理の視点から―」（歴史学研究会編『越境する貨幣』所収、青木書店、一九九九年）。

(30) 保立道久「中世前期の新制と沽価法―都市王権の法、市場・貨幣・財政―」（『歴史学研究』第六八七号、一九九六年）。

(31) 中島圭一「京都における『銀貨』の成立」（『国立歴史民俗博物館研究報告』第一一三集、二〇〇四年）。

(32) 二〇〇一年十二月八・九日、東京都埋蔵文化財センターを会場に、「中世における私鋳銭・模鋳銭の歴史的位置」を大会テーマとして開催された。

(33) 二〇〇四年九月十八・十九日、島根県大田市市立図書館および大田市町並み交流センターを会場に、「中近世移行期の無文銭」を大会テーマとして開催された。

第一編　戦国期社会における銭貨

第一章　銭貨をめぐる諸権力と地域社会

はじめに

国家によって銭貨が鋳造・発行されない中世日本にあって、商品取引のための流通媒体は十二世紀より貿易を通じて流入した中国銭を中心とする渡来銭であった。それは本来、一枚が一文の価値を持って通用することを原則として社会に流通し、十三世紀半ばには従来の布（麻）・絹や米に代わる最良の交換媒体（支払手段）となり[(1)]、しだいに年貢も物納ばかりでなく銭納の形態（代銭納）を取り始め、十四・十五世紀には銭貨流通経済が進展する。しかし、十五世紀後半には、種類を問わず等価値であった従来の銭貨通用形態が大きく変わり、種類による区別立て、具体的には取引のさいに良質銭貨を選び取って低品位銭貨の受け取りを拒否するという行為、つまり「撰銭」が社会に広がるようになる。

そして、日本国内で発生したこうした銭貨取引上の混乱に対し、大名権力や室町幕府が政策的対応として法制化したものが、いわゆる撰銭令であり、そこには当時の銭貨流通の実態がある程度反映されていたと理解される。しかし、それはあくまで銭貨状況の一部の反映であって、その内容は法制化の主体である公権力の意向が強く打ち出されたものであり、実際には撰銭令の文言のみでは窺い知れない銭貨状況が存在していたと推測される。

銭貨は、もともと身分や階級を越えた存在であるが、かつて藤木久志氏が「大名権力」対「地下」といった諸階層関係の対立のなかで銭貨の問題を捉えられたように[2]、戦国期には、階層ごとに銭貨に対する姿勢や取り扱う銭貨自体が異なっており、銭貨流通状況の実態を明らかにするためには、公権力が制定した撰銭令の検討だけでは不十分で、銭貨に関するさまざまな史料を分析する必要がある。しかも、各地の戦国大名の権力構造や領国支配が多様であるように、流通銭貨やその通用状況にも「地域性」の存在が想定される。したがって、銭貨通用の実態については、各地の銭貨史料をもとに国内状況を総括的に論じるよりも、地域ごとに歴史事実を確定していく地道な作業の積み重ねこそが、現段階ではむしろ重要と考える。

そこで本章では、まず日本国内で「撰銭」が発生した歴史的背景について私見を述べるとともに、大名大内氏や室町幕府が発令した撰銭令の内容を確認したい。そして、大内氏支配下の安芸・豊前両国における銭貨関係史料を素材に、「撰銭」が社会現象化したなかでの領国内諸階層の銭貨に対する姿勢の違いを浮き彫りにする一方、銭貨の種類とその額に注目することにより、戦国期における銭貨通用、とくに「清銭」額の持つ意味について明らかにしたい。

一 「撰銭」の発生と撰銭令

1 歴史的背景

わが国における「撰銭」の発生についての従来の理解は、中世後期の商品経済の発展による銭貨需要の増大に銭貨供給が追いつかない状況のもと、国内外で鋳造された粗悪な銭貨が流通したためとされてきた。

それに対し、日本の「撰銭」状況の発生を東アジア規模で理解しようとする考え方が新たに登場した。それは足立啓二氏によって提唱され、中国における国家的支払手段としての銅銭体系の解体、つまり銭の国家的信用の喪失が銭の価値低下をもたらし、それが貿易を通じて日本に影響したとして、日本国内での流通混乱の背景に明国内での混乱を位置づけた(3)。それは、貨幣を純経済的な交換媒体としてよりはむしろ国家的支払手段と見なし、中国王朝によって国家的信用を付与された中国銭を基準通貨とする東アジア経済圏に日本も包摂されていた、という理解を前提としたものである。

この見解に対しては、大田由紀夫氏らによる批判(4)があるものの、日本の銭貨流通の動態を一国の枠内だけで理解することがもはや困難であることは疑う余地がない。ただ、足立氏のように、中国王朝の銭貨に対する国家的信用の付与が国家の領域を越えた日本にまで及び、日本国内で中国銭が流通・通用した理由をその国家的信用の存在に求めることにはいささか無理がある。

それでは、中世日本ではいかなる信用のもとに中国銭が流通したのか。

まず主張したいのは、銭貨に価値や信用を付与したのは当時の日本の国家権力ではないことである。これに関しては、「沽価法」の制定を、銭貨に対する日本国家の信用供与とする見方(5)があるが、それは国家が決定した価格を社会に及ぼすというよりも、社会の現状をふまえた上での標準価格の設定であり、あくまで価格調整の範囲内のものであったと理解される。そもそもわが国では、十三世紀ごろから銭貨が社会に普及するが、それは貿易を通じて「唐物」として流入した中国渡来銭であり、しかも国家権力ではなく民間の手によって社会に浸透していった点に注目すべきである。言うまでもないが、鎌倉初期までは朝廷も中国渡来銭の国内流通には批判的であった(6)。こうした状況をふまえるならば、日本国内で中国銭が流通した背景としては、「唐物」であることの価値や信用に加え、なによりも貿易や交易における交換媒体として実際高い機能を持つと人々に広く認識された点にあると思われる。もちろん、中国王朝によって鋳造・発行されたことが銭貨の信用を高めていることは否定できないが、それはあくまで付加価値であって、信用の主たる要因ではない。

さまざまなルートを通じて日本に流入した中国渡来銭は、日本の国家権力とは直接関わることなく社会に浸透し、その結果、日本国内に自律的な銭貨流通秩序を形成したのであり、日本の国家権力が銭貨を鋳造する技術を持ちながら銭貨発行をしなかった理由の一つに、中国渡来銭を中心に自律的に展開している銭貨流通を新貨発行によってあえて混乱させる必要がなかったことが挙げられよう。したがって、日本国内における中国渡来銭の価値や信用は、中国や日本の国家権力が付与したのではなく、本来民間において成立したものと見るべきである。そして、こうした理解が許されるならば、当時の社会では、物価について国家の価格決定以前に在地での和市による価格決定があり、それは銭貨の価値・価格においても同様であったと思われる。

ただ、中国国内における銭貨信用の崩壊が、日本国内で同様の状況をもたらす引き金になったことは間違いなかろう。なぜなら、その後の大内氏や室町幕府の撰銭令の内容からも、永楽銭をはじめとする明銭の価値低下が確認でき、明国の銅銭体系の崩壊が日本にも影響し、明銭に対する信用に深刻な打撃を与えたことが推測されるからである。だが一方で、当時の国内情勢として銭貨流通全体に対する社会不安の存在も指摘されている。すなわち、十五世紀には社会や経済構造の大変動が起きており、人々が渡来銭の受け取りに不安を抱き、信用の根拠を求めて撰銭をおこない、それが明国内の通用状況と相俟って歴史の浅い明銭を直撃したと言うのである(7)。確かに当該期には、国内で社会や経済構造の変動を示す現象がいくつか確認できる。しかし、たとえそうした現象があったにせよ、そのことと銭貨信用の崩壊についての具体的な関係は依然として不明なままであり、今後明らかにしていく必要があろう。

そもそも、十四・十五世紀の流通経済の発展は大量の銭貨需要を生む一方、銭貨供給を貿易のみに依存する状況下では供給の不安定性は避けることができず、結果として国内での銭貨鋳造を誘発することになる。国内鋳造銭については、これまで京都・鎌倉・博多・堺で銭貨鋳型が出土しており[8]、十三世紀から十六世紀にかけて国内での銭貨鋳造の事実が明らかになったが、とりわけ堺環濠都市遺跡では十六世紀中・後期の商人居住区で良好な多数の鋳型が発見され、しかも渡来銭（唐・北宋銭）とは別に無文銭の鋳型が全体の八五・四％を占めていることが明らかになった[9]。中島圭一氏はこの点に注目し、無文銭の出土が東北〜九州と広範囲であることをふまえ、民間の手で日本独自の銭貨が発行され流通していたと評価されているが[10]、このような低品位銭貨であっても、交換手段として生産する必要性が生じてきたことは重要である。ただ、国内の銭貨鋳造がすべて純然たる民間の手によっておこなわれたと考えるのは早計であり、その背後に幕府や大名、そしてさまざまな領主権力の介在も十分に予想される。いずれにせよ、貿易のみに依存する銭貨供給の不安定性のもと、銭貨需要の増大化に対応する形で国内の銭貨鋳造は広くおこなわれた。

したがって、従来の理解に明国の影響を加味した見方、すなわち商品流通の発展による銭貨需要の増大に渡来銭供給が追いつかないなか、国内外の私鋳銭の流通参加が起こり、そこに明国内で銭貨流通の混乱が発生し、歴史の浅い明銭の価値低下現象が貿易を通じてわが国にも及んだ、とするのが自然であろう。十五世紀半ばの日本の通貨事情は、長期使用のため摩耗あるいは一部欠損した銭貨に加え、国外私鋳銭のほか国内鋳造の模造中国銭や無文銭などが流通しており、なにかのきっかけで一挙に信用が崩壊してしまうような一触即発の状況にあったものと思われる。そうしたなか、明国内の混乱が引き金となり、それがわが国にも波及したのである。

2　公権力の対応としての撰銭令

十五世紀後半に日本国内で発生した銭貨流通の混乱に対して、地域大名や室町幕府は公権力としての対応を見せるが、それが法の形で具体化したものが、いわゆる撰銭令である。

渡来銭が通貨として社会に浸透した十三世紀後半以降、摩耗や欠損など物理的損傷を被った銭貨が一般の流通過程で排除（「撰銭」）されることは、流通現場における自然の慣行としておこなわれていたはずであり、そこには銭貨流通の自律性が存在していた。しかし、十五世紀後半にはこうした流通現場の対応だけではもはや処理不能の段階にまで、銭貨流通が悪化していたのであり、法的強制力を持った公権力にその調整が求められるようになった。

さて、日本国内で発令された撰銭令のうちで最も古いものとして知られるのが文明十七年（一四八五）四月、西国の大名大内氏が発令したものである。[11]

　禁制

一　銭をえらふ事
段銭の事ハ、わうこ（往古）の例たる上ハ、えらふへき事もちろんたりといへとも、地下仁ゆうめんの儀として、百文に永楽・宣徳の間廿文あてくハへて、可収納也、

一　り銭幷はい〳〵銭事
上下大小をいはす、ゑいらく・せんとくにおいてハ、えらふへからす、さかひ銭とこうふ（洪武）銭なわ切の事也・うちひらめ（打平）、此三いろをはえらふへし、但如此相定らるゝとて、永楽・せんとくはかりを用へからす、百文の内ニゑいらく・せんとくを卅文くハへてつかふへし、

（後略）

これは、「段銭」と、一般の貸借・売買である「り銭幷はい〳〵銭」のそれぞれの場合における銭の納入や使用方法を示したもので、前者は従来精銭納原則であったものを「地下仁ゆうめんの儀」として、明銭である永楽銭・宣徳

銭を二〇%混入しての納入を、後者は「さかひ銭」「こうふ銭」「うちひらめ」の特定三種の撰銭を認める一方で、永楽銭・宣徳銭を三〇%混入しての精銭並の使用を命じたものである。そして、その後も延徳四年（一四九二）・明応五年（一四九六）・永正十五年（一五一八）に撰銭令を発令しているが、[12]それらに共通するものとして、特定の悪銭を排除する一方、それ以外の銭であれば撰銭を禁じて一定の条件のもと、等価値での使用を命じている点である。その場合一定の条件とは、永楽銭ほかの明銭を一定の割合で混入して使用するもので、これは明銭の価値が低下し、撰銭の対象となっていた当時の状況をふまえたものと言える。すなわち、貿易港博多を通して大陸の経済的影響をいち早く受ける大内氏領国では、一四六〇年代に明国内で突如発生した銭貨混乱と同様の状況が発生していたと推測される。

また、室町幕府の撰銭令としては、明応九年（一五〇〇）十月に発令したもの[13]が最初である。

一　商売輩以下撰銭事　明応九 十

近年恣撰銭之段、太不可然、所詮於日本新鋳料足者、堅可撰之、至根本渡唐銭永楽洪武宣徳等者、向後可取渡之、但如自余之銭可相交　若有違背之族者、速可被処厳科矣、

松田丹後守
長秀

ここでは、「日本新鋳料足」は選び、「根本渡唐銭」である永楽銭・洪武銭・宣徳銭の使用を命じている。また、永正二年（一五〇五）に「京銭・打平等」は選び、「唐銭」は善悪にかかわらず使用することとし、翌三年（一五〇六）に「京銭・うちひらめ等」は選び、渡唐銭の永楽銭・洪武銭・宣徳銭などの三分の一混入を定めている。[14]そしてその後も、永正年間を中心にたびたび撰銭令を発令し、しばらく間をおいたのち、天文十一年（一五四二）に再び発令している。[15]

これら室町幕府の撰銭令の特徴は、特定の銭貨、とくに「日本新鋳料足」などの使用禁止と、一定の条件のもとで

渡唐銭の使用を命じていることである。「日本新鋳料足」は最初の撰銭令で登場するが、これは日本で新たに鋳造された銭貨の存在と、それが「京銭・打平」と同様に銭貨流通の阻害要因の一つであったことを推測させる。また、それに対して、渡唐銭は善悪を問わず使用することとし、とりわけ明銭である永楽銭・洪武銭・宣徳銭は一定の混入率のもとに使用を命じており、大内氏の撰銭令とは使用銭貨の種類と混入率の数値に若干の違いがあるものの、基本的に同様の内容を持つものであった。それは、渡唐銭を中心とした銭貨流通の秩序を維持するために、その秩序に動揺を与えている銭貨を流通現場から排除することをめざすもので、しかも使用を許可する銭貨の価格差の存在は否定し、あくまで等価値での使用を求めている。換言すれば、中国渡来銭の等価値使用の強制である。

このように、いわゆる撰銭令は、流通阻害を引き起こす恐れのある品質・形状の劣悪な銭貨を排除してその使用を禁止し、それ以外の銭貨については混入率等を設定した上で精銭と等価値で通用させることを基本方針としていたが、価格差を伴っての低品位銭貨の使用が社会慣行となっている以上、流通可能な銭貨すべてを同等の価値で通用させることなどとうてい不可能であった。室町幕府は、内容を多少変えながらも銭貨の等価値使用の原則を一貫して守ろうとするが、そこには銭貨が価格差を伴って流通する状況を十分に認識しながらも、各種の銭貨価格を公定し、通用させるだけの強制力を公権力として持ち合わせていない、政権としての限界があったものと思われる。

したがって、大名や幕府の思惑にもかかわらず、社会の現状としては、渡唐銭以外に、堺環濠都市遺跡などで出土したような模造中国銭や無文銭などが生産され、流通していたのであり、一面では、こうした（流通範囲が限定されるような）低品位銭貨の存在が地域的な銭貨流通を支えていた。また、流通現場において種々の銭貨間には価格差が存在し、打歩《プレミアム》を付けての銭貨使用が取引上の慣行となっていた。したがって、さまざまな銭貨が価格差を伴いながら、混在流通しているのが実態であり、その意味で撰銭令は銭貨流通の円滑化を図りながら、実際のところあまり効果的ではなかったと推測される。なぜなら、悪銭使用の売買を禁止しようにも、悪銭でも成立する取引が存在する以上、売買を禁止することなどとうてい不可能であったからである。

二　大内氏領国における銭貨通用の実態

本節では、大内氏支配下の安芸・豊前両国における銭貨通用について取り上げ、撰銭をめぐる諸階層の動向と、「清銭」の性格という二つの観点から、その実態を明らかにしたい。

1　撰銭をめぐる諸階層の動向

まず最初に、一般的な銭貨授受における諸階層の関わり方について、安芸国佐西《ささい》郡の事例で検討することにしたい。

従山里（佐西郡）社納銭事、未進過分云為悪料之条、上使被差上可被成御下知之由、重々言上之間、以小方対馬守（與康）対新里若狭守（隆溢）堅被仰出候、銭等事者、当時通世銭可被請取候、委細対馬守申含候、於其面諸事可被申談事干要之由候、恐々謹言、

五月廿三日　　　　隆言（小原）（花押）
　　　　　　　　　隆輔（龍崎）（花押）

厳島社家三方

山里納銭事、従前々於廿日市材木以下令沽脚(却)収納候処、社家衆可撰請取之由、堅被申之条、迷惑之通、山里刀祢中以一通愁訴之趣、新里若狭守注進候、於当国諸売買銭並者可遂収納之由、被仰付候、被得其心可被請取候、猶対忠勝被仰出候、但相違之儀候者、可有注進候、恐々謹言、

十二月廿二日　　隆輔（花押）

隆言（花押）

厳島社家三方中

右の二つの史料[16]は、十六世紀半ばに厳島社領で起きた撰銭をめぐる紛争について、大内氏がどのように対処したか、確認できる史料である。年代としては、小原隆言が奉行人として登場する初見が天文十七年（一五四八）十二月二日で、龍崎隆輔の終見が天文十九年（一五五〇）閏五月二十七日とされること[17]、また多数残されている山里納銭受取状に新里氏が登場するのが天文十七年十一月で、しかも翌天文十八年（一五四九）二月から「去未進」といった社納銭未進の記載が頻出し始めることなどから[18]、天文十八年のものと推測される。

さて、五月廿三日付けの文書は、山里社納銭の未進が多く、しかも「悪料」であるため「上使」の派遣をたびたび要請してきた厳島社に対して、大内氏が小方対馬守（與康）を新里若狭守（隆溢）のもとに派遣することを伝え、銭が「当時通世銭」ならば受け取るよう通達したものである。関係史料[19]によれば、山里百姓から訴状が提出されたため、社家に渡した銭を持参して出頭することを新里に求める一方、厳島社側にも新里が勘渡した銭を持参させるため雑掌の派遣を命じ、「未進之増減」や「銭之善悪」を審理したことがわかる。それは当時、新里が百姓から受領した社納銭を厳島社に勘渡する立場にあり、事件の審理のためには彼自身の証言と、銭そのものの鑑定が必要であったためと思われる。その後、十二月廿二日付けの文書が発給され、社家衆による山里納銭の「撰請取」（銭の選別）が迷惑であ

るという山里刀祢らの愁訴を受けて、「当国諸売買銭並」、つまり安芸国内で一般の売買で使用される銭であれば受け取るよう、大内氏が厳島社に通達している。

　では、この二点の史料から確認できることをまとめてみたい。

　第一に、佐西郡の山里刀祢らは「材木以下」の品物を同郡の中心的な市町である廿日市で売却し、それによって入手した銭貨（「当時通世銭」「当国諸売買銭」）を社納銭に充てていたことである。その具体例としては、天文十九年（一五五〇）十月十六日付け棚守房顕代飯田秋次山里納銭請取状があり、受領した総額五貫文の社納銭のうち二貫文が「新銭」で、残り三貫文が「難金」（南京銭）であったことがわかる。(20) 第二に、厳島社家衆は社納銭として納入された銭貨を選別（＝撰銭）していたこと、そして第三に、大内氏は円滑な銭貨流通を優先し、厳島社の撰銭を停止するとともに、国内に流通する売買銭で社納銭の受け取りを命じていたことである。

　すなわち大内氏は、領主厳島社と山里刀祢との間で生じた社納銭の撰銭をめぐる紛争について、公権力の立場から調停をおこない、厳島社側の撰銭行為の停止を命じた。そもそも「大内氏掟書」の撰銭関係法令によれば、特定の悪銭（さかひ《(い)》銭・洪武銭・打平《うちひらめ》など）以外の銭貨使用については基本的に認めており、(21) 大内氏の銭貨政策は、領国内での円滑な銭貨流通を優先する撰銭禁止を基調としていた。そして、悪銭での売買禁止や明銭混入率の設定は、広域的な支配領域を持つ大内氏の領国支配の見地から実施されたものと理解される。また、当時佐西郡山里地方は大内氏の安芸国支配にとって重要な国境地域であり、天文年間の撰銭禁止令は単に経済的な面だけでなく、山里刀祢の掌握という点で多分に政治的な意味合いを含んでいた可能性もある。

　さて以上は、一般的な銭貨流通に対する領域公権力としての姿勢を示す事例であったが、次に大内氏みずからが取得する銭、つまり大名財政に関わる部分について、藤木久志氏も検討された豊前国の事例で確認したい。

永正十三年（一五一六）八月十二日付け杉興重奉書案[22]では、段銭収納について大内氏の方針を知ることができる。すなわち、「於御段銭者、如前々、以撰銭可令収納旨、対上毛・下毛両郡、以前堅固被仰出候、於于今者、彼御奉書可下著候哉、以右趣、当郡之事堅可被究済之由、能々可申渡候」とあり、段銭について上毛・下毛両郡と同様、「撰銭」による精銭収納を宇佐郡代佐田大膳亮に命じている。したがって豊前国では、少なくとも上毛・下毛・宇佐郡などの広い範囲において、段銭での精銭収納が図られていたことがわかる。

それでは、大内氏はどうして精銭を必要としたのであろうか。

豊前国では、藤木氏が明らかにされたように、「御預銭」と呼ばれる大内氏による公金貸し付けがおこなわれており[23]、返済のさいには段銭と同様、撰銭規定が設けられていたことが確認できる。とくに、永正十二年（一五一五）三月七日付け佐田泰景・供使示現連署書状では、「御預銭」の返済について「殊皆以可為撰銭候、芸・石・土佐之材木可被買下御用候」と見えている[24]。すなわち、大内氏領国内の豊前国で精銭収納を求めた理由として、安芸・石見・土佐三国での材木購入に精銭が必要であることを大名権力側（宇佐郡代）が述べているが、それは当該期、精銭が遠隔地交易において有効な支払手段であったことを物語るものであり、だからこそ領主諸権力が精銭獲得に積極的であったことも頷けよう。したがって、段銭など大名財政に直接関わる銭と一般流通銭とでは、大名権力の対応に差があり、それが政策面にも現れていたことが確認できた。そしてこのことは、文明十七年（一四八五）の大内氏の撰銭令[25]に見られる「段銭」と「り（利）銭并はい〳〵（売買）銭」での精銭・悪銭混用率の違いを具体例として、これまで指摘されてきた内容[26]と一致する。

しかも、ここで重視したいのは、精銭の遠隔地交易における有効性とともに、諸外国との貿易における有効性である。それは、中国銭が当時の東アジア（東南アジアも含む広義の東アジア）における国際通貨として、貿易決済に利用されていたことと深く関係する。

一五一二年一月以前のマラッカ滞在中に執筆したとされるポルトガル人トメ＝ピレスの『東方諸国記』は、マラッカをはじめとする東南アジア各地の十六世紀初頭の商取引の内容を記しているが、そこでは銭貨、とくに中国銭の広範な流通と取引の様子が認められる。(27)たとえば、ジャワでは金銀貨はなく、取引はすべてカイシャと呼ばれる中国銭でおこなわれており、チャンパやスンダでもこのカイシャが登場する。しかも、中国銭はパレンバンや遠くセイロン島でも流通していたことが指摘され(28)ており、十五〜十六世紀の東南アジア各地では中国銭が広く流通し、まさに国際通貨として機能していたと推測される。

またこの時期、中継貿易を基調とする広域的な通商活動を展開していた琉球王国は、東南アジアにおける商取引によって入手した南海産品を明・朝鮮・日本にもたらし、貿易利潤を得ていた。そのため、琉球にとって中国銭は、東南アジア貿易を円滑に進めるために欠くことのできない必需品であった。もともと明朝は、朝貢をおこなう周辺諸国の人々に対して銅銭を頒賜していたが、十五世紀半ば以降それを停止したため、中国銭を国内の流通媒体としてだけでなく貿易通貨としても望む周辺諸国にとっては大きな痛手となった。なかでも、貿易活動が国家財政に直結する琉球の場合は深刻で、そのため明や朝鮮に対して銭貨の頒賜を頻りに要請しているが、(29)実現は困難で、琉球としては明から技術者を招くことにより、国内で独自に銭貨鋳造をおこなっていた。(30)

日本も琉球と同様、明や朝鮮への使節派遣のさいに銭貨の頒賜を求めているが、それは国内需要だけでなく貿易通貨としても必要であったからと考えられる。文明三年（一四七一）と推定される十一月五日に発給された島津氏宛ての右衛門尉行頼奉書(31)によると、堺から琉球に向けて渡航する船のうちで印判のない船は追い戻し、とくに船に積載された銭貨は没収して京都まで輸送するよう命じており、この事実からも日本商人の琉球との通商には銭貨が使用されていたことがわかる。また、天文十六年(一五四七)二月の遣明船派遣のさいに大内氏が定めたとされる渡唐船法度条々のなかにも「銅銭至大唐不可随身事」という文言が見えるように、渡唐のさい、「銅銭」の持ち出しを禁じており、銀がすでに貿易通貨として広く通用していた時期でも依然、銭貨が貿易通貨として利用可能であったことがわかる。そして、これら貿易通貨の場合、遠隔地交易用の通貨と同様、地域経済圏でのみ通用可能な低品位の銭貨ではなく、やはり良質の銭貨である精銭がとくに好んで用いられたものと思われる。(32)

以上見てきたように、民間レベルで広く流通・通用する低品位銭貨とは異なり、通貨取引の上で価格基準としても機能する精銭は、その良質の品位に対する信用から、日本国内のとくに遠隔地交易における取引用通貨として重用されただけでなく、少なくとも日本銀の海外流出以前は、東アジアにおける国際通貨として貿易決済上、きわめて重要な役割を果たしていたと推測される。

したがって大内氏は、段銭など直接手許に入る財源としての銭については精銭納を強く望む一方、一般的な銭貨授受についてはとくに規定を設けず、むしろ流通の円滑化を促進するために撰銭を禁止した。また厳島社は、やはり一つの領主権力として精銭での年貢銭納を要求したが、これは大内氏の精銭需要の一つに遠隔地交易があったことを思い起こせば容易に理解できる。すなわち厳島社は、地域経済圏にとどまらない広い範囲での、たとえば瀬戸内海沿岸諸国や畿内地方などとの交易が可能な状況にあった。しかし、地域経済圏にのみ生活基盤を有する山里刀祢らにとって、必要銭貨は「当時通世銭」や「当国諸売買銭」で十分であり、厳島社が社納銭を選別することには極力反対し、その生活防衛のための訴訟を「国」支配権を握る大名権力に対しておこない、問題解決を求めた。

すなわち、大内氏領国では、大内氏も含めて領主階級が精銭の獲得に積極的であり、それは一般流通銭で充足されている地下百姓との間に階級的対立を生むことになった。大内氏としては、大名財政の見地から精銭が必要な反面、領国支配の見地からは領国内における円滑な銭貨流通を維持しなければならないのであって、その点で地下百姓の主張と一致し、その結果、撰銭禁止の発令がおこなわれたと理解できるのである。(33)

2　「清銭」の性格と大内氏の銭貨政策

ここでは、大内氏も含めて領主階級が積極的に獲得しようとしていた精銭に注目し、「清銭」(額)の持つ意味を検討することによって、当時の銭貨通用の実態について明らかにしたい。

大内氏支配下の豊前国の史料には、「清銭」や「並銭」などの銭貨表示を持つものが数多く見受けられるが、とくに「清銭」表示の場合、それが流通銭貨としての「清銭」およびその額であったとは必ずしも言えない。たとえば次のような事例がある。

送進秡料物事
合弐貫文者並銭
右、為　下宮仮殿秡料物、所送進如件、
永正十一年十一月十日(一五一四)
赤尾孫三郎
親種　(花押)

且請取申候下宮御仮殿皆造清秡料物事
合五百文者　但清銭目足
右、為　下宮御仮殿皆造秡料物、従赤尾孫三郎方請取申候、相残分□惣奉行支□(証カ)別□重而八貫五百文分可

請御下行候、仍為後□請取状、如件、

永正十一甲戌十一月十日　　番長大夫重幸

赤尾孫三郎殿

右の二つの史料(34)は、永正十一年（一五一四）十一月十日付けの宇佐八幡宮の神事料に関するものである。すなわち、宇佐郡の段銭奉行である赤尾孫三郎親種が宇佐八幡宮の社家（番長大夫）である永弘重幸に対して「下宮御仮殿皆造秡料物」を送進した内容で、送状と請取状案とが一緒に残されているものである。そしてこれによると、同じ名称の料物が送状では「合弐貫文者並銭」とあるのに対し、請取状案では「合五百文者但清銭目足」となっており、このことから「清銭」五〇〇文とあるものが実際には「並銭」二貫文で勘渡されていたことが判明する。したがって、宇佐八幡宮の神事料関係の史料に見られる「清銭」表示は必ずしも「清銭」そのものの額を示すのではなく、一種の基準額というべきものであり、実際には一定の比価のもとに「並銭」での相当額が勘渡されていたことが明らかになった。

そこで、こうした「清銭」（額）の性格をさらに具体化するために、在地レベルの事例で検討することにしたい。

豊前国上毛郡緒方荘の土豪である緒方右京進矩盛は、天文年間に多くの所領（下作職）を集積するが、その具体的な内容は数多くの売券（渡状）と所領の集積結果を示す、次の知行坪付(35)によって知ることができる。

（前略）

八トリ町（所）
一ヽ五段　宇佐宮渡領、段銭反別八拾文充、定銭反別四拾文充納之、…………（ア）

（中略）

笠木
一ヽ弐段　宇佐宮日之隈内、反銭段別八拾文充、定■銭五拾文充、………………（イ）

高田
一ヽ弐段　宇佐光隆寺領、段銭右同之、定銭五拾弐文也、

一〻《重久》壱反廿五代　宇佐浄光坊領、反銭右同之、定銭八拾文也、……………………（ウ）

（中略）

已上

右、為　上覧坪付如件、

天文廿四年（一五五五）乙卯正月十八日

右の坪付は、集積した多くの所領を書き上げたものと思われるが、坪付項目と、それに対応する売券を個々に比較することにより、興味ある事実が浮かび上がってくる。

たとえば、（イ）の箇条に対応する売券では諸役規定として「加地子事、壱段別清料五拾文充」という文言があり[36]、（ウ）の箇条に対応するものでは「納所事、賀（ママ）地子清料八拾文」とある[37]ように、坪付に見える「定銭」とは「加地子」のことであり、しかもその額は「清料」（「清銭」）額であったことがわかる。また、段銭についても、他の史料からこの坪付の数値（段別八〇文）は、当時の豊前国では一般的（「郡並」）な「清料」額であったことが知られる[38]。したがって、この坪付の銭貨額はすべて「清料」（「清銭」）額であったと推測できる。

それでは、（ア）の項目に対応する次の売券[39]を見ることにしたい。

去渡申下作職之事

合伍段定八取町

右田地者、宇佐御神領渡領雖為我ら先祖已来無相違地、有子細、対緒方右京進方矩盛打渡所申実也、然者、済物従往古加地並銭反別百文通単之在所也、此外者為何儀無御座候、此前対定使宗実御勘渡候て、全御知行専一候、如此申定至子〻孫〻去渡申上者、自我ら家菟角一口之儀申仁有間敷候、仍為後証一筆、如件、

天文廿二年（一五五三）癸丑正月廿七日

市丸主殿允
氏種（花押）

緒方右京進殿

この緒方右京進矩盛に対する市丸主殿允氏種の下作職渡状では、「済物従往古加地並銭反別百文通単之在所也」という文言を見出すことができる。これはすなわち、「清料」段別四〇文という加地子額表示を持ちながら、実際には「並銭」段別一〇〇文での収納が従来の慣行であったことを示している。

以上、豊前国の宇佐八幡宮に関する神事料と下作職の史料から、当該期における銭貨通用の実態が明らかとなった。すなわち、「清銭（清料）」表示額は必ずしも「清銭」そのものの額を示しているのではなく、それは一種の基準額と言うべきもので、実際には種々の比価のもとに算出された「並銭」による相当額が通用額であった。そしてこの事実は、撰銭をめぐる諸階層の動向と密接な関係を持っていたものと思われる。なぜならば、基準額としての「清銭」額が成立した背景には、「清銭」が種々の銭貨のうちで基準銭貨の性格を持ち合わせていたことに加えて、領主階級による積極的な精銭獲得要求の存在が想定されるからである。すなわち、前に見た領主階級の精銭要求とそれに対する地下百姓の抵抗の関係が、この「清銭」基準―「並銭」使用の銭貨通用の形となって現れたものと思われる。そしてこの場合、「清銭」基準は領主階級の精銭要求を象徴的に表現するものであり、一定の比価に基づく「並銭」使用は、地下の抵抗による両者間の妥協の産物と見なすことが可能である。したがって、先に安芸国の事例で見た「当時通世銭」と「当国諸売買銭」は、この豊前国における「並銭」と同次元で理解することができよう。

それでは、銭貨に対する大内氏の姿勢をいま一度確認しておきたい。宇佐八幡宮の大々工をつとめる小山田氏は、郡代もしくは段銭奉行などを通じて大内氏から作事料や杣始祝物の勘渡を受けていたが、それら料物はすべて「清銭」額で表示されている(40)。しかし、大永二年（一五二二）三月付け宇佐宮作事方掟書案によると、「諸祝物等国並銭を以、員数にをひてハ先儀のことく可下行事」と規定されており、[41]「清銭」額の基準額としての性格と、「国並銭」の下行を確認することができる。したがって大内氏は、段銭や御預銭など大名財政に直結する取得銭貨については精銭納を強く義務づけながらも、神事料・作事料などの勘渡（下行）銭貨については「清銭」基準―「並銭」使用といった在地慣行をそのまま採用していた。しかも、これまで取り上げてきた神事料や作事料は、段銭も含めて種目ごとに定額化する傾向が認められ、[42]そのいわば固定的な「清銭」額が大内氏の銭貨収納や勘渡・下行のさいの基準額の役割を果たしていたものと思われる。

以上述べてきたように、大内氏支配下の豊前国の史料に頻出する「清銭」額は、必ずしも「清銭」そのものの額を示しているのではなく、基準銭たる「清銭」で見積もられた特定料物の基準額であり、実際には多くの場合、「並銭」での相当額が通用していた。しかも、こうした実態は、撰銭をめぐる領主対地下の対立関係を反映したものと思われ、撰銭禁止を銭貨政策の一つの柱とする大内氏が、勘渡・下行銭貨には「並銭」を使用しながら取得銭貨で撰銭（精銭納）を命じたのも、精銭獲得というまさに当該期の領主的本質を露呈したものと理解されるのである。

おわりに

十五世紀後半に日本国内で発生した「撰銭」と呼ばれる社会現象は、商品流通の発展による銭貨需要の増大に渡来銭供給が追いつかないなか、国内外で生産された私鋳銭をはじめとする低品位銭貨が大量に流通に参加したため起きたもので、明国内で生じた銭貨流通の混乱が貿易を通じてわが国に波及したことが直接の契機になったと考えられる。

この「撰銭」現象の拡大に対して大名大内氏や室町幕府は、いわゆる撰銭令を発令し、流通阻害を引き起こす恐れのある、品質・形状の劣悪な銭貨を排除してその使用を禁止する一方、それ以外の銭貨については混入率等を設定して精銭と等価値での使用を命じた。しかし、当時の通貨状況は、良質の中国銭をはじめとする外国渡来銭のほかに、国内外の私鋳銭や長期使用により摩耗あるいは一部欠損した銭貨が広く流通しており、たとえ限られた通用範囲であっても低品位銭貨が地域経済を支え、しかも価格差を伴った銭貨使用が社会慣行であった以上、特定の銭貨だけを排除したり、流通可能な銭貨すべてを等価値で使用させることなど、現実的には困難であった。

そして十六世紀の半ば、天文年間に安芸国厳島社と同国佐西郡山里刀祢との間で起きた社納銭の撰銭をめぐる紛争は、さまざまな階層の人々の、銭貨に対する姿勢の違いを端的に示す事例として興味深い。当時、山里刀祢らは、「材木以下」の品物を同郡の中心的な市町である廿日市で売却して入手した銭貨を社納銭に充てていたが、それら銭貨を厳島社家衆が「悪料」として選別したことにより紛争が勃発した。それに対して大内氏は、公権力の立場で調停をおこない、円滑な銭貨流通を優先して厳島社の撰銭を停止し、「当時通世銭」や「当国諸売買銭」での社納銭の受け取りを命じた。それは、厳島社が地域経済圏を越えた広範囲の交易が可能な状況にあったのに対し、地域経済圏に生活基盤を持つ山里刀祢らの場合、必要な銭貨は地域流通銭貨で十分であり、厳島社が社納銭を選別する行為には反発し、生活防衛のための訴訟を「国」支配権を握る大内氏に対しておこない、問題の解決を求めた。そして大内氏の場合、領域公権力として領国内の円滑な銭貨流通を維持しなければならないのであり、その点で地下百姓の主張と一致し、その結果、撰銭禁止の発令をおこなったが、それは領国支配の観点から実施されたものであった。

しかし一方で大内氏は、領主財政の観点から精銭獲得にも積極的であった。たとえば、豊前国で実施した公金貸付け（「御預銭」）の返済について、段銭と同様の精銭納規定を設けているが、安芸・石見・土佐三国の材木を購入するという理由からも推測されるように、遠隔地交易のために精銭は必要であった。また当時、中国銭が貿易用通貨として機能していたことをふまえると、精銭需要の一つに外国貿易があったことも想定される。したがって、大内氏は財政的に厳島社と同様、精銭獲得に積極的な面を持ち合わせていたのであり、それは一般流通銭で充足されている地下百姓との間に階級的対立を生むことにもなった。

すなわち、大内氏支配下の豊前国で見られる「清銭」額は必ずしも「清銭」そのものの額ではなく、「清銭」で見積もられた基準額を示すもので、実際には「並銭」での相当額が通用する場合が少なくなかったと思われるが、これは撰銭をめぐる領主対地下の対立関係を反映したものと理解でき、撰銭禁止を銭貨政策の一つの柱とする大内氏が、勘渡・下行のさいには「並銭」を使用しながら、収納において撰銭（精銭納）を命じたのも、精銭獲得という点で当該期における領主的本質を露呈したものと理解される。したがって、戦国大名や室町幕府が制定した撰銭令についても、流通政策と財政政策の二面性の存在を前提に、その内容や効果を検討すべきであろう。

註

（1）松延康隆「銭と貨幣の観念―鎌倉期における貨幣機能の変化について―」（網野善彦・塚本学・宮田登編『列島の文化史6』所収、日本エディタースクール出版部、一九八九年）。

（2）藤木久志「戦国期の『撰銭』問題と在地の動向」（『歴史学研究』第三四八号、一九六九年）。のち、同『戦国社会史論―日本中世国家の解体―』（東京大学出版会、一九七四年）各論Ⅱ・第三章に「撰銭令と在地の動向」として収録される。

（3）足立啓二「東アジアにおける銭貨の流通」（荒野泰典・石井正敏・村井章介編『アジアのなかの日本史　Ⅲ海上の道』所収、東京大学出版会、一九九二年）。

（4）大田由紀夫「一二―一五世紀初頭東アジアにおける銅銭の流布―日本・中国を中心として―」（『社会経済史学』第六一巻第二号、一九九五年）。

（5）保立道久「中世前期の新制と沽価法―都市王権の法、市場・貨幣・財政―」（『歴史学研究』第六八七号、一九九六年）。

（6）朝廷は、『玉葉』治承三年七月廿七日条・文治三年六月十三日条・建久三年十月一日条・建久四年二月廿九日条、「法曹至

要抄」中　出挙条（『大日本史料　第四編之四』所収）、『天台座主記』六四世弁雅　正治二年六月廿四日条に見られるように、銭の国内流通を禁止しており、幕府も『吾妻鏡』建久四年正月廿六日条などに関連記事があるものの、積極的な政策を実施した様子は認められない。

（7）中島圭一「日本の中世貨幣と国家」（歴史学研究会編『越境する貨幣』所収、青木書店、一九九九年）4「中世貨幣の動揺」。

（8）『京都市埋蔵文化財研究所調査報告第6冊　平安京左京八条三坊』（京都市埋蔵文化財研究所、一九八二年）、宗臺秀明「鎌倉の模鋳銭」（永井久美男編『中世の出土銭―出土銭の調査と分類―』兵庫埋蔵銭調査会、一九九四年）、『福岡市埋蔵文化財調査報告書第522集　博多57』（福岡市教育委員会、一九九七年）、嶋谷和彦「中世の模鋳銭生産―堺出土の銭鋳型を中心に―」（『考古学ジャーナル』第三七二号、一九九四年）。

（9）前掲嶋谷和彦「中世の模鋳銭生産―堺出土の銭鋳型を中心に―」。

（10）註（7）に同じ。

（11）「大内氏掟書」六一～六二条（『中世法制史料集　第三巻　武家家法Ⅰ』所収）。なお、長府博物館所蔵本「大内家壁書」（山口県指定有形文化財・歴史資料）は十七世紀の比較的早い時期の写本であり、現存最古の善本として知られるので、文言表記はこれに拠った（利岡俊昭「長府博物館所蔵本『大内家壁書』について」〈『梅光学院大学地域文化研究所紀要』第一九号、二〇〇四年〉）。

（12）「大内氏掟書」一四四・一五九・一六七条。

（13）『中世法制史料集　第二巻　室町幕府法』第二部「追加法」三二〇条。

（14）『中世法制史料集　第二巻　室町幕府法』第二部「追加法」三三四・三四四条。なお、法令文言では一〇〇文に三二銭とあるが、これは三二%混入ではなく、九六文を一〇〇文と見なす「省陌」の慣行を前提とする三分の一混入を示すものと思われる。

（15）『中世法制史料集　第二巻　室町幕府法』第二部「追加法」三四五～三四六・三四七・三四八・三六〇～三六二・三七二～三七四・三八五～三八九・四八六～四八八条。

（16）「厳島野坂文書」七八・一〇六号（『広島県史　古代中世資料編Ⅱ』所収）。

(17) 田村哲夫「守護大名『大内家奉行衆』」(『山口県文書館研究紀要』第五号、一九七八年)。
(18) 「野坂文書」二六一、二六四2、二六五1号(『広島県史　古代中世資料編Ⅲ』所収)ほか。
(19) 「厳島野坂文書」七九号。
(20) 「野坂文書」二七三号。
(21) 「大内氏掟書」(『中世法制史料集　第三巻　武家家法Ⅰ』所収)文明十七・明応五・永正十五年令。
(22) 「永弘文書」一六五三号(『大分県史料』所収)。
(23) 藤木氏前掲註(2)論文。
(24) 「永弘文書」一六〇九号。
(25) 「大内氏掟書」文明十七年令(六一・六二条)。
(26) 小葉田淳『日本貨幣流通史』(刀江書院、一九六九年、初版は一九三〇年)ならびに藤木氏前掲註(2)論文。
(27) 大航海時代叢書第Ⅰ期第5巻『東方諸国記』(岩波書店、一九六六年)。
(28) 真栄平房昭「15・16世紀における琉球=東南アジア貿易の歴史的位置」(『琉球史学』第一二号、一九八一年)。
(29) 『歴代宝案』巻十七成化元年(一四六五)八月十五日付け尚徳王咨文、『明実録』成化十年(一四七四)四月丙辰条、『朝鮮王朝実録』成宗八年(一四七七)六月辛丑条。
(30) 『朝鮮王朝実録』世祖八年(一四六二)二月辛巳条、註(28)に同じ。
(31) 『大日本古文書　家わけ第十六　島津家文書』二七九号。なお橋本雄氏は、「撰銭令と列島内外の銭貨流通―〝銭の道〟古琉球を位置づける試み―」(『出土銭貨』第九号、一九九八年)において、「右衛門尉行頼」を細川勝元被官の太田三郎右衛門尉行頼と推定されている。
(32) 「南海通紀」巻二十(『改定　史籍集覧　第七冊』所収)。遣明船派遣が大内氏の独占となった天文年間には、本書第二編第三章で述べるように、主たる貿易通貨は銀であったと思われるが、銭貨もなお利用されていたと推測される。
(33) 撰銭禁止による銭貨流通の促進は、大名権力の精銭獲得にとっても効果的である。
(34) 「永弘文書」一六〇〇・一六〇一号。
(35) 「緒方文書」一二五号(『大分県史料』所収)。

(36)「緒方文書」二二一号。
(37)「緒方文書」一三号。
(38)「緒方文書」二一号、「永弘文書」二〇九二・二一一〇六号。
(39)「緒方文書」一九号。
(40)「小山田文書」(『大分県史料』所収)。
(41)「小山田文書」一一〇号。
(42)たとえば、冬大祭料三貫文や作事料人別一〇〇文など(「永弘文書」「小山田文書」)。

第二章　銭貨通用の実態

はじめに

第一章では、「撰銭」状況が生まれた歴史的背景と、公権力の対応としての撰銭令について述べるとともに、大内氏時代の銭貨通用について取り上げ、銭貨の種類と額に注目することによって、撰銭をめぐる諸階層の動向と「清銭」の性格という二つの観点からその実態を明らかにした。その結果、大内氏支配下の豊前国で見られる「清銭」額は、必ずしも精銭そのものの額を示すのではなく、基準銭たる精銭で見積もられた基準額であり、実際は多くの場合、低品位銭貨である「並銭」での相当額が通用していたことを確認した。

そこで本章では、十六世紀前半の戦国期社会における銭貨通用の実態をより具体的に明らかにするために、大内氏領国の事例をさらに分析・検討したい。すなわち、銭貨関係の史料は量的に少ないものの、当該期の銭貨通用の特徴を知ることができる筑前国の事例と、銭貨の在地における通用状況、とくに銭貨をめぐる諸階層の動向が具体的にわかることで従来から研究対象とされてきた豊前国の事例、これらかつて大内氏の支配下にあった両国の事例を素材として、右の課題に取り組むことにする。それは、銭貨史料を全国規模で蒐集して検討することも確かに重要だが、銭貨やそれをめぐる諸階層の動向を実態に即して検討するには、対象地域をある程度絞り込むことが、銭貨流通や通用慣行における「地域性」の存在を想定した場合、より有効な方法と考えるからである。

そこでまず、筑前国において年貢・夫役などの銭納史料を素材に、「清料」額を基準とする当時の銭納の仕組みについて明らかにする。次に、豊前国において「清料（清銭）」だけでなく「並銭」にも注目し、在地における銭貨通用の実態に迫ることで、大名権力をはじめとする諸権力や在地勢力の、銭貨をめぐる対抗関係の社会的背景について考察したい。

一　銭貨収納と地域社会

本節では、戦国期の筑前国における年貢や夫役の銭納の仕組みを示す史料を紹介し、当該期における銭納の実態を明らかにしたい。

1　銭納における基準額と換算値

まず、筑前国早良《さわら》郡脇山地方における銭納の事例を紹介し、その方法をめぐって発生した事件を素材に、地域社会における銭貨収納の実態について具体的に明らかにしたい。

（端裏書）「（墨引）

案文　大河内殿へ」

御領分広瀬村紺屋名事、依有子細、近年御領主被召放候処、護聖院様対御領主被添尊意、案堵（ママ）之儀被仰付候、誠忝候、就夫為御礼当料弐貫文、大河内殿へ進上仕候、然者、年貢辻参斗代参段・壱斗八升代参反、右壱斗八升代事者、夫銭之外仁券注銭小俵米無無沙汰可納申候、夫銭事者、清料五文分当料七文はん、年中四度まハり廿五名御百姓衆並可納申候、此外護聖院江月夫銭堅固可納申候、右条々無沙汰又違乱之儀申候者、彼下地事、別作人ニ被仰付候共、一口之儀申間敷候、紺屋一名并南名内大祢壱反（カ）、以上六段事、子にて候又四郎ニ申付候、大祢の事者、壱段ニ相当之公事足并夫銭年中ニ当料九十文、可答申候、無沙汰有間敷候、仍一筆如件、

天文十七年（一五四八）二月十六日　　鳥飼新兵衛尉

俊久（花押影）

大河内吉松殿

進上

この史料(1)は、鳥飼新兵衛尉俊久なる人物が、「護聖院様」の「御領主」への働き掛けによって広瀬村紺屋名を安堵されたことに対して、礼を述べるとともに、年貢などの収納内容を詳細に明記してその履行を誓約したものである。その場合、「護聖院」が博多聖福寺《しょうふくじ》の塔頭(2)であることから、「御領主」とはまさに聖福寺のことであり、しかも安堵されたのは史料中の「別作人」という文言から（下）作職と考えられる。ただ、宛名の「大河内吉松」なる人物は、「護聖院」に近い立場の者と推測されるが、詳細については不明である。当該期の筑前国早良郡脇山地方は、背振山東門寺の強い影響下にあり、そこでは複数の地侍（小領主）の存在が知られるが、鳥飼氏はまさにその一人であり、早良郡各所に点在し、かつ脇山にも存在した博多聖福寺領の権益に関与していたものと思われる(3)。

さて、この史料で注目されるのは、領主に対して年貢のほかに、「夫銭」を「清料五文分当料七文はん」という基準で年四度、「廿五名御百姓衆並」に納入するという旨の誓約文言である。また、「大祢」一反分の「公事足并夫銭」として年に「当料」九〇文を納入し、さらにこのたびの謝礼として大河内吉松に「当料」二貫文を渡した事実が確認できる。

このうち、謝礼の「当料」二貫文は実際に大河内氏に贈呈したもので、公事足・夫銭の収納規定である年額「当料」九〇文は実際の納入予定額と思われる。そして、これらのことをふまえるならば、「御領主」に対する夫銭納入規定として見られる「清料五文分当料七文はん」という表現は、清料五文分を当料七文半の換算基準で収納する、つまり「清料」で定められた額の一・五倍を実際の納入額とすることを示したものと推測される。

ここに、夫銭などの収納額が、「清料」で見積もられた「清料」額を基準としつつも、実際は一定の換算基準のもと「当料」額で動き、しかもその換算基準は「廿五名御百姓衆並」という表現からも窺われるように、筑前国早良郡脇山地方における地域慣行であったと考えられる。

では、この脇山地方でほぼ同じ時期に発生した事件についてさらに検討したい。

(端裏書)「案文」

態令啓上候、仍当郡中諸納銭之事、何茂清料一和利半之辻、以諸郷被致其答候之処、限脇山之郷、和利を余郷ニ相替被仰付候、御百性(ママ)中致迷惑候、此等之次第、於連々雖遂愁訴候、如何候、被成御分別候哉、尓今菟角之儀、御返事不被仰聞候、無御心元存候、当国之儀者、近年就御弓矢之儀、諸郷致辛労候、就夫下村辺大郷之儀者、去一両年者、御土貢之内過分之被成御扶持在所多々候、御存知之前候、以御分別、右一ヶ条愁訴之儀可預御取合候、奉頼候、恐惶謹言、

卯月廿一日

鳥飼対馬守 俊久
馬田将左衛門尉 久次
結城刑部丞 庚実

ここに鳥飼俊久と並んで発給人として見える馬田・結城両名は、鳥飼氏と同様、脇山地方の地侍であり、彼らは「脇山之郷」を代表して郷内の意見を主張する立場にあった人物と思われる。そして、内容としては「当郡中諸納銭」、つまり筑前国早良郡における種々の収納銭に関して、これまで「清料一和利半」の基準で諸郷が収納を果たしていたところ、「脇山之郷」に限っては、「和利」を「余郷」と異なって命じられたことにより、「御百性《姓》中」が迷惑し、これまで頻りに愁訴したにもかかわらず、いまだに回答がないため、改めて実情を述べて愁訴したものである。

御百性中[4]」

「執行出雲入道殿《奥裏書》　人々中

奥裏書に宛名として見える「執行出雲入道」だが、人物を特定することはできないものの、同時期の鳥飼俊久の出挙米借状の宛所に「執行雷訓」とある[5]ことなどから、脇山地方の領主である背振山東門寺に属する人物（「山上御役人」とも称される）と推測される[6]。したがって、「当郡中諸納銭」という筑前国早良郡の一郡規模で諸郷から収納される銭、これは郡代のもとに収納される性格のものと推測されるが、脇山郷では年貢などと一緒にまずは東門寺のもとに収納され、そして東門寺から郡代のもとに納められる仕組みであったと理解される。

また、この文書の作成年代は、「鳥飼対馬守俊久」とあるように、前掲文書の「新兵衛尉」から「対馬守」へ官途の変化が認められるので、天文十七年（一五四八）より後のものであることは間違いないが、時期を特定することは難しい。文中に「当国之儀者、近年就御弓矢之儀」という表現もあるが、具体的に何を指すのかは不明である。ただ、天文廿四年（一五五五）三月廿三日付けの文書に「鳥飼対馬守俊久」の署名があるので、その前後の時期のものと思われる[7]。

さて、この文書で興味深いのは、「当郡中諸納銭」について諸郷の納入基準、つまり地域慣行としての収納基準があったにもかかわらず、それが脇山郷のみ異なって適用されたことで百姓らが困り、そのため地侍らが郷を代表して愁訴行動に及んだという事件の経過である。その場合、収納基準である「清料一和利半」の意味が重要となってくる。

すでに、前掲の史料で「清料」は基準額であり、「当料」は一定の換算値による実際の収納額であることを推測したが、ここに見える「和利」は、まさにこの「清料」から「当料」への換算値と理解される。本書第二編第一章で述べることになるが、大内氏領国を引き継いだ毛利氏領国のうち防長両国では、「和利」が大内氏時代から継承した「清料」(「古銭」)額を「当料」額に換算するさいの倍数数値であることが確認され[8]、こうした点からも「一和利半」とは一・五倍を意味すると考えてよかろう。

そうすると、これは先に見た脇山地方における夫銭の収納基準「清料五文分当料七文はん」とまさに一致するのであり、それが「当郡中諸納銭」の収納基準であったということは、当時この基準が単に郷の領域にとどまらず、早良郡全体に及ぶ地域慣行であったことを示唆する。したがって、こうした状況下、周辺郷とは異なる換算値「和利」での収納を命じられたことに対して、脇山の地侍らは不公平を感じ、愁訴行動に踏み切ったものと思われる。

このように、天文年間には「清料」が基準額として成立しており[9]、「清料」基準の「和利」換算による「当料」収納という仕組みが地域慣行として存在していたことが明らかになった。

そもそも「当郡中諸納銭」とは、郡代を通じて大名権力にもつながる税体系の銭である。したがって、こうした一郡規模(一国規模かもしれないが)での広域的な賦課は、本来同じ収納基準であることが十分に予想されるのであり、周辺郷の実情をふまえた上で地侍らは、郷内の結束をもって領主東門寺に対して愁訴を試みたと言える。そしてそこには、「清料」基準の「当料」収納の地域慣行とともに、「和利」をめぐる諸階層間の対抗関係の存在が想定される。

では、現行の通用額として現れ、しかも実際通用する銭貨とも推測される「当料」とは、一体どのようなものであろうか。筑前国内の事例でさらに検討してみたい。

その場合に参考となるのが、博多聖福寺所蔵の「安山借屋牒」[10]に見える文言である。「安山借屋牒」とは、聖福寺支配下の屋敷について、その「借屋」（借家）人の名と間口間数のほか、地料や「山口夫」「小夫銭」などの銭納額が記載された帳簿である。このうち、「山口夫」（大山口夫）や「小夫銭」（小山口夫）は、周防国山口を本拠とする大名大内氏への夫役が銭納化したものであり、聖福寺がいったん夫料を「借屋」人から徴収し、大内氏に一括して上納したものと理解されている。[11]また奥書から、この「安山借屋牒」は、永禄六年（一五六三）の争乱で失われたものを同十二年（一五六九）に住持となった耳峰玄熊が元亀三年（一五七二）に回復（回収か）したものであることがわかるが、記述内容としては天文十二年（一五四三）の年紀の通り、天文年間のものと推測される。

そして注目されるのは、冒頭部分に「此帳者黒銭之時也、上古者精匁也、精二百文ヲ展テ此帳ニテ参百文也」と記されていることである。これは、この帳簿の数字が「黒銭」のときのものであり、古くは「精匁」であったものを新たに「黒銭」で換算し直したものと読み取れる。この場合の「黒銭」であるが、博多における実体は不明ながらも、肥後国人吉の領主相良氏が明応二年（一四九三）に発令した、いわゆる「相良氏法度」第五条に「悪銭之時之買地之事、十貫字大鳥四貫文にて可被請、黒銭十貫文之時者、可為五貫」とあるのが参考になろう。[12]この条文は、悪銭を使って支払われた土地を売主が取り戻すさいに必要な精銭の額、すなわち悪銭と精銭の交換レートを公定したものと理解されているが、その解釈についてはいまだに定説がない。その場合、解釈の分かれ道は、「字大鳥」なる銭貨を悪銭と見るか精銭と見るかであり、前者の場合は悪銭「字大鳥」一〇貫文が精銭四貫文で「黒銭」一〇貫文が精銭五貫文という解釈になり、後者の場合は悪銭一〇貫文が精銭「字大鳥」四貫文で「黒銭」一〇貫文が精銭「字大鳥」五貫文という解釈になる。しかし、「字大鳥」が悪銭・精銭のいずれであろうと、「黒銭」なる銭貨が精銭より品位の劣る銭貨で、しかも精銭の半分の価値と評価されていることは間違いない。したがって、「黒銭」なる銭貨は、低品位の流通銭とみなすことができよう。

以上のことをふまえて、「安山借屋牒」の記述を改めて見るならば、「上古」の「精」銭二〇〇文を、この帳簿では「黒銭」三〇〇文と換算しており、これは旧来の精銭額を現行通用銭貨で換算し直した額を示すものと考えられ、しかも「精」銭額から「黒銭」額への換算値が一・五倍であることは、前述した筑前国早良郡における「清料」から「当料」への換算値が「一和利半」（一・五倍）であったことと見事に符合する。偶然の一致と思えなくもないが、一方で天文年間、筑前国では早良郡脇山地方から博多にかけての広い範囲で、「清料」額の一・五倍が実際の通用額（「当料」額）という地域慣行が存在していたことが想定され、「黒銭」なる銭貨も当時「当料」として一般に流通・通用していた銭貨と見なすことができる。また、「上古」の「精」という表現からは、かつて設定されて天文年間まで継承されていた基準額としての精銭額（「清料」額）の存在を想起させ、「安山借屋牒」はそれを現行の通用額に換算した内容を記した帳簿と考えることができよう。

このように、戦国期（天文年間）の筑前国では、夫銭などの収納が「清料」額を基準に、実際はそれに相当する額が「当料」額として、一定の換算値「和利」のもと現行通用銭貨によって果たされていたことが確認された。そして、こうした銭納の仕組みが存在する以上、「和利」の数値は銭貨授受の当事者、とりわけ銭貨を納入する側にとっては重要な意味を持ち、周辺地域の状況に常に関心を払い、納得しがたい「和利」の適用に対しては生活防衛の立場から断固拒否する姿勢を見せた。そこに、当該期における銭納の特徴と、それをめぐる諸階層間の対抗関係を窺うことができるのである。

2　年貢銭納の実態

次に、同じ筑前国内で、年貢銭納の仕組みを示す史料を紹介し、銭納の実態について明らかにしたい。戦国期、検地帳をはじめとする年貢収納のための土地台帳では、田には分米、畠や屋敷には分銭が付けられるのが一般的だが、筑前国では畠の分銭がとくに「清料」で表示されている事例を見ることができる。たとえば、筥崎宮領の「高木分坪付帳（天文ノ帳）」では、畠について、一筆ごとに所在地・面積・人名のほか、分銭が「清百文代」「清八十文代」などと、「清料」額で表示されている。(13) 当該期の筑前国筥崎宮領は石清水八幡宮領（田中坊領）であったが、石清水八幡宮に送進される年貢の銭納基準は、こうした畠一筆ごとの「清料」額が基礎になったと理解される。では、実際の年貢銭納はどのようなものであったのか。

この点について、「高木分」では年貢銭納の仕組みを示す史料はないが、同じ筥崎宮領の他の事例を検討することにより、ある程度の推測が可能となる。

御還補之地新開分納不納事

（中略）

同所分済銭納不納事

弐拾三貫弐百弐拾三文清料

天文九年分、五智輪院代仕渡目録之前、（一五四〇）

三貫文清料　　雖目録ニ無之、右内給分ニ除之、

残弐拾貫弐百弐拾三文清料

当料ニ散用之也
三拾貫参百三十五文当料内
三貫文当料　社納之、五智輪院代宗賢大橋将監送状之前、
残弐拾七貫参百三拾五文当料
未進之
参拾貫三百三拾五文当料
天文十年（一五四一）分、此外ニ給分除之、
幷五拾七貫六百七拾文当料内
四貫八百文当料　社納之、五智輪院代宗賢大橋将監送状之前、
残五拾弐貫八百七拾文当料　未進之
三拾貫参百三拾五文当料
天文十一年（一五四二）分、此外ニ給分除之、
幷八拾参貫弐百五文当料
以上(14)

まず、冒頭の「御還補之地」という文言であるが、当時筥崎宮領は筑前国守護代杉興運やその被官らによって、多くが代官請負となっており、これはそうした状態から筥崎宮に返還された所領を意味すると思われ、この史料は「御還補之地」を直接支配する筥崎宮が、その「新開分」の年貢収納状況を石清水八幡宮に報告したものと理解される。

史料の前半部では石高による数値が見受けられるが、右に掲げた後半部では「同所分済銭納不納事」として、天文

九年（一五四〇）分から十一年（一五四二）分まで三年間にわたる年貢銭の納不納状況を具体的に知ることができる。それによると、まず最初に「天文九年分、五智輪院代仕渡目録之前」として二三貫二二三文が「清料」とあり、そのうち「給分」として三貫文「清料」が引き去られ、残り二〇貫二二三文がやはり「清料」と記されている。これにより、筥崎宮座主であった五智輪院（の代理）から石清水八幡宮に渡されていた「目録」では、収納銭が「清料」額で記載されていたことがわかる。

そして注目されるのは、「給分」が差し引かれた残額である「清料」二〇貫二二三文が「当料」三〇貫三三五文にわざわざ換算されている点である。しかも、この三〇貫三三五文という「当料」額は、天文九年分だけでなく天文十年分および十一年分においても同額であり、この額をもとに社納分と未進分が計算されている。すなわち、五智輪院代である宗賢および大橋将監の「送状」で送進された社納分を三〇貫三三五文から差し引いた額が未進分となり、それ故に社納分・未進分ともに「当料」額となる。また、史料前半の石高記載の部分においても天文九～十一年分は毎年同じ一五石九升二合であり、それから社納分（五智輪院代宗賢・政賢の「送状」）と未進分が算出されている。

これらのことをふまえると、「御還補之地新開分」では、石高現物納とともに年貢銭納がおこなわれており、それは「目録」に記載された「清料」額を基準としながらも、実際には「当料」額に換算され、その「当料」額のもとで「送状」とともに送進された実際の社納分、そして残りの未進分が算出されていた。また、こうした仕組みは、この「御還補之地新開分」に限らず、畠分銭を「清料」額としていた筥崎宮領ではみな同様で、これが年貢銭納の方法であったと推測される。すなわち、畠分銭の「清料」額に基づく銭納基準額があり、それが一定の値で換算されて実際の銭納額が「当料」額として算出され、その「当料」額数値のもとで会計処理される仕組みである。(15)

しかも、この事例で注目されるのは、銭納基準額として見える「清料」額（二〇貫二二三文）が実際の銭納額である

「当料」額（三〇貫三三五文）に換算されるさい、数値上一・五倍になっている点である。時期が天文年間であることからも、筑前国早良郡（脇山）における「郡中諸納銭」の換算値であった「一和利半」や、博多聖福寺の「安山借屋牒」の冒頭部分の「精ヌ」から「黒銭」への換算値（一・五倍）と符合することが興味深い。これはすなわち、筑前国内で「清料」基準額から「当料」額への換算が年貢銭・夫銭をはじめとする銭納一般においてもおこなわれ、しかもその値が一国規模で同じであったことを推測させるものである。

このように、戦国期筑前国内の筥崎宮領関係の土地台帳によると、畠の分銭が一筆ごとに「清料」で示されており、年貢銭納額はこれら「清料」額の集積値を基準に算出されていたと推測され、銭納基準である「清料」額が実際に通用する「当料」額に換算され、さらにその「当料」額のもとで社納分や未進分の算出など会計処理がおこなわれて、石清水八幡宮への年貢送進が果たされていたのである。(16)

二　銭貨をめぐる大名権力と地域社会

本節では、戦国期の在地における銭貨史料が比較的豊富なことで、従来からたびたび研究対象とされてきた豊前国の事例を改めて取り上げ、筑前国の事例で明らかにした諸事実をふまえ、在地における銭貨通用の実態を、大名権力の銭貨政策と在地勢力の対応といった観点から具体的に明らかにしたい。

1　在地における銭貨通用

延徳四年（一四九二）三月に豊前国内の郡代や段銭奉行の面々に対して発令された大内氏の禁令では、「豊前国中悪銭事、近年被禁遏之処、動令犯用之、剰去年以来者、偏受用流布云々」として、「市中売買之場」において悪銭を使用した者の捕縛と銭の没収という厳しい方針を打ち出しているが[17]、これは豊前国内で従来から規制していた「悪銭」の流通がこのころ一層顕著になり、一般の商取引においても盛んに用いられていた状況を物語るものである。そして実際、同国では延徳年間以降、史料上、多様な銭貨表現が登場し、銭貨授受をめぐる問題が発生している。こうした銭貨表現の多様化は、流通に参加した低品位銭貨に対する撰銭の過程で生じたものと見られるが、豊前国の場合、良質の銭貨である「清銭」「清料」に対して、明らかに低品位と思われる「悪銭」や「並銭」という銭貨表現があり、そのほかにも同様に低品位でありながら、国内の在地レベルでは一般に流通・通用していたと思われる「国銭」や「国並銭」、さらには「荒銭」などの名称が確認できる[18]。

これらさまざまに表現される個々の銭貨が実際どのような形状であったのか、出土銭貨との対応関係が特定できない現状では不明だが、少なくとも豊前国内において、流通・通用する各種銭貨をこれらさまざまな表現で区別していたことは紛れもない事実であり、文献史学の立場としては、出土銭など現在確認できる銭貨との対応関係はともかくとして、銭貨表現の差に即して当該期の銭貨通用の実像に迫る必要があると考える。

さて、戦国期の豊前国における銭貨通用については、大内氏支配下の宇佐八幡宮に関する神事料や下作職の史料を利用して第一章ですでに検討した。その結果、「清銭」表示額は必ずしも「清銭」そのものの額を示すのではなく、基準銭たる「清銭」で見積もられた特定料物の基準額と言うべきものであり、実際には種々の比価のもとに算出された「並銭」による相当額が通用していたこと、しかもこうした実態は、撰銭をめぐる領主対地下の対抗関係を反映し、撰銭禁止を銭貨政策の一つの柱とする大内氏が、勘渡・下行銭貨には「並銭」を使用しながら取得銭貨で撰銭（精銭納）を命じたのも、精銭獲得というまさに当該期における領主的本質を露呈したものと結論づけた。

そこで、先に確認した筑前国の事例もふまえ、戦国期の豊前国内における大名権力の銭貨政策と在地での銭貨通用について、改めて検討し直したい。

まず、「清料」基準の「並銭」通用といった仕組みを規定している在地の実態について具体的に見ることにする。

豊前国上毛郡の在地領主緒方氏は、天文十六年（一五四七）から急速に下作職を集積し、同二十四年（一五五五）には給主となり、以後永禄年間にかけてその地位を維持するが、その緒方右京進矩盛が天文廿四年正月十八日付けで「為上覧」として作成した知行坪付が残されている。[19] そして、坪付に数多く登場する「定銭」は、宇佐宮領では一般に「加地子」を意味し、下作職の成立に伴って定額化したものと理解されている。[20] しかも、永禄七年（一五六四）七月の下作職譲状においても額の継承が認められる、[21] これら「定銭」は、下作職の集積過程を示す個々の売券の記述から、段銭と同様、「清料」額であったことが判明するが、[22] さらに検討を加えると、実はそれらが「並銭」で収納されていた事実を確認することができる[23]（本編第一章参照）。したがって、「加地子」は定額化し、「清料」額として継承されながら、実際は「並銭」で収納されていたと推測される。

また、大永三年（一五二三）に給主の代理人である通津頼勝と、名主職の所有者である成恒氏種の両名が、大内氏の中枢奉行人である吉見備中守（弘頼）に提出した下毛郡実得時元幷大石寺両名坪付注文では、畠の定銭が「並銭」で示されており、それはのちの天文七・八年（一五三八・三九）においても内容・額ともに同じである。[24] すなわちこの場合は、もともと「並銭」で収納され、しかもその額が継承されていたことになる。

したがって、これらの事実からわかることは、収納銭が定額化して「清料」額で表示される傾向がある一方、そうした「清料」基準額があろうとなかろうと、在地においては基本的に収納が「並銭」によって果たされていたことである。そこで、こうした在地における銭貨通用の実態を、同国下毛郡宮時荘の事例で検証したい。

本貫地を宇佐郡向野郷永弘名とし、宇佐八幡宮の「番長職」として御供米の徴収や下宮の修営等に責任を持ち、祭祀の運営を経済面から執行する立場にあった永弘氏が、宮時荘を是恒名とともに大内氏から給与されたのは文亀年間のことである。彼は、在地の名主層を通じて土貢等の収納にあたったが、永正年間以降、この名主層からの土貢獲得がしだいに困難となってくる。そしてその背景には、彼らが大内氏の家臣で豊前国守護代である杉氏一族と散り掛り的に被官関係を形成する状況があった。[25]

当時、財政窮乏状態にあった宇佐宮は、所持する下作職を担保に在地領主らから借米・借銭をおこなうが、それも多くの場合返済不能となるため、宇佐宮側は下作職に対する権利を手放し、結果として在地領主のもとに下作職が集積されることになる。

そこで、こうした状況を銭貨関係の史料で確認したい。

下毛之郡宮時之庄正税沙汰名〻分□（銭カ）

合

六百五十文　近宗名　庶津方
壱貫百文　六郎名　大畠平右衛門尉
八百文　貞末名　友枝千若丸
六百五十文　門之名　大畠修理之亮
五百文　次郎丸名　久経弥六郎
大畠形（刑）部丞
壱貫文　今吉名　彦右衛門

三百文　　大江津良名　　蠣瀬大蔵之尉

以上倍貫文 並銭

□（永）正十四歳丁丑九月廿二日

この史料は、永正十四年（一五一七）九月の時点における宮時荘各名主の「正税」負担額を示したものである。これによると、名主それぞれの負担額はその合計額の表記「倍貫文 並銭」に見られるように、すべて「並銭」額であり、それ故に宮時荘の「正税」は各名主から「並銭」で永弘氏のもとに収納されていたことがわかる。また、ここに名主として見える者の多くは、豊前国守護代杉氏に被官化しており、当時、財政窮乏状態にあった永弘氏ら宇佐宮関係者は、こうした名主らから「正税」を担保に借銭していたことになる。

それでは、その借用状況および返済方法はどうであったのか。

借用申料足事

合弐貫文者

右、百文仁荒銭参拾文指の並銭也、今月より加六文子返弁可申候、若無沙汰候者、彼料足本子返弁申する間、寺家分宮時之内、六郎名幷貞末名正税銭壱貫九百文、当年十二月までの利平本子弐貫六百文ニ成候、悉皆済可申候、万一候者、彼両名正税銭可有御進退候、残而未進七百文ニハ、又正月より加利分来年収納時分皆ゝ納可申候、如此申談候上者、御徳政興行、又者如何躰なる新御法共、（候脱カ）不可有相違之状、如件、

御供所番長大夫

重　行（花押）

永正拾六年己卯（一五一九）八月三日

大畠大膳亮殿

すなわち、この借用状[27]によると、永弘重行が大畠大膳亮なる人物から二貫文の銭を月六分の利子で八月から十二月までの五ヵ月間、借用していることがわかる。そのさい、元利合計二貫六〇〇文の担保として「六郎名并貞末名正税銭」一貫九〇〇文を充てており、もし返済できない場合は「両名正税銭」の権利を譲渡し、残る七〇〇文については正月から利子を加えて来年の収納時における皆済を約束している。この場合、「六郎名并貞末名正税銭」一貫九〇〇文は、先に見た正税徴符の「壱貫百文　六郎名」と「八百文　貞末名」を合わせたものに該当し、しかもそれは「並銭」額であり、このことから、借銭担保に「正税銭」が充てられ、そして借銭・担保ともに「並銭」額で動いている状況が確認できた。

そして注目すべきは、その借銭内容が「百文仁荒銭参拾文指の並銭也」と述べられている点である。これと同様の表現に、大永三年（一五二三）五月十八日付け永弘重行料足借用状[28]の「合壱貫文者定当世卅さし」がある。これらは同じ状況を示すものと考えられ、低品位と推測される「荒銭」あるいは「当世」（銭）三〇文を一緡（さし）一〇〇文中に含む一般流通銭を当時「並銭」と呼んでいたことがわかるが、これがまた国内の一般流通銭と思われる「国銭」あるいは「国並銭」と同様のものであったと推測される。本編第一章で述べたように、安芸国では天文年間、「当時通世銭」や「当国諸売買銭」と呼ばれる銭貨が収納銭として郷村（厳島社領佐西郡山里）の刀祢らによって取り扱われ、それを「悪料」として受け取りを拒否する厳島社との間で紛争が生じているが[29]、豊前国における「国銭」や「国並銭」はこれと同じ性格の銭貨であり、低品位ながらも地域経済圏で十分に流通・通用するものであったと理解される。

このように在地では、年貢正税やそれを担保とする借銭が「荒銭」を含む「並銭」額のもとで動いていたのであり、そこには「清銭」「清料」を基準とする状況は認められない。すなわち、在地においては、一般に「並銭」そのものが、その額とともに取引対象とされていたのであり、それこそが在地における銭貨通用の実態であったと考えられる。

こうしたことは、他の事例からも推測できる。たとえば、永正四年（一五〇七）ごろ、給主伊佐弘滋と下作職所持者成恒雅楽允との間で、周防国山口までの二〇日分の「夫料」（「屋敷五段分」）が「並銭」二貫文と定められていたこと。[30]また、永正十八年（一五二一）八月二十日、宮時荘の名主久恒氏が永弘氏から同荘の前年分の公事銭を担保として受け取った「出挙米（銭）」二貫文が「なミ」銭であったこと。[31]さらに永正九年（一五一二）には永弘領の下毛郡本自見名算用目録において、田地六町三段廿代の「夫銭」が年中二貫五二〇文「悪銭」とされていたことなどが挙げられる。[32]

このように豊前国では、低品位銭貨の流通への参加により流通銭貨が多様化し、しかも撰銭の進行により良質銭貨「清料」が基準銭化した結果、収納銭が定額化して「清料」による収納基準額が成立した。しかし、そうした「清料」基準額の有無にかかわらず、年貢正税やそれを担保とする借銭が「荒銭」を含む「並銭」額のもとで動いていた事例からもわかるように、在地においては、低品位銭貨である「並銭」がその額とともに取引対象となっていたのであり、これは「清料」基準の「並銭」取引も含めて、銭貨取引での「清料」に対する「並銭」の優位性を示すものと理解できるのである。[33]

2　大名権力の銭貨政策と「和利」

では、在地における「並銭」の銭貨通用面での優位性に対し、改めて大名権力による銭貨収納、つまり大名財政に深く関わる事例について検討したい。

まず、段銭である。これは原則として「清料」基準で賦課徴収され、とくに豊前国内では段別「清料」八〇文の収納が地域慣行（「郡並」）となっており、[34]大内氏も守護代・郡代あるいは段銭奉行に対して、「撰銭」での収納を命じている。ただその一方で、抱えた所領の「清料」基準の段銭を、「並銭」額で納入することを永弘氏に請け負っている樋田大蔵丞吉氏・同八郎の事例もあり、(35)在地における段銭徴収も実際は「並銭」でおこなわれていた可能性が十分にある。したがって、段銭を郡代や段銭奉行に直接納入する立場にあった、たとえば永弘氏に、大名権力側の思惑と在地における銭貨通用の実態との違いが、重くのしかかっていたものと推測される。

次に、大内氏が利潤の獲得を目的に公金を貸し付ける「御預銭」(「御公銭」)の事例だが、これも大内氏によって「清料」基準で貸し付けられ、しかも「撰銭」での収納が強く求められていた。そこで以下、段銭と同様、大名財政に深く関わる「御預銭」(「御公銭」)を素材として、大名権力側(郡代)と在地側(宇佐宮)の両者間で繰り広げられた銭貨授受の問題について検討したい。

為御公銭従佐田大膳亮殿被預ケ分配当帳之事

合壱貫五百文者清目足

二百文　但永楽廿さし
二百文　自見 太郎右衛門
二百文　自見 次郎右衛門
二百文　助部村 清右衛門
二百文　矢部 長興寺
二百文　円通寺
二百文　安門坊
百五十文　益永平太郎方

百五十文　櫟村 孫右衛門
百文　益永方之内 小七

以上

右、配符如件、

永正八年庚午（ママ）正月十一日　番長 重幸（花押）

右の史料[36]は、永正八年（一五一一）正月、宇佐郡代の佐田大膳亮から預けられた「御公銭」を、永弘重幸が各方面に割り付けていることを示すものである。その場合、総額一貫五〇〇文が「清目足」であり、しかもそれが「永楽廿さし」、すなわち一緡一〇〇文中に永楽銭二〇文を混入した「清（銭）」額であったことに注意したい。

そして、この御預銭の返済について、その後、大名権力側（郡代）は「撰銭」（つまり精銭）での返済を要求し、しかも「銭並之事者、已前渡進之候辻、御存知儀候間、不及申候」と、銭貨については預けた状態での返済を強く求めている[37]。そして、撰銭での返済を希望する理由を「芸・石・土佐之材木可被買下御用候」（安芸・石見・土佐国での材木購入）と述べており、これはすでに第一章でも触れたが、領国を越えた遠隔地交易における精銭需要を示すものと理解されるため、当時の大名財政における精銭の重要性[38]について指摘できる。

しかし問題は、これに対する在地側（宇佐宮）の反応であり、さらにそれをふまえた大名側の対応、そしてその後の事件の展開である。そこで、これらの点について見ることにしたい。

すなわち在地側は、（在京中の大内氏の）京都御奉書を後ろ盾に二度にわたって「公銭弁済」を催促する郡代の佐田氏に対し、「宮中衆御無力之砌候」として「国銭」による返済を求めたり、あるいは「社家迷惑此事候」として「並銭」で返済しようとしている[39]。そしてそのさい注目されるのは、「和利之事、如御定法可預御取合候[40]」と述べている点である。

この「和利」について従来は、「精銭と悪（並）銭とを結び、体系化する混入換算率法」と評されるように、「清銭」中に永楽銭など「悪銭」や「並銭」を取り混ぜる混入率法と解釈されていた(41)。たとえば、杉興重の宇佐郡代佐田大膳亮に対する永正十三年（一五一六）八月十二日付けの奉書案では、「就御段銭之儀、清銭・悪銭受用之段、巨細言上候、此之儀郡内地下要用分可用三和利銭事も可任民人心候、於御段銭者、如前々以撰銭可令収納旨、対上毛・下毛両郡以前堅固被仰出候」と、段銭収納における「清銭」と「悪銭」の受用について、「段銭」については従来通りの「撰銭」、つまり精銭での収納を原則とするものの、「郡内地下要用分」については「三和利銭」を用いることを「民人心」に任せるものとして、上毛・下毛両郡と同様、宇佐郡でも徹底することを大内氏の方針として通達しているが(42)、この場合の「三和利銭」を「清銭」中の「悪銭」混入率が三割であるものと理解している。その理解の前提には、大内氏が発令した文明十七年（一四八五）四月十五日付けの撰銭令(43)に見える「段銭」では一〇〇文中に永楽銭・宣徳銭の二〇％混入を、「り銭并はい〳〵銭」では一〇〇文中に永楽銭・宣徳銭の三〇％混入を命じた事例がある。そしてすでに取り上げた「御公銭」（御預銭）の「永楽廿さし」（永正八年）という表現や、借用状の「百文仁荒銭参拾文指の並銭也」（永正十六年）あるいは「当世卅さし」（大永三年）の表現から、「和利」は「清銭」中への「悪銭」混入率とされてきた。しかし、本当にそうだろうか。

たとえば、本章第一節では筑前国の事例を検討して、「和利」は混入率ではなく、「清料」基準額から「当料」額への換算値であることを確認した。しかも、当時の豊前国内の状況を検討した結果、在地における「並銭」「国（並）銭」「悪銭」の「清銭」に対する通用優位の状況が確認できた。さらに、「御公銭」の事例からも、大名権力側の「撰銭」での返済要求に対し、在地側は「並銭」での返済を強く主張していたこともわかった。以上をふまえるならば、豊前国における「和利」も、「清銭」額から「並銭」額への換算値と見てよいのではないか。

そもそも、大内氏の文明十七年令は永楽銭・宣徳銭といった明銭の（宋銭を中心とする精銭中への）混入率を示すものであり、明銭が一定の割合で混入された状態を精銭として取り扱っていることに注意すべきである。「永楽廿さし」という表現も、「御公銭」割り付けのさいの永楽銭二〇％混入を示すものであるが、この場合も、永楽銭を「清目足」として扱っている。つまり、一定の条件下で永楽銭は精銭に位置づけられているのであり、これは低品位・低価値の銭貨として「清銭」とは明確に区別された「並銭」（「国（並）銭」「悪銭」）とは基本的に異なる。

一方、先に見た借用状に登場する「百文仁荒銭参拾文指の並銭也」とか「当世卅さし」といった表現は、在地で一般に流通・通用していた「並銭」の状態を表現したものである。つまり、永楽銭などを混入した「清銭」と、荒銭を混入した「並銭」とは、本来次元が異なるのであり、それは「清銭」と「並銭」が、いわば別の銭貨体系を形成していたことを示唆するものである。(44) 永楽銭などの明銭は、一定の混入率のもとで「清銭」として扱われ、「清銭」と同じ品位を保証されているが、「並銭」は「清銭」に対してあくまで低位に位置づけられている銭貨（群）である。したがって、両者は本来別次元のものであり、その意味からも両者の混用はありえない。しかも、それを裏付けるかのように、「清銭」中への「並銭」（悪銭）混入率を直接示す「和利」史料は、管見の限り見当たらない。

そこで注目すべきは、永正十三年（一五一六）三月廿三日付け宇佐郡代佐田大膳亮泰景公銭利平預り状案(45)である。それによると、宇佐宮側が「御公銭利平」三〇貫文を「並銭」で納めたところ、郡代は「依元銭撰銭、和利之沙汰未定也、就其相待京都御下知之条、先任現在預利置」くとある。この意味は、「元銭」が「撰銭」、つまり「清銭」であったにもかかわらず、収納された利子分三〇貫文は「並銭」であり、「和利之沙汰未定」である上は「京都御下知」、すなわち在京中の大内義興の判断が出るまでは、まず預かり置くというものである。

これは、換算値「和利」が未定の状況下では、「元銭」の「清銭」額に対する「並銭」での相当額が判断できない状況を述べたものと推測される。そこには、「元銭」を「清銭」で預けた上で元利ともに「清銭」での返済を求める大名側に対して、在地側はあくまで「並銭」での返済を希望し、まずは利子分を相当額が不明ながらも「並銭」での納入を敢行した様子が知られる。そしてこうした状況からは、「和利」が混入率を意味するとは思えない。むしろ、「清銭」額から「並銭」額への換算値と見た方がすっきりする。

したがって、永正十三年八月の杉興重奉書案に見える「三和利銭」も、「清銭」中に「悪銭」を三〇％混入した状態を示すのではなく、「清銭」額を三倍した額での「悪銭」使用について「可任民人心候」としたのではなかろうか。「和利」については、このように理解したい。

さて、以上のように「和利」の解釈は異なるものの、大名側の「清銭」要求と在地側の「並銭」「悪銭」使用要求という図式については、従来の理解と変わるところはない。大名権力は、「並銭」通用が優勢である在地の状況に対する認識は持ちつつも、大名財政に直結する収納銭としては、やはり精銭にこだわった。したがって、段銭や御預銭などは「撰銭」という大名側の意向が強く打ち出され、それが「清銭」額基準の「並銭」通用といった在地慣行と真正面からぶつかることになった。そして、段銭については、精銭額での段別賦課基準をはじめとして大名側の精銭納要求がかなり強固であったと理解される一方、段銭と同様、精銭での返済を大名側が強く求める御預銭については、在地側も安易には妥協せず、その結果、事態は複雑な様相を呈することになった。しかもそのさい、「和利」の数値については、「京都御下知」とか「御定法」と表現されていることが注目される。すなわち、「清銭」額から「並銭」額への換算値「和利」は、もともと個々の場（商取引や年貢収納）において自然に成立するものであったとしても、段銭をはじめとする大名取得銭の収納形態が領国内の銭納基準となる傾向は強かったと思われ、それ故に「和利」の設定や調整は統治権的支配権に属するものとして、銭納基準をめぐって紛争が発生した場合には、その最終的判断が公儀としての大名権力に求められたと推測される(46)。

このように、良質銭貨である「清銭」は、通用範囲がある程度限られたと思われる(「並銭」など)低品位の銭貨に比べ、遠隔地交易においても利用価値が高く、それ故に在地において「並銭」通用が優勢との認識は持ちつつも、大名権力は財政的見地から精銭獲得に固執した。しかし、段銭の納入や御預銭の返済をおこなう立場としては、低品位銭貨が広く通用している在地の現状を背景に「和利」換算による「並銭」での納入を求めたのであり、そこに大名側の「清銭」要求と在地側の「並銭」納付要求という対抗関係が見られたのである。

おわりに

十六世紀前半、大内氏支配下の筑前・豊前両国の史料を検討した結果、当該期には「清料」—「当料」—「和利」の概念および通用慣行が存在していたことが確認された。すなわち「清料」は、基準銭貨であると同時にそれに基づく銭貨額を意味し、年貢・夫役などの収納銭は基本的にこの「清料」(額)を基準としていた。それに対して「当料」は、「清料」に比べ低品位・低価値の一般流通銭貨であると同時に、実際の収納・取引のさいに授受される銭貨額でもあった。そして「和利」は、「清料」(額)から「当料」(額)への換算値であり、収納基準額から実際の通用額が導き出されるさいの倍数数値として機能した。したがって、精銭中への悪銭混入率とされてきた従来の理解は見直しが必要である。

そもそも、こうした概念や通用慣行が生まれた背景には、多種多様な銭貨、とくに低品位銭貨の流通への参加により、流通銭貨間に品位差に基づく区別が発生し、価格基準となりうる基準銭貨とそれ以外の銭貨への分化があったと思われる。本来、一枚が一文で同等に取り扱われるべき銭貨が、機能と通用範囲において差を生じ始め、人も社会もそれに順応していく。出現した銭貨表現は地域によってさまざまであるが、たとえば豊前国の場合、良質で基準銭貨の性格を持った「清料」のほか、その対立概念としての「悪銭」や「並銭」、さらには通用範囲（地域）に因む「国銭」や「国並銭」といった銭貨も登場し、これらすべてが個々の価値を持って流通・通用していた。

なかでも良質銭貨である「清料」は、通用範囲がある程度限定される低品位銭貨に比べ、遠隔地交易においても利用価値が高く、それ故に大名権力も財政上、精銭獲得の意欲をかきたてられたが、「清料」の持つ意味は単にそれだけにとどまらなかった。すなわち、年貢・公事・夫役の代銭納化に伴い、その額は基準銭貨である「清料」に基づく「清料」額として定額化する傾向にあったのであり、その意味で「清料」額そのものが賦課徴収のさいの基準額として重要な意味を持つことになった。しかし、在地においては、豊前国で検証したように、「清料」基準額の有無にかかわらず、年貢正税やそれを担保とする借銭が「荒銭」を含む「並銭」額のもとで動く状況があり、低品位銭貨の通用は良質銭貨よりも優勢であった。そのため、賦課負担関係の基準である「清料」額に、実際流通する低品位銭貨の「当料」額を対応させるための調整が必要となり、結果として両者を結ぶ換算値「和利」が成立したものと思われる。したがって、収納基準額「清料」のあるところ、実際の通用額「当料」、そしてそれを算出するための換算値「和利」が必然的に存在するのであり、しかも「和利」は銭貨授受の当事者双方にとって、きわめて関心の高い数値となった。それは、「清料」基準の銭貨授受において、「和利」そのものが収納額の多寡を決定づける重要な数値となったからであり、納得しがたい「和利」の適用に対しては、地域住民らによる激しい抵抗が見られるなど、「和利」をめぐる諸階層間の対抗関係は熾烈であった。

なお、筑前国内の天文年間の種々の収納銭において、「清料」額から「当料」額への換算値が一・五倍で共通していたことが確認できた。これは筑前国内の広い範囲にわたって同じ「和利」数値が適用されていた可能性を示唆するものであり、豊前国における「和利」の事例からも、これらの数値が本来個々の場で成立するものであったにせよ、その調整や最終的な判断には、広域公権力としての大名権力の公儀性がとくに期待されたものと推測され、それ故に「和利」をめぐる紛争が発生したさいには、最終的に大名権力の判断に委ねられたと理解されるのである。

註

(1) 「鳥飼文書」。この史料は、後掲の「明光寺文書」とともに吉良国光氏によって初めて紹介され、脇山地方の村落構造を示す素材として利用された。吉良国光「鳥飼文書・明光寺文書」(『九州史学』第七七号、一九八三年)・「筑前国早良郡脇山地方における村落の形成について―戦国時代を中心として―(附)中世史料集」(福岡市教育委員会編『福岡市埋蔵文化財調査報告書第269集　脇山Ⅱ』、一九九一年)。なお、史料中の一部文字については、原文書の閲覧により修正を加えた。

(2) 「文明十五年」九月十八日付け聖福寺護聖院宛て大内氏家臣連署状(『大宰府・太宰府天満宮史料　巻十三』六〇六・六〇七頁所収「聖福寺文書」)。

(3) 吉良国光「背振山の所領支配と村落―筑前国早良郡脇山を中心として―」(『九州史学』特集号、一九八七年)。

(4) 「明光寺文書」。註(1)に同じ。この史料についても原文書で確認したが、文章中「脇山」の「脇」の字が「横」とも読め、「横山」の可能性もある。戦国期、脇山地方は「横山六十参町」とも称されており(『黒田家文書　第一巻』所収四「筑前国早良郡背振山東門寺古証文」〈結城文書〉一〇号「法印永賀他二名連署裁許状」〈福岡市博物館、一九九九年〉)、解釈上での差異は生じない。

(5) 「鳥飼文書」天文廿四年三月十三日付け執行雷訓宛て助左衛門出挙米借状・天文廿四年三月廿三日付け執行雷訓宛て鳥飼対馬守俊久出挙米借状。

(6) 「鳥飼文書」年不詳十月廿四日付け田中左衛門尉・鳥飼新兵衛尉宛て法金書状。吉良氏前掲註(3)論文参照。

(7) 「鳥飼文書」天文廿四年三月廿三日付け執行雷訓宛て鳥飼対馬守俊久出挙米借状。なお、史料年代が大内義隆の没した天文二十年九月以降である場合、厳密には大内氏の支配下ではないが、銭納の地域慣行は大内氏時代のものを継承していたと理解して差し支えなかろう。

(8) 倍数数値としての「和利」(「わり」)の語源については、現段階では不明と言わざるをえない。本書の各所で紹介するが、こうした意味の「和利」(「わり」)文言を持つ史料は、今のところ中国地方では備中・出雲・周防・長門国、北部九州では筑前・豊前国のものを確認している。

(9) こうした「清料」表示は、夫料のほかにも種々の銭貨収納において確認できる。たとえば、天文廿一年曲淵掃部助次譲状案(福岡市博物館所蔵「青柳種信関係資料」)では、筑前国早良郡飯盛村の屋敷三ヵ所を譲るさい、「屋敷銭清料三百文」と見えている。これは、所持する屋敷に対する賦課の「清料」基準額を示すものと理解される。なお、『大宰府・太宰府天満宮史料　巻十四』七六三頁所収の同文書では「請料」とあるが、原文書の閲覧により「清料」と確認した。

(10)『九州史料叢書30　安山借屋牒』(九州史料刊行会、一九六二年)。

(11) 鏡山猛「中世町割りと条坊遺制(上)」(『史淵』第一〇五・一〇六合輯、一九七一年)・「中世町割りと条坊遺制(下)」(『史淵』第一〇九輯、一九七二年)、佐伯弘次「中世後期の博多と大内氏」(『史淵』第一二一輯、一九八四年)など。

(12)『中世法制史料集　第三巻　武家家法Ⅰ』所収。

(13) 福岡市博物館昭和六十二年度収集寄託資料「田村文書」一四四号。なお、『筥崎宮史料』(筥崎宮、一九七〇年)にも「田村大宮司家文書」一四五号として収録されている。

(14)『石清水文書(田中文書)三四』(東京大学史料編纂所架蔵写真帳六一七一・六二―一七五―三四)一～四頁所収文書。『大日本古文書　家わけ第四　石清水文書(田中家文書)』五七三号文書を写真帳と見比べたところ、三ヵ所の「請料」がすべて「清料」であることが確認できた。

(15) 土地評価額としての「古銭辻」から種々の控除をおこない、「わり」換算による額を流通銭「鍛」で収納する事例が文禄年間、備中国小田郡神島で確認される(本書第三編第二章参照)。

(16) 天文十九年十一月十日、内任主税允なる者が入部庄大宮司助五郎に対して「早良郡警固村千葉殿様御知行三町之内」の「薗田」という在所を永代売却している。そのさい、「彼在所土貢之事」として「当料銭参百六十弐文納申候」という文言があり、これは当時筑前国内で年貢銭納が「当料銭」でおこなわれていた事例を示すものとして注目される(東京大学史料編

纂所架蔵写真帳六一七一・九一―三七「氏里文書」)。

(17)「大内氏掟書」(『中世法制史料集　第三巻　武家家法Ⅰ』所収)。

(18)「悪銭」は、「清銭」に対する呼称(『大分県史料』所収「永弘文書」一六五三号)であり、「清銭」に対する形で頻出する「並銭」と同様の銭貨であったと推測される。また、御預銭の返済状況から、「並銭」と「国銭」は同じもの(「永弘文書」一六四一・二〇一七号)と推測され、とくに「国銭」は「国並銭」(『大分県史料』所収「小山田文書」一一〇号)と同様に国内レベルで通用する銭貨に因む呼称であろう。なお「荒銭」は、劣悪な形状の銭貨と考えられるが、混入される形で「並銭」として扱われていた(「永弘文書」一七七八号)。

(19)「緒方文書」二五号(『大分県史料』所収)。

(20)外園豊基「中世後期宇佐宮領における在地動向」(『史学研究』第一一二号、一九七一年)。

(21)「緒方文書」三一号。

(22)「緒方文書」一三・一六・一七・二一号と「同」二五号の比較による。

(23)「緒方文書」四・一一・一九号。

(24)「成恒文書」第八巻一・二・三号(『大分県史料』所収)。なお、屋敷銭も「並銭」額である。

(25)註(20)に同じ。稲本紀昭「戦国的権力編成の成立―豊前国の場合―」(『日本史研究』第一〇八号、一九六九年)。

(26)「永弘文書」一六九六号。

(27)「永弘文書」一七七八号。

(28)「永弘文書」一八七六号。

(29)「厳島野坂文書」七八・七九・一〇六号(『広島県史　古代中世資料編Ⅱ』所収)。

(30)「成恒文書」第四巻一号。

(31)「永弘文書」一八五三号。

(32)「永弘文書」一五二七号。

(33)ただ、「清銭」が銭貨取引からすべて排除されたと考えるのは早計である。すなわち、「清料」表記が基準額ではなく、清銭そのものの授受と理解される史料もまた存在するからである。たとえば、永禄五年十月十日付け緒方備後守宛て大畠宏俊譲状における「為祝清料弐貫八百文請取申候」という表現はまさにそれである（「緒方文書」三〇号）。

（34）段銭は、上毛郡の場合、「緒方文書」二一号で「如郡並壱段別八拾文充」とあるほか、「緒方文書」二五号でも段別八〇文であることがわかるが、宇佐郡の事例である「永弘文書」二〇九二・二一〇六号の段銭請取状でも、郡は異なるものの段別八〇文で、しかもそれが「清」銭額であることから、豊前国内では段別「清料」八〇文が収納慣行であったと推測される。

（35）「永弘文書」一二一二号。

（36）「永弘文書」一四八一号。なお、「合壱貫五百文者清目足　但永楽廿さし」という文言を、「清」銭一貫五〇〇文＝「永楽」銭二〇緡（二貫文）の換算表現と解釈することも可能だが、大内氏や室町幕府のいわゆる撰銭令の明銭混入規定にみられるように、永楽銭は一定の混入率のもとで精銭として扱われるのであり、また当該期の西国では一緡が永楽銭のみで構成される銭貨群の存在は考えにくいので、右の解釈は採らない。

（37）「永弘文書」一六〇九号。

（38）銀が通貨として国内で広範に流通・通用する以前（十六世紀前半まで）は、良質の銭貨が遠隔地交易の決済手段として高い需要を持っていたと思われる。

（39）「永弘文書」一六四一・二〇一七号。

（40）「永弘文書」一六四一号。

（41）藤木久志「戦国期の『撰銭』問題と在地の動向」（『歴史学研究』第三四八号、一九六九年）。なお、同『戦国社会史論―日本中世国家の解体―』（東京大学出版会、一九七四年）各論Ⅱ・第三章に「撰銭令と在地の動向」として収録される。

（42）「永弘文書」一六五三号。

（43）「大内氏掟書」六一～六二条。

（44）永禄十二年三月の織田信長法令以前の大内氏や室町幕府によって発令された、いわゆる撰銭令は、極端に品位の劣る銭貨の使用を禁止し、永楽・宣徳銭など明銭について一定の混入率のもとで精銭としての使用を命じたものと理解されているが、そこには在地における低品位銭貨の広範な流通や通用の実態、そして種々の銭納基準としての精銭の性格に対する認識が基本的に欠如している。したがって、低品位銭貨の流通に対する精銭体系の維持という面からも、撰銭令の持つ意味については再検討の余地があろう。

(45)「益永家職掌証文写」一〇五号（『大分県史料』所収）。

(46) 本章で紹介した大内氏の筑前・豊前両国の事例だけでなく、毛利氏領国内の周防・長門・出雲国では、永禄年間に「和利」をめぐる問題が発生し、毛利氏が公権力の立場から裁定あるいは調整にあたった事実が確認される（『防長風土注進案10 三田尻宰判 下』所収「宮市天満宮文書」永禄八年六月三日付け毛利氏奉行人連署奉書・『長門国二ノ宮 忌宮神社文書』所収「①武内大宮司古文書」永禄十二年八月十三日付け毛利家奉行衆奉書・『大社町史 史料編 古代・中世』一六四〇号「別火家文書」年欠六月十三日付け福井景吉書状）。なお、本書第二編第一章参照のこと。

第二編　金銀の流通参加と米の機能

第一章　継承基準額と毛利氏の領国支配

はじめに

大内氏の滅亡後、広域公権力として現在の中国地方にほぼ匹敵する地域一帯に支配権を確立したのが戦国大名毛利氏である。毛利氏は、もともと周防大内氏と出雲尼子氏の二大勢力の「境目」に位置する安芸国の国人領主であったが、元就が当主となった後の大永五年（一五二五）に大内氏の旗下に入り、享禄二年（一五二九）に安芸・石見両国にまたがる山間地域を支配領域とする高橋氏を討滅することで、その所領を奪うとともに安芸国人領主連合の盟主たる地位を占め、[1]天文十年（一五四一）に守護武田氏を滅ぼして広島湾頭に進出、さらに大内義隆を倒した陶隆房（のちの晴賢）を天文二十四年（一五五五）に厳島で滅ぼすことにより、大内氏領国の中心であった周防・長門両国への進出を開始する。また、弘治三年（一五五七）に陶氏が擁立していた大内義長を滅ぼすことで防長両国を支配下に置き、永禄年間に入ると豊前国にも進出して豊後の大名大友氏と対峙したほか、永禄九年（一五六六）に尼子氏を降服させて富田《とだ》城を奪取し、出雲国の支配権を確立した。そして、元亀二年（一五七一）に元就が没した後は、孫の輝元によってその領国支配が受け継がれることになった。

そこで本章では、この戦国大名毛利氏の銭貨政策について取り上げたい。ただ、後北条氏など東国の戦国大名、あるいは西国の大名でも大内氏と比べると、毛利氏の場合、市場法令など経済政策を明確に示す史料があまり豊富でなく、いわゆる撰銭令でさえ、今のところ確認されていない。しかし、撰銭令など銭貨への対応を直接示す史料でなくとも、毛利氏の銭貨政策を検討することは可能である。

それではいったい、どのような史料の、何に目を向ければよいであろうか。

実は、戦国期の史料には、さまざまな銭貨額の記載が見受けられる。たとえば有力寺社の仏神事料や段銭であるが、これらは戦国大名の領国支配にとってきわめて重要な意味を持つにもかかわらず、額の数値そのものが分析の対象となることはかつてなかった。しかし、幣制や量制などの統一基準がまだ確立していなかった戦国期において、こうした数値や単位を軽視することは、大名権力の領国支配を正確に理解したことにはならない。しかもこれは、戦国大名の知行制や軍役体系に密接な関係を持つ貫高制の評価にもつながる問題である。むしろ、領国内に存在するさまざまな数値の実体を知り、大名権力がそれにどのように関わったのかを探ることによって、大名領国の構造的特質や領国支配の本質に迫ることができると思われる。

そこで本章では、以上の視角から、領国内における有力寺社の仏神事料や段銭などを素材に、銭貨の種類と額に注目することによって、戦国大名毛利氏の銭貨政策の実態を大内氏時代の事例をふまえて具体的に明らかにし、その領国支配の特質に迫りながら、あわせて豊臣政権のもとで天正年間に実施することになる惣国検地の歴史的前提について検討することにしたい。

一　「古銭」「当料」と「和利」

戦国大名毛利氏の関係史料には、しばしば「古銭」なるものが登場する。従来、この「古銭」については、東国の永楽銭に匹敵するような良質銭貨であると理解されてきたが(2)、その実体について具体的に論じられることはなかった。そこで、毛利氏の銭貨政策を解明する手始めとして、この「古銭」に焦点をあてることにする。

まず、「国」支配権を握る大名権力がその責務として関わることになった有力寺社の仏神事料の事例から見ることにしたい。

二月会脇頭・三頭役次第注文

辛未 筑前那珂郡脇頭　三頭 筑前上座郡

壬申 周防大嶋郡同　同 周防都濃郡

癸酉 豊前規矩郡同　同 豊前京都郡

（中略）

已上

二月会脇頭弐拾貫文、三頭拾貫文事、任此注文之旨、国々御代官随田数分際、致催促、年内可有寺納之、若十二月過者可為一倍沙汰之、次至此間懃仕在所者、一廻之間可被閣之、仍所定如件、

宝徳二年二月十三日（一四五〇）　（陶カ）徳松丸

（仁保）盛安（花押）

（内藤）道行（花押）
（杉重国）宗国（花押）
（内藤盛貞）有貞（花押）
（右田カ）弘直（花押）

この史料[3]は、大内氏の氏寺である周防国興隆寺の二月会に関するものである。二月会の大頭役は個人に対して課せられるが、脇頭役と三頭役は史料のように大内氏領国（周防・長門・豊前・筑前）内の郡単位で負担することが慣例となっており、大内氏時代には国々の代官が田数に応じて催促し、年内納入の指令をおこなっていた。そしてそのさい、脇頭役と三頭役の負担額がそれぞれ二〇貫文と一〇貫文であったことがわかる。それを念頭に次の史料[4]を見たい。

来年　氷上山興隆寺修二月会脇頭役之事、相当周防国都濃郡畢者、如先例、彼料物廿貫文古銭事、当年中可寺納之旨、可被致催由候也、仍執達如件、

天正十九年（一五九一）二月十三日　　掃　部　允（花押）

三浦兵庫頭（元忠）代　平右衛門尉（山田）（花押）

都濃郡
弘中木工助殿
御手洗又右衛門尉（重方）殿

天正十九年（一五九一）、領国主はすでに大内氏から毛利氏に変わっているが、それでもやはり「廿貫文古銭」という脇頭役の納入指令が、山口在番の三浦兵庫頭元忠（代）から担当郡の都濃郡郡司に対して出されている。また、三頭役についても「拾貫文古銭」として豊西郡郡司に命じられていることが、同様の史料で確認できる[5]。

すなわち、宝徳二年（一四五〇）から天正十九年（一五九一）までの約一四〇年間、役料の額が少しも変化しなかったことになる。ではその間、この額の価値はまったく変化しなかったのであろうか。いや、単に物価変動を想定するだけでもそのようなことがありえるはずがない。とするならば、この「廿貫文古銭」と「拾貫文古銭」は、実体を伴った貨幣額とはとうてい考えられない。つまり、実際の納入額ではなく、一種の納入基準額を示しているのではないかという推測が成り立つ。

そしてこのことについて、ある程度の答えを提供してくれるものとして、長門国二宮である忌宮神社の事例がある。当社では、年一度の大祭が八月におこなわれ、その負担役料をとくに「正分役」と称したが、役の負担者である「正分役衆」のほかにも、数多くの者たちが祭祀料を納めている。

（A）

御正分大般若経御戸開料清料弐十疋分、当料八百文送進候、為御心得候、恐々謹言、

（文亀二＝一五〇二）
八月廿五日　宥範（花押）

二宮大宮司殿
御宿所

（B）

御正分御祈禱大般若経御戸開料古銭弐十疋分、当料百疋送進候、可有御請取候、恐々謹言、

九月廿五日　宥印（花押）

二宮大宮司殿
御宿所

（C）

明日十二御祈禱大般若経御戸開料古銭弐十疋分社納候、慥可被成御請取候、猶奉期参宮之時候、恐惶謹言、

八月十一日　　　尊信（花押）

二宮大宮司殿
参人々御中

（D）

明後日如法経令奉納候付、御戸開料壱貫弐百文送進之候、猶令期其節候、恐々謹言、

慶廿年（一六一五）三月三日　　修禅寺
実敏（花押）

二宮大宮司殿

右の一連の史料[6]のうち（A）は、二宮の神宮寺僧侶宥範が大宮司に対し、「御正分大般若経御戸開料」として「清料弐十疋分、当料八百文」を送進しているものである。（B）は、宥範の次の代の住持職である宥印[7]が、やはり同じ名目で「古銭弐十疋分、当料百疋（＝一貫文）」を送進しているものである。さらに（C）でも、宥印の次の代の住持職である尊信が、慶長年間[8]にやはり同じ名目で「古銭弐十疋分」を、しかも（D）の史料から推測するならば、一貫二〇〇文を送進している。[9]

こうした事実から、長門国二宮における「御戸開料」は、「清料」もしくは「古銭」で二〇疋（二〇〇文）、これは少しも変化せずに、「当料」なるものが時代とともに八〇〇文→一〇〇疋（一貫文）→一貫二〇〇文と変化していたことが明らかになった。確かに当時、古銭というまさに「古い」銭貨が存在しており、一定の価値で通用していたことも窺われるが[10]、ここに見られる「古銭」の場合それとは異なり、仏神事料の一定の基準額を示したものであって、「当料」はその時点での通用銭貨であるとともに、その銭貨での相当額を示したものと推測される。

そこで思い起こされるのが、大内氏時代の筑前・豊前両国で見られた「清銭（清料）」基準―「当料」「並銭」使用という銭貨通用である（本書第一編）。そもそも「清銭」額は、基準銭たる「清銭」によって見積もられた基準額であ

ったが、ここに見られる毛利氏時代の「古銭」はそうした「清銭」額がそのまま引き継がれた継承基準額であり、また「当料」は「並銭」などの系譜を引く普通銭貨での相当額を意味し、しかも価値の変化に伴いその額が変動する性格を持っていたと考えられる。[11]

そこで、この推測の正否を確かめるために、「古銭」と「当料」の関係、そしてそれへの毛利氏の対応について、具体的に見ることにしたい。

そもそも防長両国の有力寺社は、「国」の寺社として「国」支配権を握る大名権力と仏神事料の勘渡（下行）を通して密接に結びついていたが、周防国松崎天満宮（現防府天満宮）の場合も「手日記」による天満宮側の祭祀必要経費の請求に対し、毛利氏が山口奉行ならびに佐波郡郡司を通して段銭のなかから勘渡（下行）する形で関わっていた。

（E）

手日記

一当十月会御代官御人躰依仰可存其旨事、
○一同御弊（幣）料百疋清料御下行事、
一同御連歌料百疋清料茶十袋御下行事、
○一同御神楽料壱貫弐百文清料御下行事、
一同御湯立料拾弐貫文当料御下行事、
一同御輿二躰今度大風仁破損候、当料弐百疋被仰付候者、再興可仕由申事、
一同宮司・大宮司渡之時、乗馬弐疋毎年被仰付候、去年者市川（経好）方被申付事、

已上

右御下行物注文如件、

永禄弐年（一五五九）九月廿日　　松崎大専坊
　　　　　　　　　　　　　　　尊瑜（花押）

赤河源左衛門尉殿（元久）

（F）

佐波郡御段銭米請方之事

合

一三石三斗　車塚妙見二月十三日御祭上様御祈禱御湯立入目米也

一弐石四斗　同御神事御供米也

○一壱貫文　古銭　但四貫文当料之御幣料

分米弐石四斗　貫別六斗宛

○一壱貫弐百文　古銭　十月十三日御神楽銭也

但四貫八百文当料也

分米弐石八斗弐升　貫別六斗宛

一壱斗　十月十五日御祭礼随兵御祓米也

以上拾壱石弐升定

右為毎年社遣方請取所如件、

天正十五（一五八七）
十月十四日　　都治部大夫
　　　　　　　好備（花押）

羽仁次良右衛門尉殿（采保）

（Ｅ）（Ｆ）の両史料[12]はほぼ同じ性格のものであるが、とくに○印を付けた箇条に注目したい。すなわち、（Ｅ）の「御弊（幣）料百疋（一貫文）清料」と「御神楽料壱貫弐百文清料」は、（Ｆ）でも「古銭」額として登場しており、そのことから「清料」＝「古銭」であることがまず判明する。

そこで、「清料」についてさらに詳しく見よう。（Ｅ）には「清料」がもう一つある。それは、「御連歌料百疋（一貫文）清料」である。つまり、「清料」として確認されるのは、御幣料一〇〇疋と御連歌料一〇〇疋、そして御神楽料一貫二〇〇文ということになる。そこで、大内氏時代のものである次の史料[13]を見ることにしたい。

請取申料足事
合肆（四）貫弐百文者
右為十月会御弊（幣）料百疋幷御神楽料壱貫弐百文、同御連歌料百疋、御宿御祝言料百疋、以上肆貫弐百文事、毎年御
下行銭、従御政所方請取申所如件、
天文廿壱（一五五二）年十月四日　　松崎大専坊　祐雄（花押）
政所殿

これによると、天文二十一年（一五五二）に松崎大専坊（天満宮別当）が山口政所（大内氏）[14]から受け取った神事料四貫二〇〇文のうち、実に三貫二〇〇文までが、三つの「清料」と額の上でまったく同じであったことがわかる。

以上から、天満宮の十月会神事料は、すでに大内氏時代に大内氏と天満宮との間で一定額が設定されており、毛利氏時代には「清料」あるいは「古銭」としてその額がそのまま引き継がれていたことが確認できた。永禄二年（一五五九）の手日記では、「清料」のほかに「当料」記載の神事料が確認されるが、これは以前、つまり大内氏時代にはなく、新たに設定された神事料であって、永禄二年当時の価格で見積もられたものと推測される。したがって、同じ

神事料の請求であっても、「清料」の数値と「当料」の数値とではその性格はまったく異なり、（E）のように「清料」や「当料」と、それぞれ注記しておく必要があった。

さて、（F）では「古銭」額が一様に「当料」額に換算されている。つまり、大内氏時代の額が毛利氏時代の天正十五年（一五八七）には四倍の額となっている。それでは次に、この「古銭」から「当料」への換算の問題、さらには毛利氏のそれへの関与の実態について明らかにしたい。

松崎天満宮定灯料幷十月御神事御輿厳料之請分注文

合

一六貫文　　古銭也　　定灯料也

参拾六貫文　　六和利銭也

一弐貫弐百五十文　古銭也　御輿かさり料也

九貫文　　　四ハリ銭也

以上　八貫弐百五十文　古銭也

四拾五貫文　　当料也

右請料毎年佐波郡以御反銭之内、御勘渡之前注文如件、

永禄十三（一五七〇）

九月十一日　　　　乗琳坊　空恵（花押）

市川殿

この史料[15]は、松崎天満宮における定灯料と十月御神事の御輿かさり料について、その換算内容がわかるものである。すなわち、定灯料は「六貫文　古銭」を六倍に、御輿かさり料は「弐貫弐百五十文　古銭」を四倍にそれぞれ計算して、その合計額四五貫文を「当料」としている。しかもそのさい、六倍と四倍の換算値で計算した額を「六和利銭」

「四ハリ銭」と呼んでおり、この事実から「古銭」額の「当料」額への換算値を「和利」と称していたこと、そしてこれは天文年間に筑前国で見られた「和利」と同じ表現であったことがわかる(16)（本書第一編）。

しかし問題は、どうして「当料」が「古銭」の六倍になったり、四倍になったりするのかという、換算値「和利」の一定しない理由である。ただ、それについては後述するとして、まず「和利」そのものについて考えたい。

そもそも、銭貨価値というものは、流通銭貨量の増減や諸物価の変動を反映して刻々と変化する性質のものである。したがって、仏神事料も本来は、その時々の物価などに影響されて、その額が決定されるものであったと思われる。しかし、いったんその額が設定され、「古銭」額として継承されたならば、その固定基準額に対して現行通用銭貨での相当額を算出するための調整値が必要になってくる。それがすなわち、「和利」と称されるものであり、天文年間に筑前国で見られた「和利」の性格を受け継ぐものと見なすことができよう。

さて、右のような性格を持つ換算値「和利」であるが、それがとくに銭の問題であるだけに、銭を渡す側と受け取る側との間には「和利」をめぐる紛争が勃発することが予想される。そして実際、そうした事例を検出することができる。

（毛利輝元）
御判

松崎　天満宮常灯明料之事、近年以四和利之勘合、被相渡之由、太以不可然候、所詮如前々以六和利之算用、対乗林坊可有勘渡之由候、於自余之坊中ハ、以六和利有勘渡之由ニ候、右同前ニ被　仰付之通ニ候間、可被得其意之由、可申旨候、恐々謹言、

永禄八年
六月三日　　　　　　　　　　　　栗屋掃部助
元真　在判

粟屋内蔵□(丞) 元種　在判
国司右京亮 元武　在判
(竺雲恵心) 恵心　在判

国司雅楽之允(就信)殿
井上善兵衛(元直)殿
黒川三河守(著保)殿

この史料[17]によると、永禄八年（一五六五）に松崎天満宮（乗琳坊）は、「四和利」計算で実施されている近年の常灯明料勘渡を不服として毛利氏に訴え、毛利氏（輝元）もそれを認めたため、以前と同様の「六和利」計算での勘渡を粟屋元真ら吉田奉行衆が国司就信ら山口奉行衆に指令している。したがって、先に示した永禄十三年（一五七〇）の定灯料が「四和利」ではなく「六和利」換算であったのは、大名権力による政治決着の結果と推測され、その意味で「和利」という数値は多分に政治的な色合いを持つものであったと言える。

また、長門国二宮でも同様の問題が生じている。すなわち、永禄十二年（一五六九）に神社側が「四和利」計算での正分役納入に不満を抱いて毛利氏に訴えた結果、以前と同様の「六和利」の換算値が適用された[18]。そして、そのさい重要なことは、毛利氏の命令内容に「所詮以公銭並、従当年六和利分ニ可被請取之」と、「六和利」という換算値に「以公銭並」という文言が用いられている点である。その詳細は不明であるが、大名権力が直接関与する銭、たとえば段銭などの換算値ではなかったかと推測され[19]、これにより「古銭」額に対する通用銭貨での、いわば公定換算値の存在も想定できる。

すなわち、防長両国における有力寺社の仏神事料は、すでに大内氏時代にその額が設定されており、毛利氏時代には継承されたその固定基準額「古銭」（「清料」）のもと、銭貨価値の変化に応じた換算値「和利」によって算定される通用銭貨での相当額「当料」が実際の勘渡・納入額として存在していた。[20] しかも、出雲国杵築大社の三月会の神事料負担に関しても、毛利氏が千家・北島の両国造家間で生じた「和利」の相違に関する事件の処理にあたっており、[21] 公権力を握る毛利氏としては、領国内で換算値「和利」をめぐる紛争が発生したさいに、最終決定を下す公儀としての立場にあった。

このように、毛利氏時代にも大内氏時代に見られた「清料」―「当料」―「和利」と同様の銭貨通用が確認できたが、大内氏時代が良質銭貨に対する一般通用銭貨の換算値という関係であったのに対し、毛利氏時代は継承基準額に対する現行通用銭貨の換算値という関係であった。もちろん、毛利氏時代にも価値の異なる銭貨間では「清料」―「当料」―「和利」の関係が存在していたと思われるが、毛利氏時代の場合、領国内の個々の寺社においてすでに祭祀料などが成立しており、毛利氏はその額を「古銭」もしくは「清料」額として継承し、それを前提に勘渡・下行をおこなう形で寺社支配にあたったため、継承基準額に対する現行通用銭貨の換算値がとくに重要となった。こうした状況下、換算値「和利」についての最終的な判断が、公権力である毛利氏に求められたのである。

二　基準額の継承と領国支配の特質

本節では、大内氏時代に精銭納がおこなわれていた段銭について取り上げ、仏神事料の場合と同様に、その額の持つ歴史的な意味を明らかにしながら、他の一般事例もふまえて、毛利氏の銭貨政策と領国支配の特質について究明したい。

(毛利輝元)
(花押)

大明神御燈明料西条之内守護段銭参拾弐貫文之事、如前々被成御寄進候、任先例可致勘渡候、以此旨御祈念可為

肝要候、仍状如件、

元亀三(一五七二)

二月廿六日

(粟屋)元種（花押）

(粟屋)元真（花押）

(粟屋)就秀（花押）

(児玉)元良（花押）

(国司)元武（花押）

棚守左近(元行)太夫殿

この史料[22]は、毛利輝元が厳島社の棚守元行（房顕の子）に対して「西条之内守護段銭参拾弐貫文」を寄進したことを示すものである。すでに、弘治三年（一五五七）十月には、元就（正確には毛利氏奉行衆）によって棚守房顕への「御燈明料東西条之内守護段銭三拾弐貫文」の寄進（安堵）がおこなわれており[23]、地域名称の若干の違いのほかは、三二貫文という段銭額など基本的に同じ内容のものであり、右の史料は、毛利家・棚守家双方の代替わりにおける、棚守家の権益の再確認を意味するものであったと言えよう。

それでは、守護段銭三二貫文と表される、その数値の中身について検討したい。

一大御前御棚守事

譲渡す社役祭田寄進田条々事

一左舞師役事
　（中略）
一九十六貫目〔文〕南京　西条反銭夜灯料事
一五十貫目坊(防)州山代(玖珂郡)藤谷之内惣大夫名清(滑)良名
　以上
　　永禄(一五六三)六年八月十一日
　　　　　　　　　　棚守修理大夫房顕（花押）
　棚守長松丸(元行)殿参

この史料は[24]、永禄六年（一五六三）に棚守房顕が子息の長松丸（のちの元行）に宛て早い時期に作成した譲状であり、当時の棚守家が関与する厳島社の権益の全体像を知ることができる。そして注目すべきは、棚守家の権益の一つとして「九十六貫目〔文〕南京　西条反銭夜灯料事」という文言が見えることである。すなわち、額面三二貫文の守護段銭は、実は棚守家によって「南京」九六貫文と把握されていたことがわかる。

以上から、重要な二つの点を指摘することができる。一つは固定段銭額の継承であり、もう一つは段銭の南京銭での収納である。以下、順を追って見ていきたい。

毛利氏領国では、数は少ないながらも段銭徴符が残されており[25]、それによると、段銭の段別額は「古銭」額としてそのまま大内氏時代から継承されていたことが確認できる[26]。そもそも、段銭は図田数を基準に賦課されるものであり、しかも大内氏から毛利氏へと図田（数）の継承がおこなわれていたことがすでに明らかにされている以上[27]、段銭額や段別額が本来頻繁に変化する性質のものでないことは容易に理解される。その意味では、前節で検討した仏神事料と同じ性格のものであったと言える。したがって、西条守護段銭三二貫文とは、「古銭」額にあたる大内氏時代からの継承基準額と見なすことができ、また南京銭九六貫文とは「当料」額にあたるものと理解できる。そしてこのことから、有力寺社の仏神事料の場合と同様に、段銭においても「古銭」基準―「当料」収納が実施されていたという推測が可能となった。

それでは、この点についてさらに具体的な事例で確認したい。

(山県備後守)山備　就延」

追而申候、右之隠地相違候者、以別所被下候へとの申上事候、其儀不相調候、以上

「門(門田元貞)左まいる　人々申給へ

一我等給地壱町七反之御段銭、古銭五百十文ニ而候、当料三貫六拾文事

(後略)

右の史料(28)は、天正九・十年(一五八一・八二)のころ(29)、長年の山口高嶺《こうのみね》在番を務めた山県就延が門田元貞を通じて毛利輝元に御役御免を願い出ているものの冒頭部分である。すなわち、山県就延の給地一町七反に賦課される段銭が「古銭」額五一〇文(30)であるのに対し、実際は「当料」額で三貫六〇文、つまり「六和利」(=六倍)の換算で収納をおこなっていたことを示すものと思われる。先に、長門国二宮の事例で「六和利」算用の裁定基準に「以公銭並」という文言が用いられていたことに注目し、これは大名権力が直接関与する銭、たとえば段銭などを想定したが、ここでその実例に出会うことができた。付言するならば、永禄八年(一五六五)六月十九日付け山口奉行宛て毛利氏奉行人連署奉書では、松崎天満宮の神事料に関する「六和利」裁定の基準として、とくに「以郡納反銭准拠」という文言を用いている(31)。したがって、「古銭」から「当料」への換算値「和利」は、段銭などを基準に毛利氏のもとで決定され

る性格のものであり、段銭が賦課される所領を持つ給人たちも当然それを承知して「古銭」額に対する「当料」額納入を果たしていたものと思われる。

　　永代売渡申下地之事

　　　合三段分銭壱貫八百目足

右之在所者、西条東村（安芸国賀茂郡）世帳田行富名之内田中三反之事、蔵田先祖以来為作職抱置候、依用有之ニ付而、代物米弐斗入四十俵、末代売渡申所実正也、以此旨子々孫々ニ至迄、無相違可有御知行候、為地頭役納所段銭三段ニ百目銭四十文二十文ロ古銭也、但南京ニメ九百文毎秋可有御収納候、（中略）

　　天正十四年（一五八六）丙戌正月十一日　　　蔵田次郎右衛門尉
　　　　　　　　　　　　　　　　　　　　　　　秀信

　　正力財満孫右衛門尉殿兄亀子代仁参

さらにこの史料(32)は、蔵田秀信なる人物が三段の土地の「作職」を売却したことを示す売券である。この場合、売却地に賦課されるのは、「地頭役納所段銭」として「三段ニ百目銭四十文二十文ロ古銭」であり、これは「南京」九〇〇文として秋に収納するものとされていた。すなわち、「古銭」基準額のもと、実際は「南京」による収納が慣行であったことを示すものである。先に見たのは給地の事例であったが、この場合は「西条東村（安芸国賀茂郡）世帳田行富名之内田中三反」の「作職」売買に関する史料であり(33)、これによって「古銭」基準―「当料」（南京銭など）納入の仕組みが在地・名レベルまで存在していたことが確認できた。

したがって、毛利氏領国内でも段銭の継承基準額が存在していた地域では、このような「古銭」基準―「当料」納入が段銭収納の実態であったと思われる。しかも、すでにいくつかの事例で確認したように、段銭の南京銭での納入は、毛利氏領国ではけっして珍しくない(34)。この南京銭は、多くの撰銭令で悪銭に指定されるような低品位の銭貨であったと推測されるが[35]、次章で述べるように、毛利氏領国では各地で一般的に使用されていたことが多くの史料で確かめられる。そして重要なことは、この南京銭が大名財政の主要な財源となる段銭の収納銭貨として現れていることである。この点は、大内氏による段銭の精銭納指令とは随分趣を異にしていると言えよう。

それでは、大名権力が直接関与することのない一般の銭貨流通のあり方はどうであろうか。これは言うまでもなく、現行通用銭貨の「当料」（額）で動いていたと推測される。たとえば、屋敷銭徴収の下札に「四百文定　但当料[36]」と記されているのは、まさにそのことを物語っている。少なくとも、「古銭」など前代から継承したような固定基準額のない地域では、通用銭貨での実際の額である「当料」のみが存在していたはずであり、本来それが一般的であったと思われる。

したがって、毛利氏の場合、大内氏と異なり、精銭の獲得を銭貨政策の主要課題としていたことは認められず、しかも精銭・悪銭混用率の設定などの事例も現在のところ確認できない。すなわち毛利氏時代には、大内氏時代に成立した有力寺社の仏神事料や、図田数に基づく段銭額、そして段別額が固定基準額「古銭」として継承されていたが、実際は銭貨価値の変化に応じた一定の換算値「和利」によって算出される（南京銭など）現行通用銭貨での相当額が「当料」として通用していた。したがって、「国」支配権を握る毛利氏に求められたのは、換算値をめぐる紛争の解決であり、その裁定権を委ねられていたと言える。

また、大内氏時代と異なる状況として重要なものに銀の流通がある。すでに大内氏時代（末期）に、貿易用通貨として利用され始めていた銀であるが、石見銀山の領有問題が決着した永禄五年（一五六二）以降は、毛利氏領国内でも支払手段として使用される事例が急に増加する。本編第三章でも述べるが、毛利氏自身は、石見銀山で量産が進む銀について「少茂自余之御用ニ不被仕、御弓矢之可被御用候[37]」と当初考えていたようで、具体的には籠城中の美作国祝山城への送進(38)や備中国成羽《なりわ》でのうり米購入(39)などに使用したことが確認できる。また、元亀二年（一五七一）の厳島社遷宮のさいには、京都から遷宮師として迎えた唯一神道の吉田兼右《かねみぎ》に「路料」（旅費）として銀を渡しており(40)、流通貨幣として銀の幅広い需要について知ることができる。したがって、精銭（銅銭）の獲得には重きを置かず、混用率よりも換算値に主要な関心を払う毛利氏の銭貨に対する姿勢は、単に大内氏との経済政策の違いというよりは、銀の国内流通という、貨幣流通経済そのものの歴史的な段階差に基づくものであったと思われる。

さて、これまで大内氏から毛利氏への基準額の継承について述べてきた。しかし、言うまでもなく、毛利氏領国はかつて大内氏領国であった地域だけで構成されていたわけではない。したがって、当然それ以外の地域にも目を向ける必要がある。

太神宮御供料　　安芸国御旦（檀）那御寄進之事
備後重長（永）之内行任（遠）名　壱名　作人　児玉新兵衛尉　塩屋四郎左衛門尉
五段　サトウ（佐東郡）フ川ノ内朝光名
（中略）
拾弐貫文　山中守護反銭　田原越中殿ゟ請取可申候、古銭
一段　　児玉彦四郎殿
三拾石　於周防国弘治三年ヨリ　隆元御寄進
太神宮御師
村山四郎大夫武恒（花押）

この史料(41)は、伊勢神宮の御師である村山武恒が安芸国の檀那衆から寄進を受けた内容について記録したものである。正確な年代推定は難しいが、記載文言により弘治三年（一五五七）から永禄十年（一五六七）までの間に作成されたも

のと推測できる。[42]

まず、右の史料では、「拾弐貫文　山中守護反銭」という記載が見受けられるが、これは天文十九年（一五五〇）十一月二日に元就によって寄進されたものである。[43]備後国世羅郡山中は、もともと守護山名氏の支配下にあった地域であるが、応仁の乱のころ、東軍山名是豊の要害があったこの地を、西軍山名政豊に属す毛利豊元が攻略して拝領してからは毛利氏の直轄領となった模様で、その後数名の人物に対して部分的に知行地が宛行われている。しかも、天正六年（一五七八）正月二十日には、輝元から粟屋元種に対して「山中四ケ郷代官職」が「田原手次」に任せて申し付けられており、[44]田原氏は少なくともこの時期までは毛利氏直轄領である山中の地で代官として現地支配にあたっていたと思われる。

したがって、毛利氏から村山氏に寄進された山中守護反銭一二貫文（「古銭」額）は、村山氏が現地代官である「田原越中」から受け取っていたものと推測される。つまりこれは、毛利氏が備後国守護山名氏の段銭賦課徴収権を受け継ぐとともに、その段銭額をやはり「古銭」額として継承していたことを示すものである。

ただし、言うまでもなくこの「古銭」は、他地域の「古銭」と継承基準額という点で同じであっても、額そのものは成立の時期も歴史的背景もまったく異なるものであり、毛利氏の対応の仕方もそれぞれ独自のものであったと推測される。

また、段銭と並ぶ大名権力の課役に軍役があるが、その賦課基準となったものが貫高である。戦国大名毛利氏の軍事力編成の展開を明らかにされた秋山伸隆氏によれば、毛利氏は戦国大名に転化する段階ですでに軍役の数量的規定を実現していたが、その軍事力編成は真に統一的・体系的なものではなく、天正年間に至っても国人領主的なあり方を完全に脱却しえていなかったとされる。さらに、その背景には重層性を持つ貫高の併存があり、こうした構造は惣

国検地の施行に至るまで克服されなかったと述べられている。(45)

その言の通り、毛利氏領国では、郷村貫高をはじめとする種々の異質な貫高が石高とともに併存しており、毛利氏としては検地等の実施によってそれらを一元化できないまま領国支配を進めていたのであり、その意味で毛利氏領国における種々の貫高は、均質でない個別の基準高として段銭額や仏神事料などと同様の性格を持っていたと言える。

すなわち毛利氏は、領国拡大に伴う新占領地の支配をおおむね先行権力の支配方式に則る形で進めていたが、その支配体制のなかにおける数値的なもの、たとえば段銭額や有力寺社の仏神事料などの額も「古銭」として継承していたのであり、その継承基準額「古銭」と通用銭貨での相当額「当料」、そして換算値「和利」に重大な関心を払っていたものと思われる。そして当然ながら、領国内諸地域におけるこれら継承基準額は、貫高も含め、それぞれが地域的特性を持ち、成立事情も歴史的に異なるなど、本来個別の性格を持っていた。

したがって、毛利氏が領国全体に統一的な施策を実施していくためには、なによりもまず、これら不均質な基準額の均質化と統一化が必要であったと言える。

おわりに

戦国大名毛利氏は、領国拡大に伴う新占領地の支配をおおむね先行権力の支配方式に則ることを領国支配の特色としていたが、同様に寺社仏神事料や段銭などの額も、前代すでに成立していた基準額を「古銭」額もしくは「清料」額として継承し、領国支配を進めていく上での基礎とした。したがって、毛利氏領国内の継承基準額が存在していた地域では、その「古銭」（「清料」）額とそれに相当する通用銭貨での「当料」額とが併存していたはずで、大名権力はもとより、それ以外の諸階層の人々も当然それに直面し、日常生活のなかで関与せざるをえなかったと思われる。しかしその場合、基準額から実際の通用額への換算値である「和利」は、本来その時々の銭貨相場の影響を受けるものでありながら、時には公権力によって上から設定されるような、きわめて政治的な数値という性格を持ち合わせていた。たとえば、周防国松崎天満宮や長門国二宮では神事料の勘渡を受けるさい、従来の「古銭」額に対する「和利」の数値を、「四和利」（四倍）から「六和利」（六倍）に引き上げるよう毛利氏に陳情し、その要求を実現させている。また、出雲国杵築大社の三月会の神事料負担についても、両国造家間で生じた「和利」の相違に関する事件処理に毛利氏があたっている。その点で戦国大名毛利氏は、継承基準額である「古銭」額の「当料」額への換算値「和利」の最終決定権を握ることで、領国の公儀たりえたと言える。

しかし一方で、毛利氏の場合、撰銭行為の禁止や精銭・悪銭混用率の設定、あるいは段銭の精銭納原則といった、流通銭貨そのものに対する政策の実施事例を確認することができない。しかも、一般に低品位といわれる南京銭での段銭収納が確認できるように、毛利氏領国では南京銭が広範に流通し、上納銭貨としても利用されていた。したがって、大内氏と異なり毛利氏は、流通銭貨についての規制や上納銭貨の指定などはとくにおこなわず、銭貨流通の現状を容認し、問題が発生した場合に大名権力としてその調整に乗り出し、紛争の解決を図っていたものと思われる。

その意味で、流通銭貨そのものよりもむしろ銭貨額の数値に関心を払い、価値変化に対応した政策をとった点にその特徴が認められる。そしてその背景としては、大内氏の時代と異なり、領国を越えるような遠隔地取引をおこなう上で重要な役割を担う通貨として銀がすでに広範に流通し、その主要な鉱山である石見銀山を掌握していたことが、その通貨政策にも大きな影響を与えていたと推測されるのである。

註

（1）岸田裕之『大名領国の構成的展開』（吉川弘文館、一九八三年）第三編第六章「芸石国人領主連合の展開」。
（2）『国史大辞典』（吉川弘文館）の「精銭」の項目には、「西国では古銭、東国では永楽銭が精銭として尊重された」とある。
（3）「山口県文書館　興隆寺文書」七六号（『山口県史　史料編 中世3』所収）・「興隆寺文書」三号（『広島県史 古代中世資料編V』所収）。
（4）「山口県文書館　興隆寺文書」五六号・『防長寺社証文』所収「氷上山興隆寺」157。
（5）「山口県文書館　興隆寺文書」五五号・『防長寺社証文』所収「氷上山興隆寺」158。
（6）「①武内大宮司古文書」一〇九号・「②武内大宮司古文書」六〇号・「⑤忌宮古文書」九四・九二号（『長門国二ノ宮 忌宮神社文書』所収）。
（7）「長門府中　二宮神宮寺由来書」（『防長寺社由来　第七巻』所収）に「十九世宥範　二十世宥印　廿一世尊信」と見える。
（8）尊信は、慶長四年十月二十七日に「長州二宮供僧神宮寺住持職」に補任されている（「⑤忌宮古文書」九一②号）。
（9）（慶長廿年）三月三日付け二宮大宮司宛て長願寺尊印書状（「⑤忌宮古文書」九三号）には「明後五日如法経可致社納候、仍御戸開料古銭弐拾疋送進之候」とあり、「古銭弐拾疋」＝「壱貫弐百文」が確認できる。
（10）『大日本古文書　家わけ第八　毛利家文書』三四二号、天正七年二月廿日付け毛利氏奉行下夫荷条目。『大日本古文書　家わけ第二十　東福寺文書』四六四号、弘治三年十二月晦日付け東福寺領周防得地保正税米日記。
（11）小葉田淳『日本貨幣流通史』（刀江書院、一九六九年、初版は一九三〇年）前編「銅銭」第二章第二節四「畿内及び西国の貨幣流通」二二八・二二九頁では、「当料の意味は明かでないが、所謂悪銭には相違なく」、あるいは「吾人の想像によれば、当料なるものは、寧ろ通用銭を表はしたもので、古銭は一つの価値基準となってゐるのであるまいか」と述べられている。「古銭」「当料」については、私も近い考え方を持っているが、小葉田氏との相違点として、氏が両者を同時期における精銭と悪銭に限定されるのに対し、私は継承基準額としての「古銭」と現行通用銭貨額としての「当料」という点を強調したい。
（12）（E）…「防府天満宮文書」九一号（『山口県史　史料編 中世2』所収）・「宮市天満宮文書」32（『防長風土注進案10　三田尻宰判 下』所収）、（F）…「宮市天満宮文書」234。なお、（E）の文書は「宮市天満宮文書」中にもあるが、「清料」の部分を「請料」としている。くずし字の場合、両者はよく似た形状であるため、文字表記の確認は可能な限り原文書（写真版）、もしくは影写本（東京大学史料編纂所架蔵影写本三〇七一・七七―二三一「松崎神社文書」）でおこなった。

(13)「防府天満宮文書」三二号・「宮市天満宮文書」30。

(14) 年欠六月十日付け松崎大専坊宛て吉見弘頼・野田興方連署状（「宮市天満宮文書」395）では、「宮政所」と「山口政所」が見受けられる。本文掲載史料の「政所」を山口政所と解釈したのは、「毎年御下行銭、従御政所方請取申」という文言によるが、大内氏からの下行銭を天満宮内の「宮政所」を通して受け取ったと解釈することもできる。いずれにせよ、論旨に影響はない。

(15)「防府天満宮文書」一〇三号・「宮市天満宮文書」33。

(16) 藤木氏は、「和利」を精銭と悪銭とを結び体系化する混入換算率法とされるが、本書ではそのように理解しない。「和利」とは本来、異なる銭貨の比価・換算値を意味していたものが、しだいにその内容が拡張し、継承基準額に対する現行通用銭貨での換算値をも意味するようになったものと思われる。

(17)「防府天満宮文書」三二一号・「宮市天満宮文書」316。

(18)「①竹内大宮司古文書」八二号永禄十二年八月十三日付け二宮大宮司宛て毛利家奉行衆奉書（『長門国二ノ宮忌宮神社文書』所収）。

(19) 大内氏が、「利平」目的のために豊前国で実施していた「御預銭」は「御公銭」とも呼ばれており、本文掲載史料の「御公銭」を同様のもの（毛利氏による公金貸し付け）と想定することも可能だが、現在のところ具体的な事例は見出せない。

(20) 筑前国でも「清料」基準―「当料」使用、および「和利」の存在が確認できる（「鳥飼文書」天文十七年二月十六日付け鳥飼俊久契状・「明光寺文書」年欠卯月廿一日付け鳥飼俊久外二名連署申状案）。なお、本書第一編第二章参照。

(21)『大社町史　史料編　古代・中世』一六四〇号「別火家文書」年欠六月十三日付け福井景吉書状。毛利氏領国内の周防・長門・出雲国では、永禄年間に「和利」をめぐる問題が発生し、毛利氏が公権力の立場で裁定あるいは調整にあたった事実が確認される。

(22)「巻子本厳島文書」五二号（『広島県史　古代中世資料編Ⅲ』所収）。

(23)「桂文書所収厳島文書」一号（『広島県史　古代中世資料編Ⅲ』所収）。

(24)「厳島野坂文書」一五六八号（『広島県史　古代中世資料編Ⅱ』所収）。

(25)　都濃郡須々万段銭徴符（永禄三年五月、『防長風土注進案8　都濃宰判』所収「本庄文書」）・玖珂郡伊賀道郷段銭徴符（永禄四年六月十四日、『山口県史　史料編　中世2』所収「河田家文書」七号）・玖珂郡本郷北方渡辺出雲守領分段銭徴符（永禄四年六月廿九日、山口県文書館所蔵「毛利家文庫　二三譜録わ18　渡辺三郎左衛門直」）。

(26)　松浦義則「戦国大名毛利氏の領国支配機構の進展」（『日本史研究』第一六八号、一九七六年）。のち、藤木久志編『戦国大名論集14　毛利氏の研究』（吉川弘文館、一九八四年）に収録される。

(27)　岸田裕之「室町戦国期における諸権力の図田支配と村落農民」（『日本史研究』第一七二号、一九七六年、のち同『大名領国の構成的展開』第二編に収録、一九八三年）。

(28)　『萩藩閥閲録』巻六〇門田長左衛門14。

(29)　史料文言として、「爰元（山口高嶺城）罷下候て廿四五ケ年致在城」が見え、弘治三年（一五五七）の占領以来の在番と推測するならば、二十四・五年後は天正九・十年（一五八一・八二）にあたる。

(30)　「古銭」での段別額は三〇文となり、これは図田の春段銭の段別額（三〇・九文）にほぼ等しい（岸田氏前掲註(27)論文参照)。

(31)　東京大学史料編纂所架蔵影写本「松崎神社文書」。

(32)　「石井文書（石井英三氏所蔵）」二二号（『広島県史　古代中世資料編Ⅳ』所収）。

(33)　「地頭役納所段銭」のどこを区切って読むかによって解釈は異なるが、「三段ニ百目銭四十文二十文口古銭」については、三段のうち二段が「古銭」額で段別四〇文の所領で、残り一段が段別二〇文の所領という意味と推測される。

(34)　永禄十一年八月五日付け周防国都濃郡富海幷安芸国佐東府中内打渡坪付（『広島県史　古代中世資料編Ⅴ』所収「譜録山県弥三左衛門朝次」九号）・天正五年三月十一日付け吉川経家領分加増段銭請取状影写（『大日本古文書　家わけ第九　吉川家文書別集』所収「附録　石見吉川家文書」四六号）・天正十五年十二月二日付け厳島社領安芸国佐西郡吉和東分米銭算用状（「厳島野坂文書」一七〇九号）など。

(35)　室町幕府のいわゆる撰銭令で「打平」「うちひらめ」とともに排除対象に指定された銭貨に「京銭」があり、南京銭と同一のものと理解されているほか、永禄十二年三月の織田信長の「精選条々」でも「うちひらめ」と「なんきん」が精銭の十分の一の価値と規定されている。なお、本書第二編第二章参照。

(36)「新善坊文書」(『防長風土注進案14　小郡宰判』所収)。
(37)『毛利家文書』八四〇号、元亀二年六月廿六日付け粟屋内蔵丞宛て吉川元春外三名連署状。
(38)本書第二編第三章参照。
(39)「吉川史料館蔵文書　二宮家文書」六号（『山口県史　史料編　中世2』所収)・「譜録　二宮太郎右衛門辰相」三号（『広島県史　古代中世資料編Ⅴ』所収)。
(40)「厳島野坂文書」一七〇七号。
(41)「贈村山家証文」六号（『広島県史　古代中世資料編Ⅴ』所収）伊勢御師村山武恒檀那寄進注文。
(42)安芸国檀那衆のなかに永禄十年に没した「赤川左京殿」(赤川左京亮元保）の名が見える。
(43)「贈村山家証文」一号伊勢神宮神領覚書。
(44)「譜録　粟屋帯刀元忠」一号（『広島県史　古代中世資料編Ⅴ』所収）毛利輝元書状。
(45)秋山伸隆「戦国大名毛利氏の軍事力編成の展開」(『古文書研究』第一五号、一九八〇年)。のち、同『戦国大名毛利氏の研究』(吉川弘文館、一九九八年）第二編第一章に収録される。

第二章　南京銭と鍛

はじめに

戦国期の甲斐国を中心とした地域の社会情勢について記した『妙法寺記』の天文二十四年（一五五五）の項には「此ノ年銭ニ南金《ナンキント》云銭出キ候て代ヲヱル事無限」という文言があり、[1] このころ、当地方で「南金」なる銭貨が流通し始めた様子が窺える。また、永禄十二年（一五六九）三月一日付けで織田信長が摂津国四天王寺境内に発令した「定精選条々」では、従来、排除・撰銭の対象であったものも含めて一〇種の銭貨を三区分し、それぞれ二倍・五倍・一〇倍の換算値を示して打歩を付けた使用を「増銭」として認めているが、そこでは「うちひらめ　なんきん　以十増倍用之」とあるように、「なんきん」なる銭貨を「うちひらめ」とともに「精銭」の十分の一という低い価値で使用することを命じている。[2] そして、それ以前に室町幕府がたびたび発令したいわゆる撰銭令において、「うちひらめ（打平）」とともに常に排除・撰銭の対象に指定した銭貨が「京銭」という銭貨であったことから、「なんきん」と「京銭」は同一のものと理解されている。[3]

さて、こうした見方がされている南京銭であるが、戦国・織豊期の毛利氏領国では、この銭貨に関する事例が実に多く存在する。しかも、価値は確かに低いものの、必ずしも忌避される銭貨であったとは言いがたい状況が認められる。また、同領国では、南京銭のほかにも「鍛」（ちゃん）と呼ばれる銭貨が、南京銭とは異なる価格水準で流通していたことも確認できる。

そもそも、史料に登場する銭貨呼称（名称）は、品質に由来する「清料」「精銭」「悪銭」「並銭」「荒銭」や、形状に由来する「われ」「おほかけ」「すり」「うちひらめ（打平）」など多岐にわたるが、概して抽象的な表現のものが多い。それに比べて「南京（銭）」や「鍛」は、品質や形状によるものではなく、特定の銭貨呼称と理解することが可能である。その意味で、たとえば畿内でも「なんきん」としてその存在が確かめられる南京銭の場合、低品位銭貨を代表するものとして、流通の実態や、諸権力の銭貨政策を考察する上で、有効な素材と見なすことができる。

そこで本章では、毛利氏領国の流通銭貨である南京銭と鍛という二種類の銭貨に注目し、その流通・通用状況を具体的に検討することで、多様な銭貨の流通実態について明らかにしたい。

一　南京銭の流通

1　「清料」と「南京」「新銭」

まず、石見国の国人領主領における南京銭関係の史料を見ることにしたい。

弘治三年（一五五七）六月廿六日付け乙吉刑部丞宛て益田兼順料足請取状[4]によれば、有力な国人領主である益田氏の支配領域において、南京銭が収納銭として使用されていた事実が判明する。それを次に示す。

請取申料足之事
合南京弐百文者

右、為料足者、毛利殿御和談御礼銭御支配銭被仰付候、清料雖為百文、当時御用御繁多故、半分有御差置、清料五十文之前、為御調請取申所如件、

弘治三年六月廿六日　　　　　　　伊豆守
　　　　　　　　　　　　　　　　　　兼順（花押）

乙吉刑部丞殿

これは、益田家の当主藤兼の重臣益田兼順が、「毛利殿御和談御礼銭御支配銭」、つまり毛利氏との和談に伴って必要となった御礼銭を家臣らに賦課したところ、乙吉刑部丞から納入があったので、それを確かに受領したことを示す請取状である。しかも注目されるのは、「清料雖為百文、当時御用御繁多故、半分有御差置、清料五十文之前、為御調」という状況のもとに「南京弐百文」が上納され、受領された事実である。すなわち、益田藤兼が重臣の兼順を通じて益田家中に御礼銭を賦課したさい、本来は「清料」一〇〇文で賦課すべきところを、「当時御用御繁多」という事情を考慮して「半分有御差置」という半分減額の措置に基づき「清料」五〇文で賦課したのに対し、乙吉刑部丞が「南京」二〇〇文を上納し、しかも益田兼順がそれを拒否することなく受領した一連の経過が読み取れる。以上から、益田氏は家臣に対して「清料」額基準で賦課を実施したこと、また当時益田氏領内では「南京」が流通しており、それは「清料」に対して四分の一の価値であったこと、そして益田氏が「清料」額基準で賦課したことに対して家臣が一定の換算のもとで「南京」を上納した状況から、それが賦課する側と納める側の双方とも納得できる銭貨授受の仕組みであったことがわかる。

すでに第一編で、戦国期の豊前国では、「清料」額を基準としながらも実際の通用面では、低品位銭貨である「並銭」が優勢であったことを明らかにしたが、こうした「清料」基準―「並銭」使用と同様の関係が、弘治年間に石見国でも「清料」基準―「南京」使用として存在していたことが確認できた。すなわち、賦課基準としての「清料」額

に対し、流通する低品位銭貨の「南京」で納入がおこなわれた事実である。
それでは次に、東福寺領である周防国得地保の年貢収納の事例をもとに、戦国期における銭貨通用の実態について確認したい。

淂(得)地正税米幷奉加官銭納支帳

納

卅五貫文　正税米七拾石沽却代 但新銭百五貫文也、興禅寺証明

弐百文　吉見両人返礼 但南京弐貫文也、

参貫文　官銭壱人分

六百卅八文　扇子拾七本余分沽却代小日記在之、

壱貫文　興禅寺返礼

以上卅九貫八百卅八文

（後略）

これは、永禄二年（一五五九）五月七日付け周防得地保正税米・官銭納下帳案(5)の最初の部分である。史料そのものは、正税米の売却代金をはじめとする収入と種々の支出についての収支内容を具体的に記したものだが、そこに見える個々の収支額は必ずしも実際の取引額ではない。たとえば右に見えるように、「卅五貫文　正税米七拾石沽却代 但新銭百五貫文也」とは、年貢米七〇石を売却して取得した銭貨が実は「新銭」一〇五貫文（一貫文あたり米約六斗六升七合）であり、それを収入額三五貫文と計上している。また、「弐百文　吉見両人返礼 但南京弐貫文也」とは、得地保の年貢収納に関与したと推測される吉見氏の関係者二名から受領した返礼が、実は「南京」二貫文であり、それを収入

額二〇〇文と計上している。したがって、こうした事実から、当時この地域では、「新銭」や「南京」といった銭貨が異なった価値で通用しており、年貢収納に関する収支額は、これら実際の流通銭貨の価格を別に換算（「新銭」は三分の一、「南京」は十分の一に換算）し直したものであったことが判明する。すなわち、年貢算用に見られる個々の収支額と、実際に取り交わされた銭貨額は明らかに異なっていた。

さて、このうち「新銭」に関しては、弘治三年（一五五七）十二月晦日付け得地保正税米日記(6)が参考になる。ほぼ同じ時期の、同じ所領の正税米に関する史料であり、「新銭」についても同じ銭貨を指していると思われる。

得地正税米
伍拾石　於上得地、自毛利（房継）殿奉行衆請取之、
拾石　於下得地、自吉見（正頼）殿奉行衆請取之、
以上六拾石、
右売代新銭九拾六貫文、但二和利半充買古銭、卅八貫四百文也、
壱石別壱貫六百文充、
弘治参年（一五五七）十二月晦日　　高山寺僧　性東（花押）
元棟（花押）

ここでは、上得地において「毛利殿奉行衆」から受け取った五〇石と、下得地において「吉見殿奉行衆」から受け取った一〇石の計六〇石の正税米について、「右売代新銭九拾六貫文、但二和利半充買古銭、卅八貫四百文也」と説明している点が注目される。すなわち、正税米六〇石を売却して取得した銭貨が「新銭」九六貫文（「壱石別壱貫六百文充」で一貫文あたり米六斗二升五合）であり、しかもそれが「二和利半」の換算で「古銭」三八貫四〇〇文の入手に充てられている。そし

て、この史料では数値上、「古銭」が「新銭」の二・五倍の価値であるため、「二和利半」とは「古銭」と「新銭」のまさに換算値であり、これは戦国期の筑前・豊前両国、あるいは毛利氏領国の防長両国の事例をもとに明らかにした「和利」、つまり「清料」「古銭」額から「当料」額への換算値と同じ性格のものと言える（第一編第二章・第二編第一章）。したがって、先に永禄二年（一五五九）の得地保正税米・官銭納下帳案で見られた年貢米（銭）収支額は、こうした「古銭」額に相当するものと理解される。このことから、実際に授受される銭貨は「新銭」や「南京」であっても、年貢米の収支計算は「清料」や「古銭」額を基礎としていたことが判明し、これはまさに精銭の価格体系を基準にしていたものと推測される。第一編第二章では、筑前国の筥崎宮領（石清水八幡宮領）の年貢銭納が「清料」額を基準としながら、実際は「当料」額に換算しておこなわれていたことを確認したが、多少形は異なるものの年貢銭納において基準額と実際の取引（通用）額という二つの銭貨額が存在したことが、改めて浮き彫りになった。

このように毛利氏領国では、国衆の賦課銭や年貢銭納において南京銭の存在が確認できる。すなわち、弘治年間の石見国では、益田氏の「清料」額を基準とする賦課に対し、家臣が四倍の額（「清料」の四分の一の価値）で「南京」を上納しており、領内での南京銭の流通と、賦課負担関係にある益田氏と家臣の間で「清料」額賦課—「南京」納入という収納慣行の存在が窺われる。また、東福寺領周防国得地保では、「南京」や「新銭」がそれぞれ異なる価値のもとに流通し、年貢銭納のさいに「返礼」として「南京」を受領したり、年貢正税米の売却代金として「新銭」を入手しながらも、収支計算上では、「古銭」額など基準額数値によって会計処理がおこなわれていたのである。

2　段銭収納と南京銭

南京銭に関する史料は、安芸国厳島およびその周辺で比較的豊富である。そこで、厳島社領の主要部分にあたり、当時「神領」と呼ばれていた安芸国佐西郡の事例を見ることにしたい。

戦国期の段銭は、本来、領域公権力である大名、すなわち大内氏や毛利氏に上納されるものであるが、厳島社領のなかには上納を免除された地域が少なからず存在し、厳島社の財源として重要な意味を持っていた[7]。そこでまず、この社領段銭の収納銭貨について注目したい。

天文十六年（一五四七）十一月吉日付け大願寺領所務帳[8]は、佐西郡平良《へら》宮内にある多くの所領について一筆ごとに買得由来や収納内容を記したものである。そこでは、「四百田二段」や「五百田一段」のように、分銭を付けた田の面積とともに、段銭額を記したものが多く見られ、それによると速田大明神修理田で段別約七〇文、神福寺領で段別約一〇〇文であったことがわかる。

また、ほぼ同じ時期の天文廿四年（一五五五）十一月吉日付け飯田右近衛府生宛て桂元澄寄進状[9]は、次のような内容となっている。

奉寄進　厳嶋大明神名田支
合参石六計(斗)
右、寄進宮内末房名一所　田数九段小　同段銭清料七百廿文所也、夫　祈念之旨趣者、庚申歳(桂元澄)子孫繁昌、累代連綿、
武運長久、家門繁昌故ニ、末代奉社進之状如件、
天文廿四年乙卯十一月吉日　桂能登守 大江元澄（花押）
飯田右近衛府生殿

すなわち、佐西郡平良「宮内末房名一所」の「田数九段小」が、「段銭清料七百廿文所也」とあることから、段別「清料」約七七文の所領であったことがわかり、この事実から、天文十六年十一月の大願寺領所務帳に見える段銭額

（速田大明神修理田の段別約七〇文、神福寺領の段別約一〇〇文）は「清料」額であったと推測される。[10]

それでは、その後の段銭額はどうであろうか。

たとえば、永禄七年（一五六四）三月七日付け大願寺領安芸国佐西郡平良荘内鵼原《にえはら》名段銭取帳[11]では、田の面積と段銭額が列挙されているが、それによれば「壱町三段　七貫八百文」や「六段　三貫六百文」のように段別六〇〇文が賦課基準であり、また「三百田弐反　七百廿文」のように分銭を付けた田の事例から、分銭の一・二倍に相当する額が段別額であったことが判明する。しかも、分銭を付けていない田の分銭額は五〇〇文であり、その筆数の多さから「五百田」が標準的な田地種別であったことがわかる。

また、永禄十年（一五六七）の安芸国佐西郡徳分《とくぶ》反銭納帳[12]では、分銭と段銭額が列挙されているが、「四百田一反分四百八十文」とあるように、やはり分銭の一・二倍の段銭額であり、しかも「五百田」の田（段別六〇〇文）が多いことも特徴的である。すなわち、同じ郡内の段銭でありながら、天文年間と永禄年間とでは段別額に大きな差が認められる。

そして、この状況を説明してくれるものとして、次の元亀三年（一五七二）二月九日付け中丸雅楽允宛て穂田元清知行宛行状[13]がある。

打渡

五百田壱段　御里垣内、作人綿貫和泉守

弐百目　　河井橋爪之上、作人同人

（中略）

三百田壱段　同所《地御前》、作人小次郎

五百田壱段　後田、作人難波源兵衛尉
　　分米三斗入拾俵
以上田数六段　段銭三貫六百文当料
　　分銭三貫目
右、為給地遣置候、全知行肝要候、仍一行如件、
元亀三年（一五七二）二月九日　　元清（花押）
　　中丸雅楽允殿

この史料は、佐西郡廿日市桜尾城に入城した直後(14)の穂田元清（毛利元就四男）が、付近の「御里垣内・河井橋爪・地御前」などに分布する田地六段を、同郡大野に勢力を持っていた中丸雅楽允に対して給与したことを示すものであるが、これら所領の所在地は厳島社領と同じ収納慣行が想定できる地域である。しかも注目されるのは、田地六段について、「段銭三貫六百文当料　分銭三貫目」と見えるように、分銭三貫目の一・二倍の段銭額三貫六〇〇文（段別六〇〇文）を「当料」と表記している点である。

この「当料」という文言は、すでに第一編第二章や第二編第一章で指摘したように、現行通用銭貨であるとともにその額を意味すると思われるが、この事例の場合、天正十七年（一五八九）十一月十日付け厳島社祭料幷御供田辻付立(15)の内容から、その実体が明らかとなる。

すなわち、この付立は厳島社の有力社家である棚守元行が、毛利氏の天正期惣国検地のさいに作成したと推測される社領書立であるが、その最初の部分に「年中外宮内宮御供田辻之事」として、佐西郡内の宮内・中須・地御前・川井・利松・平原・横竹などに分布する田について、面積と段銭額を列挙している。そして、総面積一〇町九段に対す

る段銭合計額について「反銭六拾五貫四百文　但南京」と記しており、このことから御供田（御祭田）の段銭が「南京」で、しかも段別六〇〇文の賦課基準であったことが判明する。

したがって、元亀三年の穂田元清知行宛行状に見える「当料」とは、実は南京銭のことであった。

従来、安芸国佐西郡で見られる分銭の一・二倍の段銭額、あるいは段別六〇〇文という賦課基準については、周防・長門両国で見られる図田・平田面積を基準とする賦課方式（段別は「古銭」額）とは異なる事例として、石見国「岡本文書」などとともに注目されていたが[16]、実は賦課基準となる銭貨が重要な鍵を握っていたのであり、それがまさに南京銭であった。

すなわち、佐西郡の段銭の場合、天文年間までは「清料」額基準であったのに対し、永禄年間にはすでに南京銭による額が「当料」として賦課基準となっており、それは収納実態を直接反映するものであったと言える。

さて、厳島社領における段銭と南京銭の関係を示すものとしては、このほかに同郡吉和《よしわ》の事例がある。たとえば、天正十年（一五八二）十二月八日付け吉和算用状[17]によれば、五七四俵の年貢のほかに「但反銭壱俵参百宛之代方可有之者也」という文言が付け加えられており、一俵あたり三〇〇文という段銭の存在が知られる。そしてこれは、天正十五年（一五八七）十二月二日付け吉和東分米銭算用状[18]によって、その内容が確認できる。

吉和東分御米算用之事

合

一参百九拾俵四升六合定

内

七拾八俵　　　夫六人

天正十五年之依九月、同拾六年之八月迄下行也、
残而参百拾弐俵四升六合　　定土貢
一代百拾七貫九拾六文　御段銭　但南金
自然依趣御百性（姓）中分時者、可為御分別候、
（一五八七）
天正拾五年
十二月二日　　　熊野平右衛門尉
忠重（花押）
妙音寺（花押）
厳嶋（良政）
座主
棚守左近将監（元行）殿
大願寺（尊圓）
参

すなわち、年貢算出のもとになった三九〇俵四升六合のうちから「夫六人」分の七八俵が差し引かれ、残る三一二俵四升六合が「定土貢」とあるが、それ以外に「代百拾七貫九拾六文　御段銭　但南金」と記されている。この場合、段銭額一一七貫九六文は年貢算出の基礎量である三九〇俵四升六合をもとに俵別三〇〇文で算出された額と推定され、これにより吉和では、段銭が年貢算出基礎量の俵数を基準とする額であったことが判明する。そもそも、段銭の賦課基準が俵数であること自体興味深いが、こうして算出された額が「南金（南京）」額であった点がやはり重要である。

実は、この佐西郡吉和は、天正十年（一五八二）に毛利氏が厳島社に寄進[19]した地域であり、毛利氏は従来この地の代官であった児玉氏に対し、年貢および段銭の収納についてとくに指示している。すなわち、同年八月廿三日付けで毛利輝元は、児玉菊千世丸を父「越中守」（就時）の「手続」をもって「吉和代官」に任命しているが、そのころの

ものと推測される十月晦日付けの書状では、菊千代に「其方抱吉和之土貢反銭、厳島江寄進之候之条、爰元江納之様ニ至宮島堅固可相調候、代官之事者如前々無相違可相抱候、以此旨公役等可申付候」と通達している。(20) つまり、児玉氏が抱えている「吉和之土貢反銭」を厳島社に寄進したので、従来の毛利氏に対してのものと同様に厳島社への段銭納入を果たすよう命じているのであり、先に見た南京銭での段銭収納が、実は毛利氏に対する段銭納入の実態を示すものであったことを推測させる。

そして、それを裏付けるように、第二編第一章で見た、永禄六年（一五六三）八月十一日付けの子息長松丸（元行）に対する棚守房顕譲状(21)に「九十六貫目〔文〕南京 西条反銭夜灯料事」とあった事例や、天正十四年（一五八六）正月十一日付け蔵田秀信下地売券写(22)で「西条東村世帳田行富名之内田中三反」の「作職」について「為地頭役納所段銭三段ニ百目銭四十文 二十文ロ 古銭也、但南京ニメ九百文毎秋可有御収納候」とある事例は、ともに安芸国賀茂郡西条における段銭収納を示すものであるが、これは佐西郡以外でも段銭の南京銭収納がおこなわれていたことを物語る。

また、安芸国以外でも南京銭での段銭収納の事例は確認できる。たとえば、永禄十一年（一五六八）八月五日付け周防国都濃郡富海《とのみ》幷安芸国佐東府中内打渡坪付(23)では、毛利元就の家臣である児玉元良・井上就重・児玉就方が連署して、市来宗右衛門尉に田地とともに反銭三貫四五〇文を「但南京銭」として打渡しているほか、天正五年（一五七七）三月十一日付け吉川経家領分加増段銭請取状影写(24)でも、石見国内と推測される吉川経家領田三町六反分の加増段銭を「なんきん」一貫八〇文（段別三〇文）で吉川本惣家が受け取っており、さらに時期は不明だが、石見国の山間領主である林氏の譲状(25)に「本段銭として一希（季）ふんニよなんきん三十疋（壱段分）調可申候」という文言が確認でき、南京銭での段銭収納は毛利氏領国の各地で実施されていたと思われる。

このように、天文年間まで「清料」額基準が確認された安芸国佐西郡の段銭は、永禄年間には収納実態を反映して南京銭額が「当料」として賦課基準となっていたのであり、しかも段別六〇〇文（分銭の一・二倍）や俵別三〇〇文という賦課基準も実は南京銭によるものであった。そして、段銭の南京銭収納は、安芸国佐西郡以外でも同国賀茂郡西条や石見吉川家領などで確認され、毛利氏領国の各地でおこなわれていたと思われる。

3　その他の南京銭事例

それでは、その他の南京銭の事例について見ることにしたい。

まず、厳島社関係所領では、段銭のほかにも地料銭（地領銭）が南京銭で収納されていた。たとえば、文禄四年（一五九五）十一月二日付け安芸国佐西郡玖波《くば》地料銭算用状[26]によれば、大願寺領である「久波地料銭」二一八貫三二文の内訳として銀子一三九文目一分とともに「南京」五六貫六五九文・「同」一三貫文があり、地料銭についての収納状況がわかる。そのさい、未進額が五六貫三二〇文であることから、総額二一八貫三二文から五六貫六五九文と一三貫文（ともに「南京」）、さらに未進額の五六貫三二〇文を差し引いた九二貫五三文が銀子一三九文目一分に相当することになり、これは当時の南京銭が一貫文あたり銀約一匁五分一厘の価格であったことを示すものと思われ、やはり南京銭が低価格水準の銭貨であったことを裏付けるものである。また、慶長五年（一六〇〇）十一月三日付け厳島社社家内侍祝者屋敷幷地銭等付立[27]では屋敷地料がすべて銀納額となっている反面、一部には「南京」額を銀額に換算した様子が見受けられる。すなわち、厳島およびその周辺の地料は、銀の流通・浸透の結果、慶長年間には銭納基準から銀納基準に変化するが、それまでは南京銭による収納であったと推測される。

したがって、社領段銭や屋敷地料に見られるように、安芸厳島およびその周辺地域における流通銭の主役は南京銭であり、少なくとも安芸国佐西郡一帯ではかなり広範囲に流通・通用し、収納銭として利用されていたことがわかる。[28]

そして、価格水準の低さから、品質もけっしてよくなかったと推測される低品位銭貨であるが、厳島社領を中心に広く流通・通用し、厳島社の財政運営においても重要な役割を果たしていたと思われる。

また、安芸国佐西郡に隣接し、流通経済上でも密接な関係にあった周防国玖珂郡山代地方の在地史料にも南京銭が登場する。

永代おかきりうり渡申地田之事

合さい（在）所ハ風呂の本七まちナリ

右之代物南京銭弐貫四百文うり渡申候、たとへ天下一同之御徳銭（政）又ハ其外之儀御座候共、此儀相ちかい（違）申ましく候、為堅一筆如件、

時天正拾四年（一五八六）弐月十五日

安成源介（花押）

水か迫与三左衛門（略押）

源藤之源内兵衛殿

まいる

一河平山畠事、元作人の次郎兵衛方ニ、先度作り申候へと申候へ共、納所仕候てハ、作り申間敷と申候、其儀付而二年あれ申候、林刑部方へ預ケ申候へ共、ひらき候事不成候間、源内兵衛ニ預ケ申候、納所之儀ハ、南京弐百□文可有御調候、又薪弐荷同前ニ可有御調候、以来此畠之儀おいてハ、少も相違申間敷候、為後日一筆如件、

文録（禄）弐年弐月廿五日

小西宗見内

久悦（花押）

宗右衛門（花押）

岸根ノ
源内兵衛殿
まいる

すなわち、前者の天正十四年（一五八六）二月十五日付け安成源介・水か迫与三左衛門連署田地売券によれば、田地を「代物南京銭弐貫四百文」で売却しているほか、後者の文禄二年（一五九三）二月廿五日付け宗右衛門・久悦連署預ケ状では、山畠を預けるに際し、「納所之儀ハ、南京弐百□文可有御調候」という付帯文言が見える。(29)これは、所領が南京銭で売買されているだけでなく、収納までも南京銭でおこなわれていたことを示しており、南京銭の流通・通用が地域に深く根ざしたものであったことを物語る。

それでは、毛利氏領国における南京銭の事例をさらに見ることにしたい。

南京銭は、段銭以外にも収納銭として広く利用されていた。たとえば、永禄七年（一五六四）七月五日付け岡宗左衛門尉（光良）宛て口羽通良・赤川元親連署覚(30)では、石見国都賀行山に「薪」調達で入山する者に対する「山之役」を「可火焼程之家にハ、大小家数南京百文充可出事」と、南京銭で納入することを取り決めていたほか、天正十年（一五八二）十月廿三日付け御倉本慶浦宛て毛利氏奉行人連署年貢免状(31)によれば、周防国玖珂郡由宇郷において同年の秋崩河成の除分として、米一六七石余のほかに「南京」一九四貫三四文が見えるなど、南京銭が収納銭として使われていたことがわかる。

さらに、毛利元就奉行人の平佐就之と井上就重が、出雲国杵築大社の三月会の合力として「南京銭」五〇貫文を、米三〇俵とともに杵築大社上官《じょうがん》の佐草氏に提供したり、(32)高橋興遠が伊勢神宮の御師村山氏に対し、「毎年之御初尾」として「南京」三〇〇疋を寄進する(33)など、奉納銭として南京銭が使用された事例も認められる。

さて、元亀二年（一五七一）の冬、厳島社の遷宮式を執り行うため、毛利氏の招聘を受けて京都から安芸国に下向した吉田兼右《かねみぎ》は、遷宮後もしばらく同国に滞在し、厳島から毛利氏の本拠である高田郡吉田を経て帰国の途に就いているが、その間多くの人々に各種神事作法を伝授し、その謝礼としてさまざまな礼物を受け取っている。そのなかには銀や銭も含まれているが、「兼右卿記」によると、翌年三月五日に吉田で祇園神人佐伯左衛門大夫大江正宗が「国ノ銭号南京二千疋」を、また三月十九日に備後国鞆で芸州沼田郷八幡社官神主千日出雲守信久が「南京銭千五百疋」を兼右に贈っていることがわかり、注目される。そのさい、贈られた「南京銭」について兼右は、とくに「国ノ銭」と表現しており、地方色の強い銭と認識したようである(34)。「兼右卿記」によれば、兼右の安芸国滞在中に銭が進物とされた事例はほかにもあるが、銭貨名称について書き留めているのはこれのみであり、しかもそれぞれ二〇〇〇疋と一五〇〇疋と、低価値のためか額の多さも際立っている。わざわざ銭貨名称を書き記していることからも、当時、南京銭が安芸国内で流通する銭貨の一部であったことがわかる。

このように南京銭は、厳島社関係所領の地料銭のほか、田地の売買や納所の収納、さらには奉納銭として幅広く利用されていたことが確認でき、厳島社領を中心に毛利氏領国では南京銭の通用が各地で認められ、まさに南京銭流通経済圏なるものの存在が想定できる。

しかし、当時の毛利氏領国における流通銭は南京銭だけではない。実際には、多様な銭貨が異なる価格水準で流通していたのであり、それこそが中・近世移行期の銭貨流通の特徴であった。そこで、次にこの点について述べることにしたい。

二　鍜と多様な銭貨の流通

毛利氏領国では、「南京（銭）」以外にも、「鍜」もしくは「ちやん（チヤン）」[35]と表記される銭貨の事例が数多く確認できる。早いものでは、天正五年（一五七七）十月十八日に備中国吉備津神社で庭妹《にわせ》郷反銭として「鍜四貫文」の収納[36]が認められるが、同じ備中国関係では天正十三年（一五八五）三月廿日付けの土地売券で「山畑」（畑山）の「鍜一貫五百文」での永代売買の事例が確認され、支払手段として利用される流通銭「鍜」の存在を知ることができる。

また、伊勢神宮の御師村山氏に宛てた書状を取りまとめた「村山書状」（贈村山家返章）[37]には、伊勢神宮への祈念を依頼しつつ季節ごとの「御祝儀」や「御初尾（御初穂）」として銭貨を贈った内容を伝えるものが数多く含まれ、そこには「南京」「なんきん」のほかに、「鍜」「ちやん」といった銭貨表記が確認できる。その多くは年欠であり、正確な年代は不明だが、天正十六年（一五八八）と推定される閏五月に四点ほどのまとまった史料がある。すなわち、十五日付けで井上木工助俊安が「御初尾鍜弐拾疋」を村山四郎大夫に、廿二日付けで井上四郎兵衛尉就正が「御祝儀鍜三十疋」を村山大夫に、廿四日付けで井上但馬守就重が「御祝儀」として「鍜三十疋」を村山大夫に贈って祈念を依頼[38]しているほか、廿八日付けで木原木工助元頼が次のように初穂料を奉納している[39]。

返々御秡箱御土産誠ニ至過分候、忝存候〳〵、

毎年為御祈禱之御秡、大麻殊御土産被懸御意候、寔無勿躰奉存候、仍為御初尾と、鍜十疋・当国之南京十疋御嘉例斗奉上候、九州ニ御弓矢候而、三ケ年在陣仕候而、五月以前ニ供仕罷帰候、又近日大坂へ被罷上候条、萬可被成御答候、就夫乍存毎吏無沙汰仕候段、口惜存斗候、何茂致参宮候而、可申上候、恐惶謹言、

閏五廿八日

木原木工助
元頼（花押）

すなわち、「御秡箱御土産」に対する御礼として、「鍛十疋・当国之南京十疋」を「御初尾」として奉納しており、「鍛」と「南京」をあわせて奉納銭に利用していることが判明する。[40] これは当時、流通銭貨のうち「鍛」と「南京」とを明確に区別して認識していることを示すものである。なお、木原元頼は、三ヵ年の九州在陣を終えて五月に帰国したばかりであり、改めて近日中に大坂に上る予定を述べているが、これは天正十六年（一五八八）七月に出発した毛利氏の上洛への随行を示すもので、元頼はその機会を捉えて伊勢参宮を計画していたことがわかる。そして、このほかにも檀那帳をはじめ村山氏関係の史料には「鍛」「ちゃん」が奉納銭、あるいは買い物銭としてしばしば見受けられる。[41]

また、厳島社関係では、有力社家である棚守左近衛将監に宛てた、天正年間と推定される五月十二日付け仁保元棟書状[42]に「末社御造営之儀付而、爰元被仰越候、余雖些少候、弐百疋チャン寄進之候、誠御初尾迄候」と、末社造営に際して「御初尾」として「チャン」が厳島社に寄進されているほか、天正二十年（一五九二）と推定される五月二日付けの天野元政奉行人石井宣範渡状案[43]では、「尚々廿疋鍛被懸御意候、忝畏入存候〳〵」とあり、厳島社側から「鍛」が贈られたことに対して謝辞が述べられており、厳島社への奉納や厳島社からの心付けとして「鍛」が利用されていたことが確認できる。

このように毛利氏領国では、広範囲にわたって「鍛」や「ちゃん（チャン）」の事例が検出できるが、なかでも出雲国の場合、流通銭としての存在を窺わせるものが多い。たとえば、天正十四年（一五八六）六月に仁保元棟が国司元武に対して提出した領地付立案[44]には、数々の所領とともに出雲国美保関の権益が記されているが、そこには「田地聊無之、仍浮土貢之浦、都合不同之事、併年中当料チャン五百四五拾貫之内外土貢畢」と見えている。この詳細については不明だが、田地がないにもかかわらず「浮土貢」として年間五四〇～五五〇貫文の収益があり、それが「当料」である「チャン」の額であった点が興味深い。また、天正十六年（一五八八）八月十八日付け杵築御供定書写(45)によれば、国衆三沢氏の杵築における宿泊料として「壱人ヲ六百わ（あ）てなり、ちゃんなり」という文言があるほか、文禄四年（一五九五）十二月廿五日付けの羽仁右衛門尉の神門郡佐義（鷺）浦付立(46)には「釣役」銀子三九匁や「山役」銀子四〇匁のほか、「地銭」が「鍛弐貫弐百文」と見えており、鷺浦の屋敷地銭が「鍛」で見積もられている。

以上、「鍛」「ちゃん」の事例について見てきたが、これを「南京（銭）」の事例と比較した場合、「南京（銭）」が天文年間から慶長年間まで比較的長い期間にわたって確認されるのに対し、「鍛」「ちゃん」の場合、管見の限り、史料上での初見は「南京（銭）」よりも遅く天正年間であり、しかも天正十六年以降、その事例が急増する。

それは、第三編第二章で詳述することになるが、天正十五年（一五八七）から毛利氏が全領国規模で実施した、いわゆる惣国検地において「鍛」を畠分銭の基準銭として採用したことと密接な関係があると思われ、その後も畠分銭や段銭の賦課基準額として「鍛」の存在が確認できる。そもそも、「鍛」と「ちゃん」が同じ銭貨であることが裏付けられるのも、実は惣国検地関係史料の畠分銭として「ちゃん」の表記が確認できるからである(47)。

さて、このように戦国・織豊期の毛利氏領国では、「鍛」「ちゃん」という銭貨が「南京（銭）」と同様、広範に流通・通用していたことが確認できるが、重要なのはこの銭貨が、南京銭とは明らかに異なる価格水準のものであった点である。

たとえば、天正十八年（一五九〇）十一月十五日付け周防国玖珂郡山代検見帳(48)では、前年天正十七年分の厳島社領山代の年貢算用の状況がわかるが、畠銭四貫三一七文と各方面への支出は「ちゃん」額で、しかも年貢米のうち八斗が「ちゃん一くわん（貫）」に換金されている状況が確認され、「ちゃん」が畠分銭の基準銭貨であるだけでなく、一貫文あたり米八斗と、高い場合でも一貫文あたり米二斗余りの価値しかない南京銭に比べて高い価格水準[49]の銭貨であったことが判明する。したがって当該期は、異なる価格水準の多様な銭貨が同時に流通しており、銭貨額を比較検討するさいには常にこのことを念頭に置いておく必要がある。

ところで、文禄二年（一五九三）九月七日付け渋谷与右衛門尉御所瓦屋算用出入未進注文[50]は、備後国尾道の有力商人として知られる渋谷氏が瓦代金の支払いについて書き上げた計算書であるが、それによると瓦三八〇〇枚の代金六貫四六〇文（一〇〇〇枚分一貫七〇〇文）が銀五八匁一分四厘に相当し、それについてとくに「貫別九匁にて候也」（一貫文あたり銀九匁の価格）と記していることが注目される。これは一貫文あたり銀二匁前後である南京銭に比べて、明らかに高い価格水準と言える。この渋谷氏は、豊臣政権下において、毛利氏の特権商人として銭を預かり、米のほか鉄炮の玉薬など、さまざまな物資の調達や輸送に従事していたが、天正十六～十八年（一五八八～九〇）ごろには毛利氏（奉行人）との間で、多額の「鍛」の受け渡し（預け置き・借り出し）をおこなっていたことが、次のような史料から判明する。[51]

預ケ申鍛之事
合参拾弐貫八百文定
（一五八九）
天正十七
卯月十五日　　　　二宮太郎右衛門（就辰）（花押）
渋谷与右衛門殿

鍛三十弐貫文請取申候、将亦御気分如何ニて候哉、承度候、涯分養生専用候、尚重而可申候、恐々謹言、

天正十八（一五九〇）
九月十六日　　　　二太　就辰（花押）

渋谷与右衛門殿
まいる

したがって、一貫文あたり銀九匁という価格水準の銭貨が「鍛」であった可能性は高いが、たとえそうでなくとも毛利氏の特権商人である渋谷氏が、広範囲に展開する経済活動において、高い価格水準の銭貨を使用していたことは確かである。その意味で、「鍛」は毛利氏の財政上重要な公用銭貨として利用されていたと考えられる。

また、このように高い価格水準の銭貨の存在は、たとえば長距離を旅する人々が使用する銭貨に注目すれば、いっそう明らかとなる。「大和田重清日記」[52]は、常陸国の佐竹義宣家臣の大和田近江重清が文禄二年（一五九三）四月十八日から十二月二十九日まで書き記した日記であるが、それは布陣していた肥前名護屋、およびそこを出発して主君の義宣とともに水戸をめざして帰国する道中各所で支出した金額について克明に記録したものであり、さまざまな品物の当時の価格を知る上で格好の史料である。盛本昌広氏はこの史料を詳しく検討され、西国における銀遣いの浸透過程の一端について明らかにされているが[53]、ここではとくに重清が使用した銭貨の価格水準に注目したい。

すなわち重清は、名護屋をはじめさまざまな場所において、銀を売却して得た銭貨をさまざまな支払いに充てているが、銀売却時の記録により、当時の各地における銭貨の価格水準が判明する。それによると、名護屋では一貫文あたり銀一一匁四分余、唐津では一一匁余と一〇匁九分余、備中片島では一〇匁、京都では八匁四分余、岐阜では一〇匁六分であり[54]、京都の銀安銭高を除けば、地域により多少の違いはあるものの、使用した銭貨は基本的に一貫文あたり銀一〇〜一一匁前後の価格水準であったことがわかる。これらの銭貨がすべて同じ種類のものであったとは必ずしも言えないが、少なくとも南京銭に比べて高い価格水準の銭貨であったことは間違いない。おおよそ良質で高い価値の銭貨であれば、受領を忌避される可能性が低いため、時・場所に関係なく支払いに有利であることは十分に予想され、遠隔地取引をおこなう商人や、長距離を移動する旅行者が使用する銭貨としては、好都合であったと思われる。大和田重清が使用した銭貨のうち、毛利氏領国近辺のものとしては備中国片島の事例だけであるが、領国各地においても同様の価格水準を持つ銭貨が存在していたと推測される(55)。

したがって、毛利氏領国では南京銭が広く流通し、南京銭を基準とする価格体系も存在していたと思われるが、けっして南京銭のみが流通していたのではない。当該期は、異なる価格水準の銭貨が混在して流通・通用する、まさに多様な銭貨の流通が見られた時代であるが、そこに生きる人々は日常の社会生活を営む上で、当面の目的に合致した銭貨を使い分けていたのであり、それが当時の銭貨取引の慣行であったと推測される。

そして、このころの毛利氏領国における多様な銭貨の存在が確認できるものとして、天正九年（一五八一）十二月十二日付けの伊勢神宮御師村山家檀那帳(56)がある。それは、村山四郎大夫（武親）が毛利氏領国内の安芸国吉田・沼田・中郡の各所を回って大麻等を配布するさいに受領した奉納物の内容について詳しく書き記したものであるが、そこには銭貨の奉納も認められる。

芸州吉田　沼田　中郡御祓賦帳
太神宮御師　村山四郎大夫（武親）

天正九年（辛巳）十二月十二日　荒木田武親（花押）

『一校了』

（高田郡）郡山之分

（中略）

一合 うす板 しゝら おしろい 五け　　御かミさま(毛利輝元室)
帯 けかけ ふのり のし一わ
御くう米
緞子三巻　南京卅貫文
御きやうたい一
(中略)
のし一わ 御供米　　桂左衛門大夫(就宣)殿
鍛二メ(貫)文　太刀一こし　はゝき金
秡 帯 のし廿本 ふのり　　同御かミさま
南京一メ(貫)二百文
(中略)
一合 うすいた のし百本
小刀　五明　御くう
二貫五百文ひた　壱貫文南京　　粟屋右京亮(元勝)殿
(後略)

すなわち、村山氏はこのときの安芸国訪問に際し、毛利輝元の「御かミさま」から「南京」三〇貫文、重臣の桂就宣から「鍛」二貫文、就宣の「御かミさま」から「南京」一貫二〇〇文、そして粟屋元勝から「ひた」二貫五〇〇文と「南京」一貫文を受け取っている。奉納銭のうち銭種記載があるのはこれだけだが、こうした記載から当時安芸国内では「南京」や「鍛」や「ひた」[57]などの銭貨が流通し、しかもそれを同国の住人が来訪した伊勢神宮の御師に渡していること、そしてなによりも御師自身がこれら銭貨を、異なる銭貨として認識・区別していたことがわかる。

このように、戦国・織豊期の毛利氏領国では、南京銭以外にもさまざまな銭貨が異なる価格水準で流通・通用していたのであり、「鍛」「ちゃん」という銭貨も領国各地でさまざまな用途で利用されていたことが確認できた。すなわち、当時は、多様な銭貨が流通し、人々はそれを認識・区別しながら、目的に応じた利用をおこなっていたと推測されるのである。

おわりに

戦国・織豊期の毛利氏領国では、低品位の銭貨と推測される南京銭が広範に流通し、さまざまな用途で使用されていた。史料的には天文年間から慶長年間まで、しかも領国各地で通用していた状況が確認できる。

たとえば、石見益田氏領の事例では、「清料」額基準の賦課に対して「南京」納入がおこなわれていたことがわかり、「清料」基準額の存在と、流通銭としての「南京」の存在、そして上納銭貨としても利用された「南京」の性格が明らかになった。また、東福寺領周防国得地保の事例では、年貢米の売却で得た「新銭」と、返礼として受け取った「南京」が異なる価値であり、年貢算用状では「新銭」額を三分の一、そして「南京」額を十分の一に換算し直した数値で会計処理をおこなっていたことが確認された。なお、「新銭」については、「古銭」額との換算（「和利」計算）の様子も確認でき、当時は個々の銭貨の価値をふまえた算用が実施されていたことが判明した。

また、大内氏の時代には段銭の精銭納が重視されていたが、毛利氏の時代には、低品位銭貨と思われる南京銭での段銭収納の事例が領国各地で多数検出される。そして、安芸国佐西郡の事例によれば、天文年間に「清料」額基準の賦課であったものが、永禄年間には収納実態を反映する形で「南京（銭）」額が「当料」として賦課基準になっていたことが確認され、この地域で特徴的に見られる段別六〇〇文（分銭の一・二倍）や収納米の俵別三〇〇文といった賦課基準も、実は「南京（銭）」額であることが明らかになった。しかも「南京（銭）」は、段銭だけでなく地料銭としても収納されるなど、厳島社の財政においても重要な意味を持ったほか、各地で田地の売買や納所・諸役の収納、さらには奉納銭として幅広く利用されていた。したがって、毛利氏領国では南京銭の広範な流通が確認され、厳島社領をはじめ広い範囲で南京銭流通経済圏の存在が想定できる。

さらに、毛利氏領国では、南京銭以外にもさまざまな銭貨が異なる価格水準で流通・通用していたのであり、その代表が「鍛」（ちゃん）という銭貨であった。この銭貨は、史料的には天正年間以降確認され、南京銭に比べて高い価格水準の銭貨であったが、やはり流通銭として毛利氏領国の各地でさまざまな用途で利用されていた。「鍛」の場合、毛利氏が特権商人である備後国尾道の渋谷氏に預け置いて運用させるなど、公用銭貨として利用されていた状況が窺われるが、長距離の旅行者が各地で使用する銭貨も同様に高い価格水準であった。したがって、当時の社会では多様な銭貨が異なる価格水準で流通しており、人々は流通するこれらさまざまな銭貨を認識・区別しながら、目的に応じた利用をおこなっていたと推測されるのである。

註

（1）東京大学史料編纂所架蔵謄写本二〇一五―六一四。

（2）「四天王寺文書」（『大日本史料　第十編之二』永禄十二年三月一日条）。

（3）小葉田淳氏は、『日本貨幣流通史』（刀江書院、一九六九年、初版は一九三〇年）のなかで、京銭および南京銭について次のように述べられている（前編「銅銭」第二章第一節三「撰銭の條令」）。

（前略）柴謙太郎氏が経済大辞書の京銭の部で試みられた考察は比較的無難であると思はれるが、即ち信長の選銭條令《（ママ）》に、うちひらめと同様に扱はれた「なんきん」は、建武式目追加に記された京銭であつて、京銭は即ち南京銭の略称であり、南京辺の私鋳銭を南京銭といひ、之が鹿苑日録の東帰和尚の談に悪銭を日本に与へんとする記事や、戊子入明記・武備志の記事によつても我が国に輸入されたことも想像される、天文年間の南京銭は之を模造したのである、但永禄以前にキンセンと訓じたか否かは明かでないし、又渡唐銭中に南京銭といふ銭は見当らぬ、而して是が慶長頃には悪銭と同様の意味に用ひられたといふのである。南京の私鋳銭を南京銭といひ之が特に輸入されたといふ如き史実は肯定しかねるが、此処で京銭といふのは尠くとも日本新鋳料足を指せることは疑ひを容れぬ。打平・京銭共に信長の撰銭條令によつて示されたやうに最下等の銭である。

(4) 『史料集　益田藤兼・元祥とその時代―益田家文書の語る中世の益田（三）―』（益田市教育委員会、一九九九年）四二頁「原屋家文書」。なお、井上寛司氏による詳しい解説がある（四三頁）。
(5) 『大日本古文書　家わけ第二十　東福寺文書』四五四号。
(6) 『東福寺文書』四六四号。
(7) 厳島社の財政上、銭貨収入として重要なものに社領段銭がある。戦国期の段銭は、地域公権力である大名や有力国人領主が賦課徴収していたが、厳島社領のなかには徴収を免除された所領や、年貢のほか段銭の賦課徴収権も含めた形で寄進された所領が数多く存在し、厳島社の重要な財源となっていた。
(8) 「速谷神社所蔵文書」一号（『広島県史　古代中世資料編Ⅲ』所収）。
(9) 「野坂文書」二〇号（『広島県史　古代中世資料編Ⅲ』所収）。
(10) 賦課基準が「清料」額であっても、必ずしも収納銭貨そのものが「清料」であったことを示すものではない。ただ、段銭の賦課基準が、少なくとも天文年間までは「清料」額であった点が重要である。
(11) 「大願寺文書」一四八号（『広島県史　古代中世資料編Ⅲ』所収）。
(12) 「厳島野坂文書」一八八三号（『広島県史　古代中世資料編Ⅱ』所収）。
(13) 「中丸家文書」一八号（『下関市史　資料編Ⅴ』所収）。
(14) 秋山伸隆氏は、穂田元清の桜尾城入城を元亀三年（一五七二）と推定されている（『廿日市町史　通史編（上）』第Ⅳ章第四節「戦国時代の廿日市」四一六～四一八頁、一九八八年）。
(15) 「野坂文書」一四八1号。
(16) 岸田裕之編『戦国大名論集6　中国大名の研究』（吉川弘文館、一九八四年）解説四六八～四七〇頁。

(17)「厳島野坂文書」一七八〇号。
(18)「厳島野坂文書」一七〇九号。
(19)「厳島野坂文書」一〇六九号。
(20)『萩藩閥閲録』巻九六児玉二郎右衛門6・8。
(21)「厳島野坂文書」一五六八号。
(22)「石井文書（石井英三氏所蔵）」二一号（『広島県史　古代中世資料編Ⅳ』所収）。
(23)「譜録　山県弥三左衛門朝次」九号（『広島県史　古代中世資料編Ⅴ』所収）。
(24)「附録　石見吉川家文書」四六号（『大日本古文書　家わけ第九　吉川家文書別集』所収）。
(25)「山口県文書館　豊北町林家文書」三一号（『山口県史　史料編　中世3』所収）。なお、岸田裕之「国人領主の財政と流通支配―戦国時代の雲芸攻防における山間地域領主層の性格―」（『芸備地方史研究』第一五七号、一九八六年）で翻刻・紹介されている。
(26)「大願寺文書」二四七号。
(27)「野坂文書」一七〇号。
(28)天文十九年（一五五〇）十月十六日付け棚守房顕代山里納銭請取状（「野坂文書」二七三号）では、受領した総額五貫文のうち二貫文が「新銭」で、三貫文が「難金」（南京銭）であることを明記している。そもそも、請取状にこうした銭種表記がわざわざ付けられた背景にも、銭種を吟味して選別する慣行の存在が垣間見えるが、同時にこうした事例は低品位ながらも当時世間で通用し、商取引に利用され、しかも領主への収納にも充てられた銭貨があったことを示すものと言える。
(29)「片山家文書」七・八号（『山口県史　史料編　中世2』所収）。
(30)『萩藩閥閲録』巻九五柳沢九左衛門17。
(31)「三原城城壁文書（三原高等学校所蔵）」九号（『広島県史　古代中世資料編Ⅳ』所収）。
(32)「佐草家文書」（『大社町史　史料編　古代・中世』一五七七号）。なお、「佐草家文書」は、文書の概要・目録・翻刻・写真図版を収録する『島根県古代文化センター調査研究報告書24　佐草家文書』として、島根県古代文化センターから刊行された（二〇〇四年）。

(33)「村山書状」(山口県文書館所蔵「毛利家文庫　五七御什書三—5、41の15、贈村山家返章　太」)。

(34)「兼右卿記　五」(東京大学史料編纂所架蔵影写本三〇七三・五一—五)、「兼右卿記」(『大日本史料　第十編之七』元亀二年十二月二十七日条)。

(35)ポルトガル生まれのキリスト教宣教師ジョアン＝ロドリゲス(一五六一～一六三四年)が著した『日本大文典』(慶長九～十三年長崎学林刊、土井忠生訳註により一九五五年に三省堂から刊行)の第三巻の「われわれがCaixasと呼んでゐる銅貨の用法に就いて」のなかには、「特殊な名目には次のやうなものがある」としてBita(鐚)、Coro(ころ)、Chan(ちゃん)、Curojeni(黒銭)、Fabiro(はびろ)、Fatonome(鳩の目)、Figoxen(肥後銭)が挙がっており、「ちゃん」と呼ばれる銭貨の存在が、当時日本に滞在していたヨーロッパ人によって記録されている。また、近世には銭を示す言葉として「ちゃん」「ちゃんころ」があり、無一文の状態を「ちゃんころなし」と呼んでいた(小学館『日本国語大辞典』)。

(36)「備中　吉備津神社文書」(『岡山県古文書集　第二輯』所収)。

(37)山口県文書館所蔵「毛利家文庫　五七御什書三—5」。

(38)「村山書状」(山口県文書館所蔵「毛利家文庫　五七御什書三—5、41の7、贈村山家返章　以」)。

(39)「村山書状」(山口県文書館所蔵「毛利家文庫　五七御什書三—5、41の34、贈村山家返章　幾・由」)。

(40)「当国之南京」の表現に「兼右卿記」における「国ノ銭号南京」との関連性が窺えるが、一方で永禄十二年三月の織田信長の撰銭令(『四天王寺文書』)で「なんきん」が確認されるなど、「南京」「なんきん」は国内の一地域に限定されるものではない。このことは、当時国内で「南京」「なんきん」と呼ばれる銭貨(ある共通した特徴を持つ低品位銭貨に対する一般的名称か)が存在しながらも、実際は、その形状等について地域差があった可能性を示すものとして注目される。

(41)「村山家檀那帳」(『広島県史　古代中世資料編Ⅴ』所収)・「村山書状」(山口県文書館所蔵「毛利家文庫　五七御什書三—9」)。

(42)「厳島野坂文書」一八一二号。

(43)「厳島野坂文書」九六二号。

(44)「厳島野坂文書」一二九八号。

(45)「国造千家所持古書類写」(『大社町史　史料編　古代・中世』二二三六号)。

(46)「北島家文書」(『大社町史　史料編　古代・中世』二四二九号)。
(47)「佐草家文書」天正十七年十月十五日付け出雲国求院村俵辻指出案(『大社町史　史料編　古代・中世』二二六〇号)。
(48)「野坂文書」五二号。
(49)近世初期のものと推測される吉川家中の法度(「附録　石見吉川家文書」五〇号)でも、上質の鍜を一貫文あたり銀七匁としており、南京銭と鍜の価格水準の差は銀価格の面からも明らかである。
(50)「渋谷文書(渋谷謹次氏所蔵)」七号(『広島県史　古代中世資料編Ⅳ』所収)。
(51)「渋谷文書(渋谷辰男氏所蔵)」一二・一四・一五・一八号(『広島県史　古代中世資料編Ⅳ』所収)。なお本文では、一四・一五号の史料を掲載した。
(52)『高根沢町史　史料編Ⅰ　原始古代・中世』(高根沢町、一九九五年発行)所収。
(53)盛本昌広「豊臣期における金銀遣いの浸透過程」(『国立歴史民俗博物館研究報告』第八三集、二〇〇〇年)。
(54)「大和田重清日記」四月廿日・七月三日・同十一日・九月六日・同十七日・同廿五日条。
(55)第一次朝鮮出兵のさい、豊臣政権が肥前名護屋と京・大坂とを結ぶ長距離通信輸送のため創設した次夫・次馬・次飛脚・次船制で、主要な宿駅・港に「清銭」一〇〇貫文を渡し置き、「清銭」額基準での料金運用を命じているのも、当該期の銭貨流通状況をふまえてのものと思われる(第三編第一章参照)。
(56)「村山家檀那帳　天正九年」(山口県文書館所蔵「毛利家文庫　五七御什書三一9、36の1」)。なお、『広島県史　古代中世資料編Ⅴ』に翻刻、収録されている(「村山家檀那帳」一号)。
(57)毛利一憲氏によれば、奈良地方におけるビタの和市は天正十四～十七年(一五八六～八九)ごろに一貫文あたり米七斗～一石程度であった(『日本歴史』第三一〇・三一一号所収「ビタ銭の価値変動に関する研究―『多聞院日記』により天正年間を中心として―(上)(下)」、一九七四年)。また、別の研究でも慶長三～八年(一五九八～一六〇三)ごろの京都を中心とする銭貨価格が銭一貫文あたり銀三・五～六・六匁(京都大学近世物価史研究会編『一五～一七世紀における物価変動の研究』〈京都大学文学部国史研究室内読史会、一九六二年〉)であり、鍜はともかく南京銭とビタとでは和市・銀価格からみても価格水準が大きく異なる。したがって、室町幕府法に見られる「京銭」が、「うちひらめ(打平)」と同様、排除の対象となるような低品位銭貨であった点で南京銭との類似性を認めることができるものの、江戸幕府法に見られる「京銭」(ビタ)

については、少なくとも毛利氏領国において流通・通用していた南京銭と同一の銭貨とは認めがたい。

第三章　銀の海外流出と国内浸透

はじめに

日本の貨幣流通史上における一つの大きな画期は、十六世紀半ばの金銀の通貨としての流通の始まりである。すなわち、それまでほぼ銅銭のみで構成されていた金属貨幣が、新たに金銀を加えたものとなり、しかも銅銭より価格水準の高い通貨の参入により、単に通貨取引だけでなく、流通経済そのものが大きく変貌を遂げることになった。

そもそも、この時期に金銀が通貨として流通し始めた背景には、十六世紀初めに石見銀山が発見・開発され、日本産出銀（「倭銀」）を求めて多くの外国船が日本に来航して国際貿易が広くおこなわれたこと、そして国内に流入した外国産品など高価な商品を取引するための高額貨幣が大量に必要になったことなどが挙げられる。石見銀山での採掘・製錬技術はその後、各地に伝播し、広域支配権を確立した大名権力のもとで領国内の鉱山が次々と開発され、増産された金や銀が大量に市場に流入し、十六世紀後半の貨幣流通経済はそれまでと比べ、大きく様変わりした。そこで、こうした石見銀山の開発に始まる日本国内の金銀の通貨的発展について、東アジアの国際関係の視点をふまえながら論じる必要がある。

また近年、盛本昌広氏は、豊臣期に焦点をあてて東国における金遣いや西国における銀遣いの浸透過程について、さまざまな事例をふまえながら具体的に明らかにされた。(1)そこには、豊臣政権下で広範におこなわれた贈答儀礼が、実は高級絹織物の需要拡大を引き起こし、それが社会における銀流通を活発化させたことなど、興味深い指摘がある。したがって、今後はこうした指摘をふまえ、国内のさまざまな地域について金銀の浸透過程の実態を解明し、浸透度の地域差についても議論を深めるべきであろう。

そこで本章では、高額貨幣である銀の登場とその後の展開について、以下の手順で検討したい。まず、石見銀山の開発を出発点とする国際通貨「倭銀」の登場と朝鮮・明への貿易通貨としての流出、そして金銀の国内流通の進展と諸権力の貿易活動について、東アジアの貿易構造の視点から明らかにする。つづいて、国内における銀の流通・浸透過程を、とくに毛利氏領国を対象に具体的に分析する。すなわち、安芸厳島やその周辺における銀の浸透過程を、石見銀山と厳島の関係をふまえながら明らかにし、銀の浸透によってもたらされたさまざまな社会現象について述べる一方、大名権力と銀の関係を、銀の需要や財源など大名財政の面から、毛利氏の事例をもとに明らかにしたい。

一　銀と貿易

1　国際通貨「倭銀」の登場

石見銀山について記した『銀山旧記』(2)によれば、大永六年(一五二六)に博多商人の神屋寿禎が出雲国に向けて石見沖を航行中、海上から光る山を見て銀鉱脈の存在を知り、出雲鷺浦銅山を経営する三島清右衛門と共同で銀山を開発し、当初は採掘した銀鉱石(鏈)を馬路《まじ》鞆ケ浦から海路博多に回漕して製錬していたが、天文二年(一五三三)に寿禎が博多から宗丹・桂寿(慶寿)という二人の技術者を連れて来たことにより、現地での製錬が可能になり、以後銀の増産が進んだとされる。

こうした内容を史料的に裏付けることは難しいが、実態と大きくかけ離れるものでもなかったと思われる。なかでも注目されるのが、銀山開発の背景にある博多商人と出雲地方との結びつきである。『銀山旧記』によれば、神屋寿禎は銅の買い付けのために出雲鷺浦の三島清右衛門のもとを訪ねたのだが、この鷺浦付近には鉄の積み出し港として有名な宇龍《うりゅう》がある。当時、明・朝鮮や琉球と貿易をおこなっていた博多商人にとって、銅や鉄は確保しなければならない貴重な商品であり、その意味で出雲地方はその供給源として重要であった。したがって、対外貿易を進める博多商人と、輸出商品を産出する出雲地方は早くから結びついていたのであり、日本海沿岸における博多商人の広域的な経済活動が石見銀山の発見・開発につながったものと思われる。

さて、石見銀山で銀の生産が始まってまもなく、朝鮮に「倭銀」の大量流入が始まったことはよく知られている。(3)『朝鮮王朝実録』によると、一五三八年に「小二殿使者」が銀三七五斤を持ち込んだことを皮切りに、以後しばしば「倭人」によって銀が朝鮮に持ち込まれ、朝鮮政府がその対応に苦慮している。すなわち、銀の対価として政府から支給される木綿布は当時朝鮮国内で通貨として使われており、公貿易で対応すれば国庫綿布の大量流出につながり、それは国家財政に深刻な打撃を与える恐れがあった。とはいえ、いったん私貿易を許せば、朝鮮の国内市場に銀が大量流入し、国内での銀採掘や流通を極力抑えることで朝鮮に銀は産しないという名目のもと明国への貢銀制度復活を回避してきた長年の努力が水泡に帰すため、政府としてはあくまで公貿易で対処しようとした。しかし、政府もすでに認識していたことではあるが、朝鮮国内の官僚・商人と「倭人」の癒着が、銀の製錬技術である「灰吹法」の日本への伝播を生み、さらに「倭銀」の朝鮮国内への流入や明国への搬送を加速化させていたのであり、法令の罰則強化では、もはや対処できないほどに事態は深刻化していた。

そして一五四二年には、「日本国王使」を名乗る「安心」なる僧が朝鮮王朝に八万両もの銀を持ち込む。(4)彼は対馬府中西山寺の僧であるが、単なる対馬島主宗氏の使節ではなかった。当該期の「日本国王使」は対馬で仕立てられた偽日本国王使で、その使僧の多くが博多聖福寺周辺の禅僧であったことが指摘されているが、(5)偽日本国王使として四度にわたり朝鮮に渡海した「安心」も実は聖福寺に住した僧、とくに「幻住派」僧の一人であった。この点についても、博多聖福寺をめぐる「幻住派」僧や有力商人が、大内氏が明や朝鮮、あるいは琉球と対外交渉を展開する上で重要な人的基盤となり、対馬宗氏もこれら「幻住派」ネットワークを対朝鮮通交の基盤としていたことが明らかにされている。(6)すなわち、大内氏が天文八年(一五三九)に派遣した遣明使節の正使は聖福寺「幻住派」僧の湖心碩鼎であり、「安心」は彼の後を継ぐ聖福寺「幻住派」僧であった。また、この遣明船派遣には博多商人が深く関与しているが、とりわけ神屋一族の名が一号船船頭神屋主計運安をはじめとして数多く見受けられる。しかも、神屋氏は代々「幻住派」僧との関係も深く、この遣明船に参加した一雲(三正)宗統が実は聖福寺龍華庵主・三正統公上司であり、しかもその「老親」が石見銀山を開発したとされる神屋寿禎その人であった。(7)

したがって、「安心」が朝鮮に持ち込んだ大量の銀も、その多くは石見銀山の産出銀と考えられ、しかもその遣使の目的は、対馬宗氏が聖福寺「幻住派」僧を使節代表に仕立て、多数の博多商人も参加した対朝鮮貿易であり、その背後には大内氏(義隆)の存在が考えられる。また、博多商人による石見銀山開発の背後にも、銀山のある石見国邇摩郡を支配下に置き、しかも明や朝鮮との貿易を積極的に推進していた大内氏の存在があったと見ることができよう。ともかく、こうした銀を通貨とする対朝鮮貿易によって、朝鮮からは大量の木綿布が日本にもたらされ、戦国期の日本社会に多大な影響を及ぼすことになった。(8)

また、この「倭銀」の流れは、ほどなく明国との間にも生まれ、東シナ海を横断する直航ルートを成立させる。朝鮮の国内市場に「倭銀」が充満した一五四〇年代初めから銀の明国への流入はすでに始まりつつあったが、その後五〇年代にかけて浙江・福建・広東を出身地とする中国海商が「倭銀」を目当てに日本各地に押し寄せる。当時、朝鮮政府によって「荒唐船」と呼ばれたものの多くは、日本をめざしながら朝鮮に漂着した中国南部沿岸を出港地とするジャンク船であり、乗組員も当初中国人が多数を占めたが、しだいに中国海商に刺激されて行動を共にする「倭人」も含まれるようになり、国家を越えた海上勢力の連合化が進む。(9) これはいわゆる後期倭寇（嘉靖大倭寇）による通商活動の一端であり、その後も東シナ海から南シナ海にかけての広い海域を舞台に、ポルトガル商人も参加した大規模な通商活動が展開する。それに対し、かつて中継貿易で繁栄を誇っていた琉球王国は、これら勢力の活動に押されるように交易の規模をしだいに縮小させていく。

さて、こうした東アジアにおける通商事情の推移のなかで、銀は国際通貨として貿易決済に多大な威力を発揮したのであり、日本は国内銀山の開発、銀鉱石の採掘および銀の製錬によって、中国銭貨に代わる新たな、そして最高の貿易通貨をみずから手にすることになった。日朝貿易については先述したが、日明貿易においても日本は銀によって生糸・絹織物・陶磁器をはじめとする数多くの中国産品（唐物）を獲得したのであり、大内氏が独占した天文年間の第十八・十九次の遣明船貿易のさい、数々の品物を銀で購入している様子が、副使および正使として二度にわたり渡明した天竜寺妙智院の策彦周良の記録からわかる。(10)

また、遣明船貿易以外の通商においても、日本銀が貿易通貨として利用されていたことが種々の海外史料によって確かめられる。ポルトガルの冒険商人メンデス＝ピントの『東洋遍歴記』によると、一五四二年ごろリャンポーに向かう南シナ海の海域で自分たちを中国密貿易商と思って攻撃してきたイスラム教徒の海賊を倒したさい、彼らが乗り込んでいたジャンク船の積み荷を調べたところそれが銀であり、しかもその大部分が平戸から明国漳州に向かう三隻のジャンク船から奪った日本銀であったことが見え、[11]平戸・漳州間の銀による通商の事実と日本銀をめぐるポルトガル商人・イスラム教徒の海賊（商人）・中国密貿易商らの争奪の様子が窺われる。また、一五四八年に密貿易の拠点である浙江省双嶼が明軍の攻撃によって陥落したさい、ポルトガル商船で捕えられた黒人の証言によれば、彼らがポルトガル人や漳州・寧波の人らと共に船に乗り、胡椒と銀でもって米・布・紬・緞子と交換する貿易をしながら日本と漳州・寧波を往来し、寧波人のなかにはポルトガル人や日本人から銀を騙し取るものもいたという。[12]このことから、浙江省寧波や福建省漳州出身の中国人やポルトガル人らが日明間を行き来し、南海産の胡椒や日本銀と種々の中国産品を取引していた様子もわかる。また、一五六二年編纂の『籌海図編』でも、「漳潮乃浜海之地、広福人以四方客貨、預蔵於民家、倭至售之、倭人但有銀置買」とあり、広東・福建の人が海に面した漳州・潮州の民家に各地の産物を隠し、倭人が来たらそれを売り、倭人はただ銀のみを持って中国産品を買い付けたとある。[13]このように、遣明船に伴う通商以外の密貿易においても、日本銀は重要な貿易通貨として広く利用されていた。

したがって、銀を求めて日本に来航する後期倭寇勢力と、従来から対外貿易に積極的であった大内氏（義隆）が接触するようになったのは当然の結果であり、明軍の攻撃により本拠地である双嶼を追われながらも、五島列島の福江や平戸を新たな拠点として密貿易を展開し、西日本の大名・領主らとも盛んに交流した倭寇の首領王直と、大内義隆の出会いもこうした背景のもとに生まれたものと思われる。策彦周良に対して大内義隆から贈られた中峯明本の墨蹟が、副書に「大明人五峰先生帯之来、献大内義隆公、公悉予曾寓愛而賜焉」とあるように、実は義隆が王直より入手したものであったことはよく知られている。[14]

このように、石見銀山で銀の生産が始まって以降、「倭銀」は新たな国際通貨として東アジア海域における通商の場で広く取り交わされることになった。しかし、銀の通貨としての流通は、日本国内では依然未発達であり、通貨として広範に流通する前に貿易通貨として爆発的な海外流出が見られた。すなわち、銀の通貨としての使用には、国内外で時間差が存在したのである。

2　金銀貨の国内流通の進展と対外貿易

石見銀山における銀の製錬技術は各地に伝播し、但馬国の生野銀山をはじめ日本国内の銀山の開発、そして銀の採掘・生産が進む。また同時期、国内の金山も開発され、金の採掘・生産も進む。その結果、増産されることになった金銀が日本国内で新たに通貨として流通し始めるが、その背景には国内に大量流入した貿易品の商取引のため、高額貨幣の需要が急速に高まっていたことがあると考えられる。

従来日本では、金や銀は主に贈答・賞詞に用いられる品であったが、[15]十六世紀半ばに至りようやく商取引の交換媒体としての役割を果たすようになった。それはまず、日本国内でも海外に開かれた港湾都市で貿易に携わる有力商人の貿易通貨として、あるいは貿易品の購買力が高い京都およびその周辺市場で高額商品の取引用通貨として利用されたのであり、その後しだいに大名城下町や地域市場に広がったものと思われる。そして、こうした国内各地への流通・浸透には、貿易や遠隔地交易に携わる有力商人、多くの場合、彼らは幕府・大名・国人など諸権力と密接な関係を持ちつつ広域商業活動に従事する特権商人であったが、その人的結合が重要な役割を果たしたと考えられる。

さて、銀が貿易通貨として利用され、かつ日本国内において高額貨幣として機能し始めたことはすでに述べたが、金については若干補足する必要がある。田中浩司氏の近年の研究成果によれば、十六世紀前半の京都の寺院ではすでに金が価値を持つものとして蓄蔵され、そこには東国から金の流入があったとする。[16]それは、銀が高額貨幣として国内流通を始める以前から、すでに金が高額貨幣として社会に認知されていたことを示すもので、金銀の高額貨幣としての国内流通にも時間差があったことがわかり、興味深い。

ともかく金も、十六世紀半ばには、銀と同様に日本国内で高額貨幣として流通し始めるが、銀とは明らかに様相を異にしていた。すなわち金は、当該期東アジア各地で通貨としての使用が認められるものの、国際通貨と呼べるものはやはり銀であり、諸外国の貿易船は銀を求めて日本をめざし、日本も銀によって外国産品を大量に輸入できた。しかし金の場合は、輸出品ではなくむしろ輸入品として日本に流入した。ロンドン商人ラルフ＝フィッチの航海記における一五八八年二月の記述では、ポルトガル人がマカオから日本に至るさいには多量の白絹・金・麝香・陶磁器をもたらし、日本からは銀のほかに何も搬出せず、彼らは日本銀とインド銀を有利に運用して明国から金・麝香・絹・陶磁器およびその他高価な金装飾品を搬出していたことがわかる[17]。すなわち、日本は銀の輸出により金をも輸入していたのであり、この輸入金と国内産金とが、銀とともに日本国内における高額貨幣として流通していたと言える。そして、銀の流通が銀山が比較的多く分布し、しかも貿易頻度の高い西日本を中心とするものであったのに対し、金の流通は金山が比較的多く分布する東日本を中心とするもので、ともに舶来品を中心とする高価格商品取引用の高額貨幣として利用された。

こうして、かつては主に贈答・賞詞など儀礼の場で使われていた金銀が、十六世紀半ば以降、しだいに動産・不動産の取引用通貨として国内各地で利用され始め、さらに京都をはじめとする都市では、地子などの形で徴収される事例が生まれてきた[18]。それは、金銀の日本国内における通貨としての普及を物語るものであり、高額商品の取引用通貨として国内外を問わず使用され、やがて社会に定着することになった。その場合、取り交わされた高額商品はやはり外国産品が中心であり、主なものとしては生糸・絹織物・陶磁器などいわば奢侈品のほか、このころ日本社会に新兵器として登場した鉄炮の火薬原料となる硝石などがあった。また、これら兵器関係の品のみならず、戦争遂行に欠かせない兵粮をはじめとする軍需品が金銀によって調達されたのであり、むしろそれこそが金銀の国内流通を加速化させたものと思われる。毛利氏においても、銀による兵粮調達や銀送付による軍事支援など数多くの事例が検出できるが、これについては後で述べたい。そして、この高額貨幣としての国内流通の進展により、金銀は広域に展開する商取引にきわめて有効な支払手段となったのであり、その結果、かつては精銭が担っていた遠隔地交易用通貨としての機能も、新たに金銀が果たすことになった。

また、当時の日本社会では種々雑多な銭貨が混在して流通し、精銭のほかに低品位銭貨が広く通用していたことはすでに述べたとおりである。とくに一般社会では、精銭とは評価されない低価値の銭貨が年貢収納や商取引用の通貨として使用されており、その広範な需要により、日本は海外から低品位銭貨をも輸入していた。十六世紀半ばごろの日本の主要輸入品を示すと理解される『日本図纂』の「倭好」の箇所では「古文銭」の項目が見え、そこには「倭不自鋳銭、但用中国古銭而已、毎一千文価銀四両、若福建私新銭枚千価銀一両二銭、惟不要永楽・開元二種」とあり、日本では銭貨を鋳造せずにもっぱら「中国古銭」を用いるとして、その銀価格を明示し、本来は一〇〇〇文＝銀四両だが、それがもし「福建私新銭」ならば一両二銭とある。[19] これはすなわち、当時は「中国古銭」の精銭だけでなく「福建私新銭」などの低品位銭貨も、銀によって輸入されていた状況を示すものである。[20]

では次に、当該期における諸権力の対外貿易について見たい。

大名や国人、そして「海賊」らは、各々その領主的発展をめざし、個別に、あるいは互いに関係しながら対外貿易に積極的に乗り出し、奢侈品や軍需品の獲得によってみずからの経済基盤や権力基盤の確保・強化に努めた。そして、その貿易通貨としてやはり銀が使用され、先述した『日本図纂』の「倭好」でも、「絲」「絲錦」「紅線《べにひも》」「水銀」「針」「鉄鍋」「古文銭」「薬材」など数多くの品目に銀価格が見えており、まさに銀を支払手段とする対外貿易の様子が窺われる。

それでは、戦国大名毛利氏の対外貿易について具体的に見たい。

毛利氏は永禄五年（一五六二）七月、周防国山口乗福寺の塔頭正寿院の僧を朝鮮王朝に使節として派遣する計画を立て、対馬島主宗氏にその斡旋を依頼している。(21)

永禄六年従山口正寿院御使之時

去七月十六日御札今年二月下旬到来則申聞候、殊御太刀一腰為馬銭白銀四両御懇情之段祝着被申候、随而至朝鮮国御用之儀被仰渡候、必可仰貴意之由候、雖然当時於彼国被申渡子細候之条、依到来之時儀従是可申上候之通、委曲正寿院へ被申談候、尤可被用直書候之処、難去之躰候之条先以呈愚書候、折節任現来箸鷹大一本進献被申候、何様為御礼可被申上之由候、猶期其節存候、恐々謹言、

三月廿日　盛円

毛利右馬頭殿　依御忌中従役所此分に候

毛利備中守殿

すなわち、毛利氏から宗氏宛ての書状は七月十六日付けのものが翌永禄六年（一五六三）二月下旬に届いたようで、それに対する守護代佐須盛円の三月廿日付け返書が右の史料(22)である。それによれば、毛利側から「至朝鮮国御用之儀」について申し出があったことがわかり、毛利氏が正寿院の朝鮮王朝への使節派遣をめざし、強い影響力を持つ対馬宗氏との関係を構築するため、元就・隆元の連名で書簡を送っていたことが確認できる。

そして、毛利氏がこうした行動に出た背景には、石見銀山を尼子方から奪取して支配下に置いたことにあると思われる。毛利隆元の花押がある同年七月廿七日付けの自筆覚書には「一此内第四之印割符、義隆在判形之、象牙、右為

高麗江之儀、正寿院坊主に渡候也」とあり、[23]大内義隆から継承した第四牙符を利用して朝鮮への遣使を計画していたことがわかるほか、最後に記された「於石州都賀陣所ニ」という文言から、この覚書の作成場所を知ることができる。すなわち、同年六月ごろには本城常光の降服により、銀山も含めて石見国内の平定がほぼ完了しており、隆元はそれをふまえて石見国都賀《つが》の陣所で朝鮮遣使の計画を進めたものと思われる。そして、大内氏から外交権の継承を自任する毛利氏が、それを具体的に実行に移す契機となったのが、貿易通貨である銀を産出する石見銀山と、その積み出し港である温泉津《ゆのつ》を掌握したことにあると推測される。

なお、先の佐須盛円書状によれば、毛利氏側から宗氏に対して「御太刀一腰為馬銭白銀四両」が贈られていたことがわかる。馬の贈呈を通貨で代替させる馬代は当時一般的なものであるが、それに銀を用いるのは毛利氏としてきわめて早い事例である。そこには、石見銀山の掌握により、対外貿易を本格的に開始する環境が整った毛利氏側の状況が認められる。

また、永禄七年（一五六四）八月には毛利氏が温科吉左衛門尉（慰重）に対し、持船三艘のうち一艘について、石見・長門両国の日本海沿岸の毛利氏直轄関と思われる五関（赤間関・肥中・通・須佐・温泉津）における勘過を認めているが、[24]これも石見銀山で産出した銀の温泉津から赤間関への回漕が大きく関係すると推測される。当時、赤間関は毛利氏領国のなかで最大の貿易港であり、石見銀山および温泉津の掌握は、貿易通貨である銀と、温泉津から赤間関に延びる日本海ルートの確保をも意味し、毛利氏の対外貿易への取り組みをより積極的ならしめたものと思われる。[25]

さて、時期は若干下るが、毛利輝元が赤間関代官に任命した高須元兼を通じて中国産品を入手していたことはよく知られている。すなわち、高須（高洲）家に残された船旗に書かれた文言によれば、万暦十二年（天正十二、一五八四）十月に明国福建省泉州府晋江県の商人が翌年六月に赤間関に再び来航し、高須家の家紋が描かれたその船旗を確認して交易することを高須（本姓は杉原）氏に約束している。(26) しかも、その船旗文言に対応する形で高須氏が明国商人に書き与えたものと推測される文書写(27)が残されている。

大日本国長州路於赤間関、大明国泉州府有商船、弐隻来年六月有着岸者、商売等、天平等、秤依天道不可有二家相違者也、白銀堅固無暗裏可定之、明年直対主君者、猶可名裏約一旗捧之、来朝向船之時、此旗迎来者、其時可取纜、弥売買旧約、遂其志者哉、

維天正十二年小春日　　杉原宗左衛門尉平元兼

船　主　蔡福
立字人　季（ママ）進
同知証人王禄

すなわち、この史料によれば、明国泉州から翌年六月に来航・着岸予定の二隻の商船との「商売」（貿易）では、「天平（天秤）」を利用した正確な計量のもとでの「白銀」（銀）による売買を確約している。また、高須元兼に宛てられた種々の毛利輝元書状によれば、生糸・絹織物、あるいは硝石を調達するよう輝元から直接指示が出ている。(28) このように、当時の赤間関は毛利氏にとって奢侈品や軍需品を直接輸入できる重要な貿易港であり、銀が貿易通貨として使用されたことからも、石見銀山と温泉津、そして温泉津と赤間関を結ぶ輸送ルートが重要な役割を担っていたことがわかる。

ところで毛利氏は、厳島合戦後の防長侵攻、具体的には弘治三年（一五五七）の周防須々万《すすま》沼城攻めで早くも鉄炮を使用し、永禄年間の出雲尼子氏や豊後大友氏との攻防戦では鉄炮を戦略的に利用しており、(29) そのため輸入に頼らざ

るをえない「塩硝（塩焇）」（硝石）の確保には随分と神経を使っていたと思われる。永禄十年（一五六七）九月に大友宗麟が明国マカオ滞在中の司教ドン＝カルネイロに贈った書簡によれば、毛利氏への硝石輸出を一切禁止し、カピタン・モールをして毎年良質の硝石二〇〇斤を（大友側に）輸送させるならば、一〇〇タイス（銀一貫目）もしくは相手の望む額の支払いを約束している(30)が、これはポルトガル（明国とも言える）側から毛利氏に硝石が渡っていたことや、大友氏も銀で硝石を求めようとしていたことを示すものである。このように当該期は、奢侈品にせよ軍需品にせよ、諸権力の求める外国産品は銀により入手が可能であった。

また、本編第一章で述べたように、戦国大名毛利氏の場合、いわゆる撰銭令をはじめ、銭貨流通や銭納方法についての基本政策を明文化したような通貨法令の存在は確認できない。とくに精銭獲得については、大内義興のころに見られたような積極的な姿勢も窺われない。そしてその背景には、国際通貨としての石見銀の登場と、金銀の高額貨幣としての国内流通・浸透という社会状況の変化があったものと思われる。後述するが、毛利氏の場合、永禄年間以降、銀による兵粮調達の事例が数多く見受けられる。つまり十六世紀半ばには、金や銀が高額貨幣として社会に流通・浸透し、金銀によって、米はもとより軍需品その他も自由に動かすことのできる経済構造が社会的に成立したのであり、権力としても金銀を掌握することで必要物資が入手できる環境が整ったと言える。

このように、十六世紀半ば以降、中国商人やポルトガル商人が「倭銀」を目当てにこぞって日本をめざし、日本の大名・国人・商人や「海賊」らもまた、環シナ海を舞台に諸民族が入り乱れて繰り広げる通商の場に、銀を持って積極的に参入した。瀬戸内海の「海賊」能島村上氏の活動領域は、残された過書旗や古文書から少なくとも紀州雑賀から筑前今津・肥前松浦地方にまで及んでいたと思われる(31)が、海外勢力との通商関係も当然存在していたと推測される。

また、赤間関で佐甲《さこう》氏と並ぶ有力商人であったと思われる伊藤氏も、永禄～天正年間、対馬島主宗義調（一鷗）との間で盛んに交流していた様子が窺われ、その経済活動は対馬を介して朝鮮半島など遠く海外に及んでいた可能性がある。[32]

以上見てきたように、鉱山開発や輸入により国内で大量に流通することになった金銀は、従来精銭が担っていた貿易用通貨や遠隔地取引用通貨としての機能を吸収し、外国産品をはじめとする高価格商品の取引に用いられる高額貨幣として広く利用され、さまざまな種類と価格差を伴いながら小額貨幣として一般社会の経済活動を支える銭貨とともに、価格レベルに対応した重層的な通貨体系を形成した。そして、国内諸勢力は貿易通貨である銀を元手に、海外勢力との通商に積極的に参加したのである。

二　銀の国内流通と社会浸透

本節では、安芸厳島やその周辺における銀の浸透過程について、石見銀山と厳島の関係をふまえながら具体的に明らかにするとともに、銀の浸透によってもたらされたさまざまな社会現象について述べることにしたい。

1　石見銀山と厳島

十六世紀前半における石見銀山の開発と銀の生産は多くの外国船の日本来航を促し、その結果生じた日本銀の海外流出は、当該期の東アジアにおける国際貿易に大きな構造的変化をもたらしたが、十六世紀後半になると、銀は単に貿易決済用途として流出するだけでなく、国内でも通貨として流通するようになった。永禄五年（一五六二）、毛利元就は石見銀山をめぐる争奪戦に最終的に勝利し、それ以降、石見銀山および銀の積出港である温泉津は毛利氏の直轄領となり、石見銀山の産出銀は毛利氏権力にとって財政上きわめて重要な財源となった。毛利氏は、軍事・貿易をはじめ多方面で銀を活用するが、石見銀がその主要部分を占めていたことは間違いない。

さて、元亀二年（一五七一）、毛利氏によって安芸厳島社の遷宮がおこなわれる。これは、永禄十二年（一五六九）正月に備後の国衆和智誠春兄弟が厳島社頭で殺害された事件を受けて、毛利元就がその穢れを祓う目的でおこなったとされる社殿再建に伴うもので、元就自身は志半ばで他界したものの、孫の輝元がその遺志を継ぎ、京都から唯一神道の吉田兼右を迎えて遷宮式を挙行した。そして、実はこれが石見銀山と厳島社を強く結びつける契機となった。

それは、本来、軍事目的以外の利用は禁じていた石見銀山の銀[33]を、毛利氏自身が遷宮の用途に充てたことによる。すなわち、遷宮奉行の桂元重が、有力社家の棚守（房顕）家と厳島社の造営修理を担当する大願寺（円海）に宛てた書状のなかで「此度入目之事、於銀山被仰付候間、急度可相調候、於其儀者可御心安候」と述べているほか、実際、彼が当時銀山奉行であった平佐就之と連名で厳島社側に宛てた遷宮入目算用状では、必要な銭二五八八貫五〇〇文に相当する銀七貫七六五匁五分（板にして一八一枚二五匁六分）を算定し提示している。[34]

また、後年の天正十五年（一五八七）に挙行された千部経読誦の法会でも、入目付立の作成者が当時の石見銀山奉行の林就長であることから、このときの法会用途も石見銀山の銀が充てられていたことが判明する。[35]すなわち、元亀年間の遷宮以降も、厳島社における毛利氏主催の重要法会に石見銀が活用されていたのであり、石見銀山と安芸厳島社の密接な結びつきを窺うことができる。

このように、毛利氏によって石見銀山と安芸厳島社は強く結びつくことになったが、それを背景に銀山関係者の厳島信仰も深まった模様で、それが厳島社への寄進という形をとって現れた。すなわち、江戸中期のものである厳島廻廊棟札写[36]は、多くの社殿をつなぐ通称百八間廻廊の「一間檀那」（一間分の寄進者）に関する記録であるが、確認できる棟札一一四枚のうち安芸国関係六四枚に次いで多いのが石見国関係二七枚であり（表1）、しかもその多くが石見銀山「住人」（実体は銀山経営者や銀山町の有力商人）であったことが注目される（表2）。また、寄進の時期としては永禄十一年（一五六八）から慶長十二年（一六〇七）に及ぶが、元亀二年の厳島社遷宮後の天正年間にとくに集中していることがわかる。そして、厳島社では銀の奉納事例が確認できるが、そのなかには「銀山之銀子之初尾」「銀□(山カ)御初尾銀」と、明らかに石見銀の初穂寄進と推測されるものがある。(37) したがって、こうした状況をふまえると、棟札写に見られる石見銀山関係者の厳島社への寄進(38)も多くの場合、銀の奉納を伴っていた可能性が高い。すなわち、石見銀山と安芸厳島社の結びつきは、銀山経営者の厳島信仰を深め、ひいてはそれが石見銀の厳島流入をもたらしたと思われる。

　また、厳島社への銀の流入は、年貢収納によっても促進された。天正四年（一五七六）二月十五日付けで棚守左近衛将監・児玉肥前守・大願寺に宛てた毛利氏奉行人の児玉元良書状は、出雲国衆の秋上幸益によって調達された出雲国島根郡の「朝吸(汲)土貢」が「銀子六百目」として届けられたので、厳島社側の「御使衆」に対して渡すが、とくにその五分の一を児玉肥前守に渡すよう年貢配分について指示したものである。(39) また、天正年間と推定される三月廿日付け棚守宛山県春棟書状(40)は、仁保元棟が同郡の「持田」年貢一〇俵を厳島社に寄進するさいに銀納することを伝えたものであるが、そこでは「此表任物(相場)庭壱俵を

表1　「厳島廻廊棟札写」に見える国別棟札数

国　名	棟札数	記　載　地　名
安　芸	64	吉田16，忠海6，竹原6，沼田6，厳島4，瀬戸4，廿日市3，西条3ほか
石　見	27	(表2参照)
周　防	5	野上，遠石，日積，岩国ほか
備　後	4	尾道
長　門	3	赤間関，生雲，厚東(郡司)
筑　前	3	博多
伊　予	2	道後，兼子
出　雲	1	赤穴
備　中	1	中島
豊　前	1	京都郡長野
その他	3	釜山浦ほか
合　計	114	

表２「厳島廻廊棟札写」に見える石見国関係棟札一覧（編年順27件）

和暦（西暦）月日	寄進者名
永禄11年(1568)9月吉日	石州銀山住田辺村(対ヵ)馬守治綱
元亀3年(1572)3月吉日	石州佐波之内信貴村福田備前守女
天正2年(1574)9月吉日	石州銀山大谷住栗栖内蔵助
4年(1576)9月吉日	石州中郡河上市本田讃岐守正吉
6年(1578)12月吉日	石州銀山休柱湯原余左衛門尉
7年(1579)9月吉日	石州銀山住奥源左衛門尉
10年(1582)2月吉日	石州銀山住人三宅三郎左衛門
14年(1586)9月吉日	石州銀山之住人諏訪三郎左衛門尉秋吉
15年(1587)9月吉日	石州銀山之住連嶋大江三宅与左衛門尉
15年(1587)9月吉日	石州銀山之住連嶋西浦之内有本孫兵衛尉
15年(1587)9月吉日	石州銀山小荷山之住青木大蔵丞宗久
16年(1588)菊月吉日	石州邇摩郡銀山昆布山住三宅弥三郎藤原朝臣久吉
16年(1588)菊月吉日	石州銀山昆布山青木大蔵丞宗久
16年(1588)9月吉日	石州邇摩郡左間銀山内服部小七郎
17年(1589)9月吉日	石州住施主佐藤丹後守
17年(1589)9月吉祥日	石州銀山之住三宅与右衛門巳歳
17年(1589)9月吉祥日	石州銀山住栗栖与三左衛門尉
17年(1589)9月吉祥日	石州銀山之住青木大蔵丞庚子歳
17年(1589)9月吉日	石州銀山住諏方兵蔵辰歳
18年(1590)9月吉日	石州銀山之住諏方左近尉
18年(1590)9月吉日	石州銀山之住青木河内守宗久
19年(1591)林鐘吉日	石州銀山住三宅壱岐守藤原朝臣久重
19年(1591)9月吉祥日	石州銀山住小林源左衛門尉之久
19年(1591)9月吉祥日	石州銀山住諏方左近丞秋吉
19年(1591)9月吉祥日	石州銀山住小林丹後守吉久
20年(1592)9月吉祥日	石州銀山住青木河内守子歳宗久
慶長12年(1607)3月吉日	石州銀山下河原之内村上次右衛門尉

五文め宛之算用、五十目進上申候」とあり、これは年貢米を現地相場（一俵＝銀五匁）で銀に替えた上で送り届けることを示している。このことから、当時すでに出雲国内でも米の銀相場が成立するほど銀が広く流通していたことがわかるほか、島根郡朝酌・持田など、安芸国から遠く離れた遠隔地社領の年貢は天正年間、現地で銀に替えられて厳島社に輸送されていたことが確認できる。

以上見てきたように、毛利氏の直接支配下に入った石見銀山は、産出銀が元亀二年の厳島社遷宮の用途に充てられたことを契機に、安芸厳島社と密接な関係を持つことになり[41]、多くの銀山「住人」による社殿廻廊寄進もおこなわれ、天正年間にはこれら寄進や出雲国内の社領年貢の銀納により大量の銀が安芸厳島社に流入し、厳島を起点とする銀流通を活発化させる要因になったものと思われる。

2　銀の社会浸透

元亀二年の厳島社遷宮が、石見銀の厳島流入の契機になったことは述べたが、それは同時に厳島周辺における銀の流通・浸透を加速させることになったと推測される。

すなわち、遷宮用途に石見銀が充てられた結果、遷宮に必要な資材や飯米の調達のために、大量の銀が市場に投下され、銀の社会浸透を促す結果になったからである。また、遷宮に際して各方面からさまざまな助成がおこなわれているが、安芸国衆のなかには宍戸隆家の「銀子百文目」のように、米や銭ではなく銀を提供する者もいた(42)。その場合、これらの銀も遷宮費用の一部としてやはり市場投下されたはずであり、厳島社遷宮は銀の社会浸透を加速させることになったと思われる。

その結果、厳島周辺ではこの時期、銀流通を背景とした社会現象が確認されるようになる。たとえば、下人譲渡のさいの礼物に変化が見られる。すなわち、永禄九年（一五六六）八月廿六日付けで棚守殿御局に宛てた藍原兼保の譜代下女避状では、「母にて候者召仕候普代之下女才千代」の譲渡に際して「為御礼儀五百疋致拝領候」と、銭五〇〇疋（＝五貫文）を受領しているのに対し、元亀三年（一五七二）二月廿三日付けで渡辺勘助に宛てた能美春信書状では、「弥三郎」の「永代之御下人」としての譲渡に際して「為御礼儀銀子五拾文目被懸御意候」とあるように、銀五〇匁を受領している(43)。これは厳島社遷宮で活発化した銀流通によって生じた社会現象の一つと言えよう。

さて、天正十五年（一五八七）には厳島社で千部経読誦の法会が挙行される。そのさいの入目付立が当時の石見銀山奉行林就長により作成されているため、法会用途に石見銀が充てられていたと思われることは先述したが、ここではその用途に注目したい。入目付立では、法会に参加する「御経衆」一一〇人・「経奉行預り」四人・「管絃衆」九人・「宮仕衆」一〇人に支給する米・銭のほか、日々の「てん進(点心)」に必要な銭を書き上げ、その米銭合計額に対し、米は俵別三匁五分、銭は貫別三匁という価格で銀一貫九〇〇目（板にして四四枚七匁）を算出している。[44]仮に、入目付立に従って支出されたのであれば、提供された銀が米や銭に替えられて報酬として支給されたり、点心の調理に必要な食材や燃料の調達に使われたことになり、それは銀の社会浸透を促すものであった。

　ところで、厳島に流入した銀は、その後どのように使われたのであろうか。安芸厳島は流通経済上の拠点であり、外国産品をはじめとするさまざまな高額商品が活発に取引されたと思われるが、残念なことに銀での商品購入を直接示す史料はあまり検出できない。そのなかで文禄四年（一五九五）に大願寺内の保福寺が薬代として銀三匁を支払っているのは数少ない事例の一つである。[45]また、毛利氏時代には、有力社家である棚守家が進物として「越後布」（越後縮《ちぢみ》）・「唐墨」・「塩硝」などを贈り物としたことが確認されるが、[46]これらの品々が銀で購入されていた可能性は高い。そして、とりわけ注目されるのが慶長年間の高級絹織物の購入である。

　棚守家の被官として年貢収納をはじめ、さまざまな実務を担当していた寅菊松斎は能役者でもあったが、彼が慶長三年（一五九八）に呉服商と思われる「ぬりや良空」から「小袖」などの絹織物を大量に金銀で購入している。[47]それは、松斎の注文に対して良空が大量の品物を届け、必要な品を選ばせ不要の品を返却させる形で取引がおこなわれ、その代金が金銀で支払われている。すなわち、同年十二月廿五日付けの召物入目注文によれば、[48]総額は銀七〇二匁四分に及び、そのうち四四〇匁が金一枚（銀三四〇匁）と銀一〇〇匁で支払われ、残り二六二匁四分が未進となっている。そしてこれらの注文品は、厳島社で催される舞楽や能で使用される装束や、「殿様之御小袖」と見えるように、[49]毛利輝元への進物として購入されたものと思われる。

こうして、厳島社内外における銀取引の活発化により銀の社会浸透が進んだ結果、慶長年間にはそれを背景とする新たな状況（銭から銀への転換現象）が確認され始める。

まず、厳島社への奉納銭である。従来、厳島社に奉納される神楽料は、両社で二貫四〇〇文という額が大内氏時代からしばしば見られたが[50]、慶長年間に入ると銀での奉納に変化する。すなわち、慶長四年（一五九九）閏三月十七日付けで棚守に宛てた佐世元嘉の厳島社奉納腰物注文[51]のなかには、「銀子六匁御神楽銭二貫四百文分」という文言があり、銭二貫四〇〇文に相当する銀額での奉納事実が認められる。

また同じころには、厳島社における各種祭祀が銀によって執り行われるようになった。すなわち、慶長三年（一五九八）八月に七日間にわたって挙行された豊臣秀吉の病気平癒の祈禱では、御神楽・御舞楽・御湯立・御供《ごくう》の祭祀料がそれぞれ「壱ッ」あたり銀七五匁・三六〇匁・一〇八匁・一〇八匁とされている[52]。しかも、翌年と推定される十二月十九日には、「御舞楽四ッ分御入目」として銀一貫四四〇匁がやはり毛利氏から厳島社に勘渡されているが、これは秀吉の病気平癒祈念のさいの御舞楽料「壱ッ」三六〇匁と同じ基準である[53]。さらに、福島正則時代となった慶長十一年（一六〇六）正月五日付け厳島社作法請取銀子覚[54]においても、「御ごくう」「御ゆだて」「御ぶかく」の祭祀料は秀吉の病気平癒祈念のさいの額が継承されている。すなわち慶長年間には、厳島社における各種祭祀が銀の奉納によって執り行われ、しかもその額が定額化する傾向が見られた。こうした背景には、銀の広範な流通により各種の商取引、とくに高額取引における銀使用が社会に定着し、高まる銀需要に即座に対応できる環境がすでに整っていたことによると思われる。

以上見てきたように、元亀二年（一五七一）の厳島社遷宮の用途に石見銀が充てられたころから、安芸厳島社には寄進や年貢を通じて大量の銀が流入するが、その銀は厳島社における神事法会の実施や高額商品の購入などさまざまな機会に市場投下され、それは厳島を起点にやがて拡散し、社会に浸透したのであり、厳島社内外のさまざまな場所で銭から銀への転換現象が確認できるのである。

三　銀の需要と大名財政

1　銀の需要

銀は、外国産品をはじめとする高価格商品の購入には不可欠な高額貨幣である。先述したように、戦国・織豊期、銀の主要な用途としては、軍需品（硝石）や奢侈品（高級絹織物など）の調達であり、貿易のさいはもちろん、国内に流入した外国産品の取引にも利用され、それが同時に銀の国内流通を促すことになった。

しかし、毛利氏が外国産品を入手するために銀を用いたことを直接示す史料は意外に少ない。したがって、毛利輝元によって赤間関に派遣され、代官として硝石や生糸・絹織物の調達を担当した高須氏が、天正十二年（一五八四）に明国泉州府の商人と翌年六月に「白銀」で取引をおこなう約束をした事例[55]は貴重である。また、同じ天正年間と推測されるが、毛利輝元の側近奉行である二宮就辰と佐世元嘉の両名が、尾道の有力商人渋谷氏に「合薬之儀、日本目壱斤を弐文め四分五分ニこゝもと千斤も弐千斤も付候ハヽ、かい可申候、代之儀者急ニ申候て、其元にても可被相調候、いかにも急ニ候ハてハ無曲候、遅々候ハヽ、不入候[56]」と通達している事例も興味深い。これは、「合薬」（火薬）が急遽必要になったため、「日本目」一斤あたりの銀価格を具体的に示しながら、代金を立て替えさせて大量購入を命じたものである。また輝元以外でも、一族の穂田元清が、中国産の絹布である「かいき」を購入するために「銀子弐文め五分」を桂清方に渡している事例[57]があり、注目される。これらは皆、海外との直接取引、もしくは国内に流通する外国産品を入手するために、銀を利用したことがわかる貴重な事例と言えよう。

さて、銀の社会浸透にとりわけ大きな役割を果たしたのが、軍事支援としての銀の利用である。これに関しては、比較的史料が多く、しかも年次的に逐うことが可能なので、以下述べることにする。

まず時代を遡り、大内氏時代の軍事支援について確認したい。

たとえば文明年間と推定されるころ、大内氏奉行人の道円（内藤道行）は仁保上総介（弘有）に対し、配下の市来藤左衛門尉の軍功を称えるとともに「又為兵粮千疋被遣之候、以西条段銭内可有勘渡候」と、兵粮の援助について言及している。[58] それは、一〇〇〇疋（一〇貫文）もの銭を「西条段銭」のうちから勘渡するもので、兵粮として多額の銭が渡されている内容から、当時は銭で兵粮の調達が可能であったことがわかる。

それでは、毛利氏時代はどうであろうか。実は、元就の嫡男隆元が実施した兵粮支援の史料がある。

（A）

山里衆ニ兵粮米渡候儀付而、以代方も可申付之由、奉行衆申候之間、代物可勘渡候、分際之儀委細従両人所可申候、謹言、

十二月十日　隆元御判

「粟屋木工允（就方）殿　隆元」

（B）

秋重へも能々相心得候て可申遣候、委細与十郎可申候、毎事馳走之儀候

此間ハ銀短息之儀、其方彼方罷越能調候てくれ候、一入祝着候〳〵、重畳以面可申聞候、謹言、

三月廿三日　隆元 御判

「粟　木工　　　　　　　　　　　　　　　隆元」

まず、（A）の毛利隆元書状[59]によると、安芸国佐西郡の山里衆への兵粮米補給について、「代方」での実施という奉行衆からの申し出があり、粟屋就方に「代物」での勘渡を命じている。そして、この「代物」は、隆元が粟屋就方に対し、銀の調達を依頼している（B）のような事例[60]をふまえると、銀であった可能性が高い。石見銀山は永禄五年（一五六二）に毛利氏の支配下に入ったが、隆元が亡くなる永禄六年（一五六三）八月以前、早くも軍事支援に銀を利用していたことがわかる。まさに、兵粮米の代わりに銀を渡していたのであり、先の事例とあわせて考えるならば、当時すでに銀での兵粮調達が可能な社会状況となっていたことがわかる。

また、永禄七年（一五六四）と推測される七月には、元就・元春・隆景が伯耆国河岡城の末近一郎右衛門（宗久）と山田民部丞（満重）に宛て、兵粮焼失のため出雲国杵築から伯耆国淀江に米三〇〇俵を輸送するものの、船の遅れを心配して「銀子十枚」を届ける旨の書状を発給している[61]。これは、米の現物を船で輸送する代わりに、銀を送付していた事例であり、銀が利用される状況を具体的に示すものと言える。また、元亀二年（一五七一）と推測される七月には、浦上宗景・宇喜多直家と戦闘中の横井左衛門尉のもとに輝元が「兵粮合力」として「銀子廿枚・焔焇弐十斤・鉛弐貫目」を届けていたことがわかるが[62]、この「兵粮合力」の形での銀利用が頻繁に見られる。このように、永禄・元亀年間には出雲・伯耆戦線で銀による軍事支援が確認でき、同時にそれによって銀の社会浸透が一層進んだものと思われる。

なお、このころには、尼子勝久方から毛利方に新たに味方した秋上庵介（久家）に元就が銀三〇枚を贈っている[63]ほか、やはり毛利方として活躍した美作国高山城の草苅三郎左衛門尉（景継）に輝元が銀五〇枚を贈っている[64]が、これも広い意味での銀の軍事利用と言えよう。

そして、織田政権と本格的な戦争がおこなわれた天正年間には、銀による軍事支援がさらに活発化する。とりわけ、湯原春綱や小川元政らが籠城した美作国祝山城への天正八年（一五八〇）の軍事支援は注目される。すなわち、同年六月には輝元の春綱宛ての書状に「兵粮之儀以銀子差籠」とあり、兵粮の代わりとして銀を送り届けていたことがわかるほか、七月には小早川隆景の書状に「兵粮之儀承候、則一人相添本陣江申下候、（中略）先軽々と銀子進之候、分配候て可被相続候」とあり、城からの兵粮要請について本陣に連絡する一方、まずは「軽々と」銀を送り、それを分配して城を持ちこたえるよう求めていた様子がわかる。(65)また、吉川元春の書状でも「兵粮為御合力銀子五枚被遣候、従我等茂為音信銀子弐枚進之候」とあり、(66)本隊からの兵粮支援のほかに、元春自身も音信として銀を送っていたことが確認できる。そしてこれ以外にも、長期の在陣慰労や天正四年（一五七六）七月の木津川合戦の戦功褒賞として、銀が贈られていた事例が多数検出される。(67)

さて、軍事支援として戦場に届けられた銀が、兵粮調達のために実際どのように使われていたのか、その詳細を示す史料は少ない。しかし、年欠ではあるが、二宮就辰に宛てた輝元書状で「成羽うり米ともある由候、先五十枚ほと遣調させ候へく候」(68)と見えるように、備中国成羽《なりわ》で米が売られている情報を入手した毛利氏が、銀を送って調達を命じている。すなわち、戦場付近における米の売買と銀での購入は当時一般におこなわれていたと推測され、そこでは藤木久志氏が指摘される、(69)金儲け目当ての「戦場の商人たち」が暗躍し、食料のほか玉薬等の軍需物資の売買がおこなわれていたと推測される。

それでは次に、贈答儀礼、とくに進物としての銀の利用を見たい。

永禄十三年（一五七〇）と推定される二月、小早川隆景に宛てた織田信長の書状には、「今度元就江以使節申処、条々御入魂、本懐候、貴所被執申之旨、歓悦候、仍御自分之使僧、殊太刀一腰、銀子十枚贈給候」(70)とあり、毛利氏の許に使節を派遣した信長に対して、元就の意向を受けた隆景が答礼として自身の使僧を派遣し、太刀一腰のほか「銀子十枚」を贈っていたことがわかる。また、天正四年（一五七六）と推定される四月には、年頭の挨拶として「御札幷御太刀・馬銀子四枚」を信長に贈ってきた隆景に対し、家臣である木下秀吉が信長に披露して、信長からの謝意を申し述べているが、同時に「代弐枚廿文目」が秀吉にも贈られていたことがわかる。[71] すなわち、織田政権に対する毛利側の銀の進物は永禄末年に始まり、天正年間にかけておこなわれていた。

そして、豊臣政権下に入った後は、政治外交や政界工作の一環として、毛利氏は中央政界に対し、莫大な量の金銀の進物をおこなうようになる。

たとえば、天正十三年（一五八五）十二月に小早川隆景と吉川元春が大坂城に秀吉を訪ねたさい、輝元の名目で一〇〇〇枚、隆景は五〇〇枚、元春は三〇〇枚の銀を献上している。[72] また、天正十六年（一五八八）の上洛のさい、聚楽第を訪ねた七月二十四日、秀吉に対して輝元は三〇〇〇枚、隆景は五〇〇枚、吉川広家は二〇〇枚もの銀を献上している。[73] そして、毛利氏一行の上洛、京での滞在、大和郡山から大坂を廻って帰国する行程（七月七日〜九月十九日）を詳細に記録した「輝元公御上洛日記」[74]（いわゆる「天正記」）によれば、銀の総支出は六〇〇〇枚以上に及び、その多くは公家や武家への進物であった。

このように天正十年代以降、すなわち十六世紀八〇年代以降は、莫大な金銀が毛利氏から中央政界に流れているのであり、これは他の諸大名の場合も同様であったと推測され、この時期、全国の諸大名から金や銀が中央政界に集まり、それがまた諸大名に下賜されたり、市場投下された結果、日本国内には大規模な金銀の環流が起こったのであり、毛利氏領国にもその影響が及んだと推測される。

たとえば先述したように、天正年間には出雲国内の厳島社領の年貢が銀納されているが、天正十一年（一五八三）

六月には周防国山口の町屋敷が「銀子伍百目」で譲渡されている事例が検出され、(75) さらに天正十四年（一五八六）三月に毛利氏が全領国規模で実施した所領付立の徴収では、出雲の国人領主赤穴《あかな》氏が所領を銀額で算定した付立を提出しており、(76) 天正年間を通じて、銀が広く社会に浸透していた様子が知られる。また、文禄五年（一五九六）から翌慶長二年（一五九七）にかけて毛利氏が実施した領国内の所領調査（文禄の石改め）では、知行高一石あたり銀一一匁で算出した「御判御礼銀」が徴収されているが、こうした銀の徴収が可能であった背景には、当時すでに銀が社会に広く浸透しつつあったことが考えられる。同年二月、岡七兵衛が石津又兵衛に対し、高麗陣以降の普請役や「来六月御馬揃御公役」など度重なる役負担に耐えきれずに、「少給廿弐石余足」を「銀子弐百目」で譲渡(77) しているが、これも給地売買が銀でおこなわれる社会状況となっていたことを示すものである。

そして、慶長元年（一五九六）、来日して畿内に向かう明国使節の一行を領国内各所（宿泊予定の下関・上関・蒲刈・鞆）で接待することになった毛利輝元が、側近の佐世元嘉に与えた指示では「泊々米之外入目之事者、銀子差下候之条、相計可申付候(78)」とあるように、米以外に必要な物は銀で調達するよう命じており、当時の港町における銀の通用状況がわかる。実際、慶長四年（一五九九）には山口で、慶長五年（一六〇〇）には厳島で屋敷地料の収納額が銀価格で表示されていることが確認でき、(79) 慶長年間には毛利氏領国内の主要な町場では銀が広く浸透していたと推測される。

このように、銀は外国産品など高価格商品の取引に加え、軍事支援にも盛んに利用され、それを通して社会に広く浸透することになった。すなわち、毛利氏の場合、永禄・元亀年間から天正年間にかけて戦闘地域に対する銀による軍事支援が見られるほか、贈答儀礼、とくに進物に銀が利用される事例も、永禄末年から織田政権に対するものとして確認できる。しかも、豊臣政権下に入った後は莫大な量の銀が毛利氏から中央政界に流れており、当時の日本国内には大規模な金銀の流れが存在し、文禄・慶長期の毛利氏領国では銀が広く浸透していた様子がさまざまな事例から認められるのである。

2　銀の財源

前節では、毛利氏を事例に、銀のさまざまな需要について述べたが、ここではその財源について見ていくことにしたい。

まず、石見銀山がある。先述したように、元就のころには石見銀山産出銀の使途は、基本的に「御弓矢」（戦費）に限定されていた。それは、毛利氏が銀山を掌握した永禄五年（一五六二）から元就が亡くなる元亀二年（一五七一）まで、常に臨戦態勢であったことが大きく影響していたと思われる。しかし実際はそれ以降、厳島社遷宮をはじめ、祭祀費用としても利用されているように、しだいに増加する銀需要に即座に対応できる格好の財源として、石見銀山の産出銀は多方面で利用されたものと思われる。

次に、「有徳人」（有力商人）からの借用がある。

又申候、とらひやう《（虎）（豹）》の皮候ハヽ、可給候、頼申候〳〵、かしく

追ゝ申候、今度上洛之儀数代珍儀候、此時候条御方別而御短息頼存候、せめて銀子百枚可有御貸候、返弁之儀可申付候、前後肝心之所候間申事候、其元今ほと御不弁之段茂淵底候へとも、御短束候而はたと頼存候、古今稀儀候、御分別前候〳〵、為此重畳申候、恐々謹言、

六月四日　　　　右馬
　　　　　　　　　輝元御判

林泉軒（山内元興）まいる

これは、天正十六年（一五八八）七月の上洛に先立つ六月四日に、大内氏時代に長門国守護代であった内藤興盛の

末子で、内藤隆春の弟でもある林泉軒（山内元興）に宛てて出された毛利輝元の書状[80]であるが、「今度上洛之儀数代珍儀候、此時候条御方別而御短息頼存候、せめて銀子百枚可有御貸候」という文言から明らかなように、このたびの上洛が「数代珍儀」であり、とりわけ急を要するため「銀子百枚」の借用を依頼する一方、虎や豹の皮の提供を求めている。それはすなわち、豊臣政権への献上品の多くが、これら「有徳人」に依存していたことを示すものである。

こうした、毛利氏の財政構造や特権商人層の役割については、秋山伸隆氏の詳細な研究[81]がある。それによれば、毛利氏は富裕な商人・寺庵・家臣からたびたび相当の米銭の融通をうけており、とくに公領年貢や段銭を担保とする恒常的な借米・借銭が財政収入の根幹をなしていた。しかも、これにより緊急かつ莫大な戦費を調達しながら、財政の循環もそれなりに維持されていたとされる。実際、天正十一年（一五八三）と推定される十二月十八日付けの佐世・木原宛て林就長書状[82]では、予定されている秀吉の養子秀勝と輝元養女の婚礼費用について、「国衆なとへ御支配も此度のやくに立不申候、段別・棟別なとも此度のやくに立申ましく候、持候するかたへ所帯弐百三百も被引渡〳〵御かり候儀ならてハ難成候」とあるように、国衆への賦課や段別・棟別の賦課も今回は役に立たず、領地を担保に「持候するかた」から借用することこそが、こうした急場を凌ぐさいに最も有効な手段であったことがわかる。

このように、天正十年（一五八二）の秀吉との講和以降、毛利氏は戦費以外にも生じてきた巨額の財政支出に絶えず汲々としていた様子がわかるが、秋山氏が天正十二年（一五八四）ごろのものと推定された二宮就辰宛て輝元書状[83]では、その当時の毛利家当主の心情をつぶさに知ることができる。

（端裏切封ウハ書）「二太（二宮就辰）　　　元（輝元）」

（前略）

一此春ハ米をた〻〳〵あつめ度候、銀子勿論候、其たくミ才覚いか〻候ハん哉にて候、我々存候ニハ銀子を下にてかり度候、領地を引渡候而かり度候、ミつ〳〵にて此調儀仕度候、つね〳〵入事候へとも銀山ハ仕つめ候て経言又ハ元ふさ賄ニはめ候条、何もかも不成まて候、あきないならてハはや不成候、

（後略）

すなわち、今春はとにかく米や銀を入手したいが、その方法は、領地を担保に「下」（防長方面）で銀子を借用することであり、それを内密におこないたい胸中を吐露している。なお、銀山収入については、経言と元総の「賄」、つまり秀吉のもとに事実上の人質として派遣する吉川経言（広家）と毛利元総（小早川秀包）の経費に充てる意向であり、元就時代に軍事優先とされていた銀山収入も、豊臣政権下の輝元のころには、もはや支出対象を限定せず、その時々に発生する資金需要に当面対処するために利用していた。このように、当時銀は毛利家当主にとって、米とともにぜひとも確保しておかなければならないものであり、領地（公領）を抵当に借銀しても入手する必要があるため、財政担当の側近奉行であった二宮就辰にはとくにその才覚が求められていた。

そして、「有徳人」からの借用を実現するために担保とされたものが、直轄領年貢と段銭である。これらは、それ自体が銀調達の財源となりうるものであるが、同時に「有徳人」からの借用を引き出すため、しばしば利用された。

このうち、毛利氏の直轄領については、所在場所などその概要はわかるものの、年貢の収支状況や大名財政中に占める割合などは、必ずしも明確でない。

また、（大名取得）段銭についても、関係史料は比較的多いものの、地域や所領により多様な賦課形態が確認され、領国全域で統一した賦課徴収がおこなわれていたわけではなく、やはり大名財政中での位置づけを明確にすることは難しい。ただ、段銭が毛利氏にとって貴重な財源であったことは間違いなく、永禄十三年（一五七〇）と推測される五月十日付けの福原貞俊宛て輝元書状[84]に「弓矢之役ニ立候物ハ下段銭候」とあるように、「下段銭」、すなわち防長両

国の段銭が軍事行動には不可欠な存在であり、毛利氏の財政運営上、重要な意味を持ち、「有徳人」からの借用においても担保となりうる存在であった。それは、毛利氏領国のなかでも防長両国以外は、段銭が免除されるような有力国衆領や大寺社領が多く分布し、主要な財源となりにくかったのに対し、防長両国は旧大内氏領国の中心部分で、郡司（郡代）を通じた賦課徴収機構も強固であり、しかも毛利氏自身が元亀年間以降、段銭の賦課徴収体制を整備・強化したため、比較的安定した財源であったと思われる。[85]

その防長段銭だが、松浦義則氏によれば、賦課徴収について、周防国東部四郡（大島・玖珂・熊毛・都濃郡）については湯川元常と井上就正が、残る周防国諸郡（佐波・吉敷郡）と阿武郡を除く長門国は山口奉行が担当していたとされる。[86]そこで、前者の湯川元常の事例を素材に、段銭と銀調達の関係について見ることにしたい。

急度申候、至大坂七月ニ上洛之銀子一万枚短束候、大かた之心遣候、其元段銭来年までのを以、銀子調候様、可申付候、前後此時候、むりわさニ可申付候、此時短束候、驚不入候、銀子所持之者ともは不及申、可致心遣候、追々可申候、先申候、謹言、

てる元公御判

五月廿七日

湯平左（湯川元常）

この史料[87]は、大量の銀を必要とした天正十六年（一五八八）の毛利氏の上洛に先だって、周防四郡の段銭奉行であった湯川元常に輝元が通達した内容を示すものである。それによると、「上洛之銀子一万枚（中略）其元段銭来年までのを以、銀子調候様」とあり、輝元は上洛費用として銀一万枚を計上し、そのため翌年の段銭まで使って銀を調達するよう命じていたことがわかる。先に、林泉軒に対して輝元が銀子一〇〇枚の借用を依頼している事例を見たが、この史料でも「銀子所持之者とも」から、いかに銀を入手するか、段銭奉行はその手腕が試されていた。また、山口

奉行に対しても同様に、輝元から銀の調達がしばしば命じられていた(88)。

なお金は、銀に比べて史料は格段に少ないものの、元就のころから必要とされていたことは間違いない。たとえば、年未詳だが十二月十七日付けで元就が児玉若狭守（就秋）に宛てた書状(89)には「黄金之うへに俵物ならは借候する由、福永申候由候間、はたと俵物をかり候てくれ候へく候、此段頼入候〳〵、（中略）此状ハ内状ニて候間、人に見せ候間敷候、其方壱人計への状ニて候」とあり、密かに俵物を福永氏から借用するため金を必要としていたことがわかる。また、天正九年（一五八一）と推定される三月廿九日付けで小池鬼松・同与四郎に宛てた輝元の奉行人神田元忠・堅田元乗の連署状(90)によれば、「今度彼黄金馳走之段、御祝着之由候、就夫金弐枚之事返被遣候、可被得其意候」とあり、小池氏が毛利氏の金調達に奔走していたこともわかる。福永氏や小池氏は「有徳人」であり、毛利氏と密接な関係を持つ御用商人(91)であって、彼らの経済力に依存する体質は、元就以降、輝元のころまで基本的に変わることはなかった。

以上見てきたように、毛利氏が財政上必要とした銀の財源は、石見銀山の産出銀のほかにも種々存在したが、直轄領年貢や防長段銭を担保とする「有徳人」からの借銀が重要な位置を占め、それに依存する体質は元就時代から輝元時代まで基本的に変わらず、その状況から一向に抜け出せずにいたと推測される。したがって豊臣政権下、増加する一方の財政支出に対応できる安定した財源がなく、「有徳人」の経済力に基本的に依存する状況は、まさに財政基盤の脆弱性を示すものであり、当時の毛利氏の財政構造はきわめて不安定であったと言えるのである。

おわりに

これまで述べてきた銀の海外流出と国内での流通、とくに毛利氏領国における浸透過程について、改めて整理してみたい。

石見銀山の開発、銀の生産は、日本国内の流通経済はもとより、東アジアの貿易構造を一変させた。銀は、日本国内で通貨として流通する前に、まず貿易通貨として爆発的な海外流出があり、十六世紀前半、「倭銀」は国際通貨として東アジア海域の通商の場で広く取り交わされることになった。そして十六世紀半ばには、日本国内でも通貨としての流通が始まり、やはり鉱山開発や輸入により大量に流通することになった金とともに、従来精銭が担っていた貿易用通貨や遠隔地取引用通貨としての機能を吸収し、外国産品など高価格商品の取引に必要な高額貨幣として盛んに利用され、小額貨幣として一般社会の経済を支える銭貨とともに重層的な通貨体系を形成した。

したがって、石見銀山で生産された銀は、当初、対外貿易の決済用途として海外に流出したが、十六世紀後半には国内でも流通し、毛利氏領国でもその状況が確認できる。すなわち、石見銀山の争奪戦に勝利した毛利氏は、元亀二年（一五七一）の厳島社遷宮用途に石見銀を充てるが、これが石見銀山と安芸厳島を結びつけ、石見銀の厳島流入の契機になったと思われ、天正年間に石見銀山の「住人」らが盛んにおこなった社殿廻廊の一間寄進も、銀の奉納を伴うものであったと推測される。また同時期には、出雲国島根郡朝酌・持田の遠隔地社領の年貢も銀納されており、当時厳島には山陰地方から大量の銀が流入し、やがて周辺地域に拡散したと思われる。そして慶長年間には、小袖など高級絹織物が銀で大量購入されるなど厳島社における銀使用は常態化し、祭祀用途も銭から銀に転換、定額化の傾向を見せており、銀の社会浸透の深まりが窺われる。

さて、銀は外国産品など高価格商品の取引だけでなく、軍事支援にも盛んに利用され、むしろそれを通して社会に広く浸透することになった。すなわち、毛利氏の場合、永禄・元亀年間から天正年間にかけて戦闘地域に対する銀での軍事支援が見られる。また、贈答儀礼、とりわけ進物に銀が利用された事例を永禄末年からすでに確認できるが、豊臣政権下に入った天正十年代以降は莫大な量の銀が中央政界に流れ、従来にない大規模な金銀の環流が日本国内に起こり、その影響のもと文禄・慶長期には毛利氏領国にも銀が広く浸透していた様子が窺われる。しかし、毛利氏の財政構造そのものはきわめて不安定な状況にあり、銀の財源は石見銀山の産出銀のほかにも種々存在したものの、実際は直轄領年貢や防長段銭を担保とする「有徳人」からの借銀が重要な役割を担い、彼らの経済力に依存する体質は元就のころから輝元のころまで基本的に改善されずにいた。したがって豊臣政権下、増加し続ける財政支出に対処するためには、脆弱な財政基盤をより強固にするような抜本的な改革が求められていたのである。

註

(1) 盛本昌広「豊臣期における金銀遣いの浸透過程」(『国立歴史民俗博物館研究報告』第八三集、二〇〇〇年)。京都では文禄年間に銀遣いが本格的となり、慶長年間にはかなりの取引がおこなわれたとされる。
(2) 島根県立図書館蔵「石見国銀山要集　銀山通用字録銀山旧記」(『山口県史　史料編 中世1』所収)。
(3) 「倭銀」の朝鮮への大量流入と朝鮮王朝の対応については、村井章介『海から見た戦国日本――列島史から世界史へ』(筑摩書房、一九九七年)第5章「日本銀と倭人ネットワーク」および『中世倭人伝』(岩波書店、一九九三年)Ⅲ「密貿易の構造」で詳述されている。
(4) 『朝鮮王朝実録』中宗三十七年(一五四二)五月丙申条。
(5) 橋本雄「室町・戦国期の将軍権力と外交権―政治過程と対外関係―」(『歴史学研究』第七〇八号、一九九八年)。
(6) 伊藤幸司「中世後期の臨済宗幻住派と対外交流」(『史学雑誌』第一〇八編第四号、一九九九年)・「大内氏の対外交流と筑前博多聖福寺」(『仏教史学研究』第三九巻第一号、一九九六年)。のち、同『中世日本の外交と禅僧』(吉川弘文館、二〇〇二年)に収録される。
(7) 佐伯弘次「中世後期の博多と大内氏」(『史淵』第一二一号、一九八四年)、前掲註(6)伊藤氏論文。
(8) 永原慶二『新・木綿以前のこと　苧麻《ちょま》から木綿へ』(中央公論社、一九九〇年)
(9) 高橋公明「一六世紀中期の荒唐船と朝鮮の対応」(田中健夫編『前近代の日本と東アジア』所収、吉川弘文館、一九九五年)。
(10)「策彦和尚初渡集」「策彦和尚再渡集」(牧田諦亮編『策彦入明記の研究　上』所収、法蔵館、一九五五年)。
(11)『東洋遍歴記1』第六十六章(平凡社東洋文庫366、一九七九年)二二七～二二九頁。
(12)『甓余雑集』巻二、小葉田淳『金銀貿易史の研究』(法政大学出版局、一九七六年)六一頁。
(13)『籌海図編』巻四福建事宜(『欽定四庫全書』第五八四冊所収、上海古籍出版社、一九八七年)。
(14)辻善之助「元明交通と倭寇」(『海外交通史話』所収、内外書籍、一九四二年)、牧田諦亮『策彦入明記の研究　下』(法蔵館、一九五九年)一七六～一七七頁。
(15)小葉田淳『日本貨幣流通史』後編「金銀」(刀江書院、一九六九年、初版は一九三〇年)。
(16)田中浩司「十六世紀前期の京都真珠庵の帳簿史料からみた金の流通と機能」(峰岸純夫編『日本中世史の再発見』所収、吉川弘文館、二〇〇三年)。
(17)小葉田淳『金銀貿易史の研究』六五～六六頁。
(18)前掲註(15)に同じ(第二章第二期第二節「金銀の貨幣的発展」)。
(19)田中健夫『東アジア通交圏と国際認識』(吉川弘文館、一九九七年)所収「『倭好』覚書—十六世紀の海外貿易品に関する一史料の注解—」。また、『籌海図編』巻二「倭好」にも同様の記述がある。
(20)黒田明伸氏は、福建省漳州府で私鋳通用した偽宋銭が悪銭のみでなく、精銭としても日本に流入していたとして、この十六世紀半ば以降の福建地方から日本への銭貨供給のあり方がその後の日本の社会経済構造に大きな影響を及ぼしたことを主張される。すなわち、福建省漳州をベース基地とする一五四〇年から盛行を迎える環シナ海密貿易が西日本の銭需要に応えて、各種(精銭・悪銭双方)の私鋳宋銭を継続的に追加供給し、日本では基準銭を通用銭から差別化して用いる状況になっていたが、福建における一五六七年の公認貿易への転換、そして一五七〇年からのスペイン銀を媒介とする地球規模の交易網へのリンクにより、日本向けの私鋳銭生産と輸出が停止した結果、西日本では銭遣いから米遣いへ転換し、ひいては貫高制ではなく石高制として知行統一が進む動機となったとされる(「一六・一七世紀環シナ海経済と銭貨流通」〈歴史学研究会編『越境する貨幣』所収、青木書店、一九九九年〉。のち『貨幣システムの世界史　〈非対称性〉をよむ』〈岩波書店、二〇〇三年〉第五章に収録)。

私は、本書第三編で述べるが、銭遣いから米遣いへの転換や石高制成立の背景を、米に比べて相対的に信用が低下したことで銭貨が普遍的な価値尺度としての適格性を喪失したことにあると考えている。確かに、一五七〇年ごろの銭遣いから米遣いへの転換については、それがあまりにも急激な現象とされるだけに、室町幕府体制の崩壊（足利義昭＝織田信長政権の成立）という政治的契機（池享「東アジア社会の変動と統一政権の確立」〈『歴史評論』第五三九号、一九九五年〉）とは別の形で、福建地方から中国渡来銭の日本への供給途絶が大きな契機となったという可能性は否定できない。

しかし、石高制成立の背景については、より慎重な検討が必要である。黒田氏は、小葉田淳氏と同じく、いわゆる南京銭を福建由来の銭貨と推定されており、この点については私も同意見である。ところが、本書第二編および第三編で指摘するように、毛利氏領国では十六世紀後半はもとより、十七世紀初めまで「南京（銭）」と呼ばれる銭貨が流通している。したがって、福建地方からの渡来銭供給が途絶したとされる時期以降も日本国内で南京銭が依然流通していた状況について、どのように理解するかが重要な鍵となる。そしてそれは、福建地方以外から渡来銭供給があったか、あるいは日本国内で鋳銭供給があったと考えざるをえない。その意味からも、十六世紀七〇年代以降の日本国内の「南京（銭）」については、福建地方からの渡来に因むであろう「南京」という名称にあまり惑わされない方がよいと思われる。たとえば、国内鋳造であっても低品位であるが故に、悪銭の代名詞である「南京（銭）」と呼ばれた銭貨もあったのではなかろうか。そして、無文銭も含め国内鋳造の低品位銭貨が広く流通し、しかも価値の異なる多様なものが流通・通用するが故に、銭貨は米に比べて相対的に信用が低下し、普遍的な価値尺度としての不適格性が社会認識となった結果、貫高は権力編成の基本原理として定着できなかったのではないだろうか。したがって、黒田氏は精銭供給断絶に動揺した領主財政における計算貨幣の変更が貫高制から石高制への移行を成立せしめたと、精銭供給量の視点から石高制の成立を説明されるが、こうした海外からの契機だけでなく、無文銭も含めた低品位銭貨など国内鋳造銭の流通状況や、当該期公権力の広域支配における権力編成の必要性など、国内的な契機もやはり加味する必要があると考える。

(21)　橋本氏前掲註(5)論文。

(22)　西村圭子「対馬宗氏の『諸家引着』覚書」（『日本女子大学紀要　文学部』第三四号、一九八四年）所収六四号文書。以下、西村論文の所収文書は『諸家引着』何号とする。

(23)　「毛利博物館蔵文書(毛利家旧蔵文書　大内氏勘合貿易関係史料」四号（『山口県史　史料編 中世2』所収）。

(24)「竹井文書」(『宗像市史　史料編第二巻 中世Ⅱ』所収)。なお、これは秋山伸隆氏が「戦国大名毛利氏の流通支配の性格」(渡部則文編『産業の発達と地域社会』所収、渓水社、一九八二年、のち同『戦国大名毛利氏の研究』〈吉川弘文館、一九九八年〉に収録)のなかで、日本海沿岸の毛利氏直轄関を示すものとして初めて紹介された史料である。

(25)この日本海ルートがまた温泉津・石見銀山への諸物資供給に利用されたのは言うまでもない。

(26)岸田裕之「大名領国下における赤間関支配と問丸役佐甲氏」(広島大学文学部内海文化研究施設編『内海文化研究紀要』第一六号、一九八八年、のち同『大名領国の経済構造』〈岩波書店、二〇〇一年〉第六章に収録される)。

(27)右に同じ。高須元兼証状写。

(28)岸田氏前掲註(26)論文所収「新出高洲家文書」毛利輝元自筆書状、『萩藩閥閲録』巻六七高須惣左衛門12毛利輝元書状。

(29)秋山伸隆「戦国大名毛利氏と鉄炮」(『月刊 歴史手帖』第一〇巻第七号、一九八二年、のち同『戦国大名毛利氏の研究』に収録)ほか。

(30)『イエズス会士日本通信 下　新異国叢書2』(雄松堂出版、一九六九年初版、一九九八年再版〈六版〉)所収。

(31)高橋修「新出の『村上武吉過所旗』について(上)(下)」(『和歌山県立博物館研究紀要』第四・五号、一九九九・二〇〇〇年)、「山口県文書館　寄組村上家文書」二三号年欠九月廿六日付け松浦隆信書状(『山口県史　史料編　中世3』所収)。

(32)『諸家引着』一三五号および一三六号の宗義調書状、年欠八月廿一日付け宗一鷗(義調)書状(『下関市史　資料編Ⅳ』所収「伊藤家(本陣)文書」一一号)。

(33)「温泉銀山御公領之事(中略)少茂自余之御用ニ不被仕、御弓矢之可被御用候」と、石見銀山の銀は元就によって軍事利用に限定されていた(『大日本古文書　家わけ第八 毛利家文書』八四〇号)。

(34)「桂文書所収厳島文書」二・四号(『広島県史　古代中世資料編Ⅲ』所収)。なお、石見銀山奉行の変遷については、秋山伸隆「戦国大名毛利氏の石見銀山支配」(岸田裕之編『中国地域と対外関係』所収、山川出版社、二〇〇三年)が詳しい。

(35)「厳島野坂文書」一三一三号(『広島県史　古代中世資料編Ⅱ』所収)。

(36)「大願寺文書」三一八号(『広島県史　古代中世資料編Ⅲ』所収)。

(37)「厳島野坂文書」七八六・一一九八号。

(38)厳島神社には石見銀山関係者の奉納物が現在も残されている。よく知られているものに、天正十二年六月十七日付けで平佐伊豆守就之が奉納した銀地狛犬や天正十七年正月吉日付けで温泉津奉行（児玉美濃守就久・内藤出雲守・河内備後守・武安木工允就安）が奉納した舞楽装束（納曽利《なそり》に使用）がある。
(39)「厳島野坂文書」一〇九二号。
(40)「厳島野坂文書」一四六八号。
(41) 温泉津以前に石見銀の積出港であった馬路《まじ》鞆ケ浦（鵜の島）には、銀山を発見・開発した博多商人神屋寿禎が勧請したと伝えられる厳島神社があるが、その詳細については不明である。仮にそれが事実であれば、石見銀山と安芸厳島のつながりを、かなり早い時期に遡らせることができるが、一方で銀山や温泉津で厳島信仰が浸透したのちに成立した伝説の可能性もある。いずれにせよ興味深い。
(42)「厳島野坂文書」一九一四号・「大願寺文書」一八五号。
(43)「厳島野坂文書」一六七一号、「新出厳島文書」一三九号（『広島県史　古代中世資料編Ⅲ』所収）。
(44)「厳島野坂文書」一三一三号。
(45)「大願寺文書」二五一号。
(46)「大願寺文書」一一八・一三六・二七五・三一五3号（越後布）、『広島県史　古代中世資料編Ⅲ』所収「野坂文書」二九二1号・「厳島野坂文書」一四一三号（唐墨）、「厳島野坂文書」三三〇号（塩硝）。
(47)「厳島野坂文書」一六五九・一七七六〜七九号。
(48)「厳島野坂文書」一七七九号。
(49)「厳島野坂文書」一七七八号。
(50)「厳島野坂文書」一一〇・一一八九・一二七四・一四一九号など。
(51)「野坂家文書」P27―3―A8厳島社奉納腰物注文（広島県立文書館架蔵写真帳）。
(52)「厳島野坂文書」一〇四二号。
(53)「厳島野坂文書」一一五〇号。
(54)「厳島野坂文書」一六〇七号。
(55) 岸田氏前掲註(26)論文所収「新出高洲家文書」高須元兼証状写。

(56)「渋谷文書（渋谷辰男氏所蔵）」二〇号（『広島県史　古代中世資料編Ⅳ』所収）。
(57)「山口県文書館　長府桂家文書」二五号（『山口県史　史料編　中世3』所収）。
(58)「譜録　山県弥三左衛門朝次」七号（『広島県史　古代中世資料編Ⅴ』所収）。
(59)『萩藩閥閲録』巻三三粟屋勘兵衛46。
(60)『萩藩閥閲録』巻三三粟屋勘兵衛30。
(61)『萩藩閥閲録』巻三一山田吉兵衛28。なお、西伯耆への毛利氏の兵糧（米）補給と、それを淀江で受け取り、配布する役割を担った国人村上氏の性格については、岡本吉彦「毛利氏の兵糧政策と西伯耆国人村上氏」（『鳥取地域史研究』第七号、二〇〇五年）が詳しい。
(62)『萩藩閥閲録』巻二五清水宮内16。
(63)『毛利家文書』五八一・六三九号。
(64)『萩藩閥閲録』巻三四草苅太郎左衛門3。
(65)『萩藩閥閲録』巻一一五湯原文左衛門150・63。
(66)『萩藩閥閲録』巻一一五湯原文左衛門120。
(67)「臼井家文書」二二号（『山口県史　史料編　中世2』所収）、『萩藩閥閲録』巻二二村上図書22、「因島村上文書」四七号（『広島県史　古代中世資料編Ⅳ』所収）ほか。
(68)「吉川史料館蔵文書　二宮家文書」六号（『山口県史　史料編　中世2』所収）、「譜録　二宮太郎右衛門辰相」三号（『広島県史　古代中世資料編Ⅴ』所収）。
(69)『雑兵たちの戦場』（朝日新聞社、一九九五年）Ⅱ3「戦場の悪党・海賊・商人」。
(70)『大日本古文書　家わけ第十一　小早川家文書』二六二号。
(71)『小早川家文書』三九六号。
(72)「宇野主水日記」天正十三年十二月十九日条（『広島県史　古代中世資料編Ⅰ』所収）。
(73)岸田裕之「『新出湯浅家文書』について―その翻刻と解説―」（『国立歴史民俗博物館研究報告』第二八集、一九九〇年）所収「新出湯浅家文書」三五号花房又七書状。

(74)山口県文書館所蔵「毛利家文庫　一九日記1輝元公御上洛日記」。
(75)「横屋文書」(『防長風土注進案13　山口宰判 下』所収)。
(76)東京大学史料編纂所架蔵影写本三〇七一・七七―一三「中川四郎氏所蔵文書」天正十四年六月廿四日付け赤穴幸清所領付立。
(77)『萩藩閥閲録』巻六二石津助之允7。
(78)『萩藩閥閲録遺漏』巻三の一重見孫右衛門2。
(79)「横屋文書」(『防長風土注進案13　山口宰判 下』所収)、「野坂文書」一七〇・一七一号。
(80)『萩藩閥閲録』巻一一一山内長五郎10。林泉軒は、母方の山内豊通の猶子となり、山内善右衛門尉元興と称し、小早川隆景に「兵粮五百俵」を調達するなど経済的に毛利氏を支えた。
(81)秋山伸隆「戦国大名毛利氏の流通支配の性格」。
(82)「山口県文書館　毛利家文庫遠用物所収文書」九九号(『山口県史　史料編 中世3』所収)。
(83)平成十三年度吉田町歴史民俗資料館秋の特別展『記録にみる郡山城内の実像―新史料から郡山城内の構造を探る―』展図録(吉田町歴史民俗資料館、二〇〇一年)三二・三三頁所収19毛利輝元自筆書状。
(84)『萩藩閥閲録』巻七九杉七郎左衛門15。
(85)『毛利家文書』八四〇号。
(86)「戦国大名毛利氏の領国支配機構の進展」(『日本史研究』第一六八号、一九七六年)。のち藤木久志編『戦国大名論集14　毛利氏の研究』(吉川弘文館、一九八四年)に収録される。
(87)山口県文書館所蔵「毛利家文庫　一三譜録　湯川三郎左衛門常春」。
(88)山口県文書館所蔵「毛利家文庫　一三譜録　国司木工信処」。
(89)『萩藩閥閲録』巻八四児玉弥七郎39。
(90)『萩藩閥閲録』巻一五三小池治右衛門8。銀子や塩硝・(鉄炮)玉の提供に対する小池佐渡守(好安)や同鬼松(忠久)宛ての毛利輝元書状があり、小池氏は輝元と緊密な関係にある特権商人であったと思われる(『萩藩閥閲録』巻一五三小池治右衛門4・5・7)。

(91)『萩藩閥閲録』巻一六八福永藤兵衛・巻一五三小池治右衛門。なお、福永氏については前掲註(24)秋山論文参照。

第四章　米の性格と機能

はじめに

多様な銭貨が異なる価格水準で流通し、銀が通貨として社会にしだいに浸透するなか、米はいかなる役割を果たしていたのであろうか。

米は本来、主食となりうる重要な農産物であり、その高い需要と商品価値から、銭貨が社会に普及する以前はまさに通貨として機能していたのであり、その性格は銭貨が交換媒体（支払手段）の主役の座を奪ってからも変わることなく、その後も状況に応じて通貨としての役割を果たしていたことはよく知られている。しかし、ここで注目したいのは、種類を問わず等価値であった銭貨の通用形態が崩壊して「撰銭」行為が社会現象化したのち、近世三貨体制の成立により銭貨秩序が回復するまでの間における米の性格と機能についてである。すなわち、銭貨流通の混乱が続く中・近世移行期における米の存在は重要で、単にその使途だけでなく、支払手段や価値尺度としての機能についても検討する必要があり、それは当該期に成立をみた石高制の社会的背景を探ることでもある。

また、石高制が公権力によって導入された権力編成の基本原理である以上、公権力と米の関係についても検討する必要がある。当該期、広域公権力である戦国大名の財政運営において、米は重要な意味を持っていた。すなわち、戦時にあっては、合戦の遂行に食糧補給が不可欠であり、兵粮米の確保が勝敗の鍵を握っていたが、平時においても普請米をはじめとして米の需要は高く、常に大量の米を必要とした。しかし、大名財政の観点から米の問題を取り上げた研究[(1)]は少なく、どのように米が集められ、何に使われたのか、そして当時どのような課題に直面していたのかなど、具体的に明らかにしなければならない。

そこで本章では、戦国・織豊期における米の性格と機能について、銀や銭との関係をふまえながら明らかにしたい。具体的には、天正年間の年貢米の使途について詳細がわかる安芸国厳島社領の事例と、天正・文禄年間に施入された祠堂米の使途がわかる周防国の禅宗寺院の事例をもとに、まず当該期の地域社会における米の役割について検討する。続いて、当時の社会で見られた米需要の高まりが大名権力の財政面にどのように現れていたのかを、戦国大名毛利氏の事例をもとに、戦時・平時における大名権力の米需要とその供給源に注目しながら明らかにし、財政構造上の問題についても言及したい。

一　地域社会と米

1　安芸国厳島社領の事例

(1)　友田郷社米の使途

厳島社領佐西郡友田郷については、天正年間の検見帳[(2)]や社米請取日記[(3)]が数多く残されており、当該期の年貢算用、つまり厳島社への収納米が算出される仕組みや、収納された後の米の使途について具体的に知ることができる。

まず、検見帳によれば、友田郷年貢は「定納分」が三四五石五斗九升であり、そこから「当不作」「当毛損分」が差し引かれ、残りが俵数（三斗入り）に換算されて「得米」（「当納分」）となる。さらに、「厳島祝師殿」八俵二斗、「勝都」七俵、「地之御前御祭」一九俵五升など厳島社関係の定額諸経費のほか、「定夫三人飯米」「御陣夫飯米」、あるいは「京夫」「与州への人足」など大名毛利氏の賦課（飯米）分が差し引かれ、その残りが「御社米」、つまり厳島社への収納米として厳島に向けて「出津」、海上輸送される。

次に、「御社米」のその後の使途については、社米請取日記で判明する。まず、「御供米」「今伊勢御供湯立米」「三かう（講）の米」といった毎年恒例の祭祀諸経費が差し引かれ、続いて「供僧方」「御社家二方」「正人神人」など、社内各方面への給分が俵数単位で配分される。そして残った米が、やはり俵数単位で日常的に必要な生活物資の入手や、職人への支払い、そして飯米や借米返弁に使われている。とりわけ、借米返弁の量は年を追って増加する傾向にあり、従来は社領年貢を抵当に借米を繰り返さなければならない厳島社の財政構造や、度重なる陣夫徴発により耕地荒廃の進む農村状況が注目されていた[(4)]。しかし、ここでは生活物資の入手という点について、とくに目を向けてみたい。

たとえば、天正七年（一五七九）分の請取日記[(5)]によれば、社米の使途として「七俵　千阿弥渡也、但艮（銀）子三十弐文め分、たゝミの面代」という記述が見えるが、これは「たゝミの面代」が銀価格三二匁であり、その支払いに米七俵が充てられたことを意味し、米一俵が銀四匁五分七厘余に相当したことがわかる。そして、友田郷では一俵が三斗入りの米俵であるため[(6)]、米一石あたり銀一五匁二分三厘余の価格であったことが判明する。

また、「三俵　代五貫百文売申」の記述からは、米三俵を売却して銭五貫一〇〇文を入手していたことがわかり、これは米一俵あたり銭一貫七〇〇文、つまり銭一貫文あたり米一斗七升六合余であったことが判明する。そして、「弐俵分　代四貫文請取申、右之内にて四百文ニ鳥一ッかい申」の記述からは、米二俵を売却して銭四貫文を入手し、そのうち四〇〇文で鳥一羽を購入したこと、そのさい米一俵が銭二貫文であるため、銭一貫文あたり米一斗五升であ

ったことが判明する。さらに、このほかにも米一俵分で茶一〇斤、米九俵分で刀三腰を入手していたことが確認できる。(7)

すなわち、厳島社に収納された米は俵数単位で各所に配分される一方、俵数単位で売却や支払いがおこなわれて必要物資が調達されていた。そのさい、米の売却によって入手した銭の種別についてはとくに記されていないが、本編第二章で述べたように、当該期の安芸国佐西郡一帯では山間部から海辺部まで南京銭が広く流通・通用しており、一貫文あたり米一斗五升～一斗七升六合余という低価格水準であることから判断すると、友田郷社米を売却して入手した銭も南京銭であった可能性が高い。(8)

さて、天正十年（一五八二）の社米請取日記によると、米三俵が「たきすミ《焚き炭》之代」に、また米二俵が「さかな《肴》之代」として支払われていることがわかり、(9) しかも幸いなことにその内容が具体的にわかる史料二点も残されている。(10) それを次に掲げる。

（A）

天正十年十一月九日

宮へたきすミ渡申注文

十一月九日
弐俵　　野坂内蔵助《則重》殿ニちのこせん《地御前》にて渡之

同十日
弐俵　　河野惣兵衛方ニちのこせんにて渡之

同十五日
壱俵　　同人渡之

（中略）

(十二月)同廿三日　弐俵　　宮へ使同人

以上三十俵　代三貫六百文　米三俵分

(B)

天正十年十一月十三日

宮へさかな渡申注文

十一月十三日　三百六十文　とり三ツ代、使小二郎渡之

同十四　三百廿四文　たい二こん、すゝき一こん代、同人渡之

同日　百廿四文　めはる十八代、同人渡之

(中略)

(十二月十五日)同日　六百文　さけ代、友田へ

以上弐貫百卌四文　米弐俵分

これによれば、(A)の「たきすミ《焚き炭》」の場合、十一月九日から十二月二十三日までの間にたびたび厳島社へ焚き炭が搬入されており、その合計三〇俵の炭について「代三貫六百文　米三俵分」とあるように、銭価格三貫六〇〇文に対して米三俵で支払われている。また、(B)の「さかな《肴》」の場合、十一月十三日から十二月十五日にかけて厳島社に次々と搬入された「さかな」(とり・たい・すゝき・めはる・さけなど)について「弐貫百卌四文　米弐俵分」と、やはり銭価格二貫一三四文に対して米二俵で支払われている。

以上からわかるように、厳島社内で消費される燃料や食料品は、銭価格に相当する米(俵数)を渡すことによって

調達されていた。なおこの場合、銭一貫文あたり（A）では米二斗五升、（B）では米二斗八升一合余という価格が導き出され、それは先に見た銭入手のさいの相場に比べるとやや割高の米払いであることがわかるが、それは物品搬入時の即時払いではなく、後日の一括払いであったためではないかと推測される。ともかく、厳島社が必要とする生活物資には銭での市場価格が存在し、厳島社はそれら商品を入手するために、銭価格に相当する（俵数単位の）米を一括後払いで渡していたことが明らかになったのである。

(2)　米の役割と造営用途の変化

当該期の米の機能について、さらに具体化するために、友田郷以外の厳島社関係所領、とくに大願寺領の事例を素材に検討したい。

文禄四年（一五九五）十一月十五日付け安芸国佐東郡緑井年貢米幷公事納辻注文[11]は、佐東郡緑井の年貢収納に携わった余右衛門尉なる人物が、大願寺の宗純房と宗信房にその報告をおこなったものである。それによると、「高辻」二六石九升から「当損」一四石九斗七升五合を差し引いて、「御蔵納」一一石一斗二升を算出しているが、実際の収納は綿九六五匁・大根一八〇把・胡麻二斗一升五合と現米四石九斗五升三合五勺であった。その内容を左に示す。

（前略）

残而　　拾壱石壱斗弐升定御蔵納

内

一綿　九百六十五文目　米ニ而五石二升九合四勺
但一わ別五斗三升宛

一大根百八十把　米ニ而六斗
但壱斗ニ三十把宛

一こま（胡麻）弐斗壱升五合　米ニ而五斗三升七合
但壱升ニ米二升五合宛

一現米四石九斗五升三合五勺

（後略）

すなわち、「御蔵納」一一石一斗二升のうち、現米分を除いた六石一斗六升六合五勺の米が、綿・大根・胡麻を入手するために使われたことになる。しかも、綿一わ（把）につき米五斗三升、大根三〇把につき米一斗、胡麻一升につき米二升五合など、当時の綿・大根・胡麻の米での市場価格が具体的にわかり、興味深い。

また、同年霜月廿八日付け大願寺領薪調人夫下行飯米注文[12]は、安芸国佐西郡および周防国玖珂郡内の栗林・釜ヶ原・塔下・平良宮内贄（鵜）原・玖珂および久波の住民を「人夫」（一二一三人役）動員して実施した薪調達における米支出の記録である。その作業内容は、「ほた」（榾）二二〇荷を取り集め、薪置き場の「垣ノ木」を取り揃え、さらに薪二一七八荷を調達するものであったが、そのさい、飯米九石九升七合五勺以外に諸支出として米三斗五升五合を必要としたことを記している。そのうち、六升の米については「小新艘舟誘入目　五郎左請取状有之」と説明しているが、実はそれに該当する内容の紙片がこの飯米注文に貼り付けられている。それを左に掲げる。

舟誘入め

一百文　かつら代　彦兵衛

一米弐升　かいて一ッ　助九郎

一五十文　貫一丁　孫左衛門

一百文　木舞　六丁　善五郎

米以上六升定

文　四（一五九五）十一月九日　　　　さんし　五郎左（黒印）

保福寺　まいる

これは、小舟製造用途として各種資材調達のため米六升を受領したことを示す「さんし五郎左」の請取状である。これによれば、「かいて一ッ」（掻手ヵ）として支払われた米二升を除く銭二五〇文が米四升に相当したことがわかる。それは、銭一貫文あたり米一斗六升という価格水準から、ここで取り交わされた銭も南京銭であった可能性が高いが、注目されるのは銭二五〇文程度の小額取引に四升の少量米で対応している点である。それは、米が小額取引用途として活用されていたことを示すものである。そしてこのことは、当該期における米の役割を考える上で重要である。

すなわち、諸商品の市場価格は一般に銭価格で表示され、しかも小額取引における利便性も銭の特性として知られるが、こうした銭の役割をまさに米が代替する状況が生じているのであり、当該期には米が支払手段として高い機能性を発揮していたことが確認できる。そしてその背景には、複雑な通用状況を伴う銭に対する信用不安の存在が想定されよう。

したがって、流通媒体の主役は、銭に比べ相対的に信用の高まった米、あるいは高額貨幣として徐々に社会に浸透し始めた銀へと移っていく。そして、厳島社における造営・修理などの事例はその推移を示してくれる。

たとえば、永禄六年（一五六三）に建造された大風呂の場合、上屋材木注文[13]によると柱をはじめさまざまな資材の合計額は二〇二貫四〇〇文で、ほかに米二〇〇（単位は俵か）を必要としたことがわかる。また、天正十六年（一五八八）建立の平舞台の場合、十二月十三日付けの入目付立[14]によると、番匠・鍛冶・人夫の飯米合計二一〇石余のほかに、板・柱などの資材について合計二二四貫余を必要としたことがわかる。すなわち、このころまでは米と銭の両方が用途として見えている。

ところが、文禄四年（一五九五）建立の平橋の場合、五月廿五日付けの入目覚(15)によると、飯米はもとより板・釘などの資材がすべて米で書き上げられ、その合計が米八石九斗七升五合とある。また、同年の鐘撞堂上葺でも十一月廿五日付けの入目覚(16)によると、番匠・檜皮師・人夫の飯米以外の曾木《そぎ》・竹釘・ふち竹・二間いた・釘などの資材がすべて米で書き上げられ、その合計が米一二石八斗九升二合五勺とある。そして、慶長五年（一六〇〇）におこなわれた五重塔上葺では、九月廿一日付けの棟札によると、「塔再興番匠檜皮鍛冶人夫皮(彼)是入目之事」として米二五九石四斗三合が見えるだけで、銭の存在は認められない(17)。

したがって、造営・修理の用途はしだいに銭から米に変化したのであり、文禄年間はまさにその転換期にあたっていた。それは、銭貨流通の実態と米の機能性の高まりを背景に出現した社会現象と言えよう。

以上見てきたように、米は銭や銀への交換が容易で、生活物資の調達に支払手段として利用されるなど高い機能性を持っており、文禄年間には小額取引用途として利用された事例も確認され、まさに銭貨の役割を代替する存在であった。こうした状況下、流通媒体の主役はしだいに銭から米に移るが、それが造営修理用途の変化からも認められるのである。

2　周防国養徳院祠堂米の事例

十六世紀後半の地域社会における米の機能について、さらに検討するため、今度は周防国の寺院を素材として取り上げたい。

「養徳院祠堂帳」という史料(18)がある。養徳院とは、仁保上総介隆在（永禄九年〈一五六六〉十一月二十一日没）を開基とする周防国吉敷郡仁保上郷の禅宗寺院であり、「養徳院祠堂帳」とは、天正・文禄年間に養徳院に施入された品物と施入者名（法名）、施入事情、そしてその使途について具体的に記したものである。それによれば、この寺院には米・銀・銭のほか、茶釜や大鋸なども施入されていることがわかるが、なかでも米がとくに多いことが注目される。それは、当時の米需要の高さを示すものと言えよう。

そこで以下、この祠堂米の使途に目を向けながら、史料の内容について具体的に検討したい。

米一石五斗　仁保市篠原左馬介後室、法名光林春智信女、此米之子細赤根小袖一領艮止賜、於奥河内米一石五斗帖（沽）却、院着以打飯斗一石三斗六升也、又従市後ニ米二斗施入、合一石五斗六升也、右一石五斗ヲ以当院客殿三方上葺令修補、六升ハ入牌之節僧食半済用之、（以下略）

この一石五斗の米は、仁保市の篠原左馬介の後室のために施入されたものであるが、もともとは艮止叟和尚が拝領した赤根の「小袖一領」を奥河内で売却して入手したもので、「打（台）飯斗」では一石三斗六升に相当するが、それとその後新たに施入された米二斗を加えた一石五斗六升のうち一石五斗分が、「当院客殿三方上葺」の修理に充てられている。すなわち、小袖が売却されて米に替えられ、その一部が建物の葺き替え修理に利用されていることが判明する。

米二石　但銀二十目也、筑前国葦屋近所遠賀庄吉木郷吉田左近允殿貞延、為慈父瓜生長門守益定、法名傑心殊竹居士、毎月十七日霊供茶湯庚講可有也、右銀子米ニ成、衆寮建立酒用之、瑞紋存知之、正月盆春秋彼岸ニ如右之勤修可有之、従遠国施被施入事、其志高似山、深如海者也、（以下略）

また、この二石の米は、もともと筑前国遠賀庄吉木郷の吉田左近允貞延が、亡き父の瓜生長門守益定のために銀子二〇目で施入したものであり、その銀子が二石の米に替えられ、「衆寮」建立のさいの酒（代）として利用されている。なお、このほかにも吉田貞延は亡き母（法名明春妙光禅尼）のために銀二〇目を施入しており、それは「銀子之代四貫文」として銭に替えられ、当院の継目判物を仁保氏に申請するために利用されており、進物用の紙・扇子・帯の調達、あるいは仁保氏奉行衆への音物、さらには使僧らの旅費・食費として支出されていることがわかる(19)。すなわち、施入された銀が米に替えられて建物普請の酒代となる一方、銭に替えられて進物や旅費等に利用されており、米と銭の用途の違いについて知ることができる。

米二石　得地河口村新兵衛ｏ婦夫上、為逆修祠堂施入也、法名教翁道訓信男・梅窓妙芳信女、毎月廿三日逆修日也、霊供茶湯庚講可有也、大悲咒如常、右米ヲ以鎮守八幡之上屋大門上葺修補之板釘両様六百文、四百文作料、以上一貫文分米五斗五升番匠同僧衆之代飯分六斗八升九合、両合一石二斗三升九合、祠堂二石寺着一石八斗、右普請分引打飯升五斗六升一合、天正十六年二月五日同十六秋、門前左右之馬場築地普請代飯八升、返乃八升八合、天正十七年春庫裡棟包普請代飯一斗、茅切一斗二升一合、同葺日一日之代飯、両合二斗二升一合、返乃二斗四升三合一勺ヲ引ク打飯升二斗三升、庫裡水船一艘切ト引トノ代飯也、又庫裡水板ノ上ノヒサシ普請之代飯用也、河口林泉庵慶春書記之裁判之祠堂也、

次に、この二石の米は、周防国佐波郡得地河口村の新兵衛夫妻によって「逆修」施入されたものである。このうち一石八斗分が、「鎮守八幡之上屋大門上葺」修理の板釘六〇〇文と作事料四〇〇文の計一貫文に相当する米五斗五升の支払いと、番匠同僧衆の「代飯分」六斗八升九合に充てられたほか、残る五斗六升一合も天正十六年（一五八八）の「門前左右之馬場築地普請」や天正十七年春の「庫裡棟包普請」や「茅切」、そして「庫裡水板ノ上ノヒサシ普請」などの「代飯」として使われている。以上から、板釘や作事料が銭価格で算定されながら、実はそれを米で支払っていること、そしてさまざまな内容の普請に伴う「代飯（分）」として米が利用されていることがわかる。

一米一石　上山三郎左衛門子幻心童女、天正十九年辛卯八月十五夜洪水ニ流テ死、此一石ヲ以、岳前五段田ノ井手ヲアクル春ト夏ト両度ノ普請代飯用之、其ノ余慶ヲ以、客殿ノ棟ヲ包也、井手普請代両度ニ百二十余人三度

食ス、岳前五段田再興ノコト、此祠堂一名ヲ以調也、毎月無怠十五日ニ霊供茶湯可有者也、

また、この一石の米は、上山三郎左衛門により天正十九年（一五九一）八月十五日夜の洪水で亡くなった娘のために施入されたものである。そして米は、「岳前五段田」の復興のために春夏二度にわたり実施された「井手普請」の「代飯」として利用されており、百二十余人が（春秋の二回）日に三度食事する形で消費された。すなわち、祠堂米が自然災害の復旧作業時の食料として利用されていることがわかり、興味深い。

一米二石　同上山三郎左衛門婦夫ノ逆修祠堂施入、以此祠堂直談曰、寺家造営可致也、其故文禄三年甲午秋院領就相違艮止豊田下向可致之儀、三郎左衛門聞付テ、当院三度来儀メ、我逆修祠堂之事ハ、一度寺家ニ施入ノ儀ナホトニ、只寺家ノ造営ニメ当院ニ在寺可然也、意見ヲ云ウ、任意見、文禄四年乙未春庫裡西方ハ風方再補茅苅家葺代飯、両様一斗九升返乃二斗一升、方丈ト庫裡間短廊曾木持葺日代飯三升一合、返乃三升四合一勺、曾木一駄ノ代百五十文、釘ノ代五十文、作米七升二百文之代、前合三斗一升四合一勺也、又文禄四年乙未秋之分十月十三日ヨリ庫裡（スノコ床替普請 ヒサシヌリ壁）一升四合五勺総斉也、一升八合昼飯、一升四合非時、十四日一升六合五勺総ノ斉、二升二合昼飯、二升四合非時、十五日一升二合五勺斉、一升九合昼飯、一升九合非時、以上一斗五升九合五勺、

返乃一斗七升六合

そして、この二石の米は、同じ上山三郎左衛門夫妻により「寺家造営」のために文禄三年（一五九四）秋に「逆修」施入されたものである。そして、文禄四年（一五九五）春に「庫裏西方」の「風方再補茅苅家葺」や、「方丈ト庫裡間短廊曾木持葺」などの作業をおこなったさいの「代飯」のほか、作事で使用した「曾木一駄」代一五〇文や「釘」代五〇文の合計二〇〇文に相当する米七升の支払い(20)、さらには同年秋十月に実施した「庫裡」の「スノコ床替普請ヒサ

シヌリ壁」の作業のさいの食事などにも充てられている。以上から、寺院各所の補修に際し、「代飯」や「曾木《そぎ》」（削いだ薄い板）・「釘」など材料調達の支払いに利用されていることがわかる。

そして、このほかにも祠堂米の使途として「山ニテ材木杣取板分代飯」「衆寮下造作戸板敷居長押仏壇造作番匠酒」「番匠衆雑用釘作料彼是用」「衆寮建立代飯」「大門之上葺客殿前之履脱建立」「衆寮之下廊下幷建立客殿棟包同又庫裡ノ水板之上ノヒサシノ曾木二百文買得」「作料ニ十疋廊下分」「廊下建立ニ茅切下地材木以上代飯」「両門石坂ニ土ヲ運ヒシハヲ敷、其普請ノ酒ト代飯」などがあり、やはりさまざまな内容の普請に伴う「代飯」「酒」や、「曾木」購入の支払いに充てられている。(21)

このように、養徳院に施入された品物の使途状況から、当時の米が果たしたさまざまな役割について知ることができる。すなわち、施入された米はもちろん、小袖や銀も米に替えられて、さまざまな用途に充てられているが、とくに各種普請や災害復旧時の労働報酬としての「代飯」（台飯）や「酒（代）」、あるいは曾木や釘などの普請材料の調達に利用されている。確かに、銀が銭に替えられてさまざまな用途で支出される状況も確認できるように、銭の果たす一定の役割も窺われるが、同時に銭立て価格に対する米での支払いの事実は、当時の米が有する機能性の高さを裏付けるものである。先に、安芸国厳島で生活物資の調達に米が利用されていたこと、そして造営修理用途の銭から米への変化について確認したが、それと密接につながる状況を周防国内の地域社会でも認めることができたのである。

二　大名権力と米

それでは、当時一般社会で見られた米需要の高まりが、大名権力の財政面にどのような形で現れていたのか、具体的に検討したい。

1　兵粮としての米需要

戦時下、「兵粮」は「玉薬」（鉄炮の火薬）とともに重要な軍需品であった。そして米は、「兵粮米」として戦場に運ばれて食料として消費されるとともに、城にも蓄えられて籠城の備えとされた。毛利氏の場合、時期により主戦場は移り変わるが、本国から遠く離れた戦闘地域へもさまざまな形で兵粮（米）の補給輸送がおこなわれている。たとえば、永禄十二年（一五六九）と推定される八月、三輪与三兵衛（元徳）・山田平右衛門尉（重棟）・新屋右衛門尉（実満）に宛てた輝元書状では、「立花へ兵粮船之儀可申付之由、対惣《神田元忠》　四申付候、緩ニ申付候而ハはたと可為無興候条、米たニ出来候ハヽ、即時可申付候」[22]とあり、激しい戦闘がおこなわれている筑前国立花城に向けて、米の準備が整い次第、即刻兵粮船で輸送するよう命じている。これは、九州における大友氏との戦闘のさいの事例であるが、このほか尼子氏との戦闘では日本海側の石見・出雲で、そして織田政権との戦闘では備中・美作・備前方面への兵粮輸送、とくに船による海上輸送が実施されていることが多くの史料[23]で確認できる。また、「境目諸城」にも「置兵粮」として備蓄するため、大量の兵粮が輸送されて、その「入替」がおこなわれている[24]。

それではまず、兵粮の供給源について、見ることにしたい。

我等蔵納之俵物、有たけ香春岳江可差籠候条、市伊・財越・国雅・三九申談可差遣事肝要候、迚各下向之儀ニ候条、此節無油断馳走頼入候〳〵、謹言、

六月九日　元就御判

内藤越後守《就藤》殿

この史料[25]は、永禄十一年（一五六八）と推定される六月、豊前国香春岳《かわらだけ》城で奮戦中の内藤越後守（就藤）に宛てた元就書状だが、「我等蔵納之俵物、有たけ香春岳江可差籠候条、市（市川経好）伊・財（財満忠久）越・国（国司就信）雅・三（三吉就良）九申談可差遣事肝要候」とあるように、直轄領（公領）年貢と推測される「蔵納之俵物」をすべて兵粮として香春岳城に補給輸送することを市川経好らに命じている。こうした直轄領年貢による兵粮補給は、しばしば実施されていたと思われるが、残念ながら史料的にはあまり確認できない。

それに対し、直轄領年貢と並び、大名権力の公的財源であった段銭による兵粮調達は、比較的多くの史料が残されている。それは、永禄十三年（一五七〇）五月と推測される福原貞俊宛ての書状で「弓矢之役ニ立候物ハ下段銭[26]」と、輝元自身が軍事における「下段銭」の重要性を強調しているように、防長段銭は兵粮調達に頻繁に利用されている。以下、その状況について具体的に述べてみたい。

追々申遣之候兵粮之儀、此節肝心迄候、境目へも指遣不叶事候間、つね〳〵差上候而も、何之用にも不立趣候条、是非各才覚は此時候、来秋之段銭を只今取越、其調仕可差上候、此きわ不差上候へは、役ニ不立儀候、能々可有分別候、為此先以飛脚申遣候、謹言、

卯月六日　輝元御判

「国司対馬守（就信）殿
国司雅楽允（元信）殿
黒河三河守（著保）殿」

この史料[27]は、おそらく織田政権と戦闘を繰り広げている時期に、「境目」（軍事的境界地域）への兵粮補給について、輝元が国司対馬守（就信）・同雅楽允（元信）・黒河三河守（著保）ら山口奉行衆に直接指令を出しているものである。

それは、即時輸送の重要性を繰り返し述べながら、兵粮調達についての才覚を求めているもので、「来秋之段銭を只今取越、其調仕可差上候」と、秋に徴収予定の段銭を四月である今ただちに徴収する具体策を示して、兵粮の調達を命じている。

一昨日三日、至山中出張候、然ハ兵粮之儀、一日茂差急、可上之儀専一候、此間郡司中へ堅申遣候、定而可罷下候間、此廿日ヨリ内、兵粮可差上候、油断候而不可有曲候、謹言、

九月五日　　　　輝元御判

国司対馬守(就信)殿

またこれは[28]、天正八年（一五八〇）と推定される九月、輝元が備後国世羅郡山中に向けて出陣するために、兵粮の輸送を急ぐよう山口奉行の一人である国司対馬守（就信）に命じているもので、「郡司中」にも厳命していることがわかる。このように、織田政権との戦闘は、山口奉行―郡司という防長の支配機構を基軸とする兵粮補給体制によって維持されていた。その場合、彼らの役割は単に兵粮の調達にとどまらず、調達した兵粮の瀬戸内沿岸部への輸送にまで及んでいた。

すなわち、船に積載予定の大量の兵粮を瀬戸内沿岸部まで運び出す（「津出」）ために、輝元は労働力の徴発に厳しい姿勢で臨んでおり、市川伊豆守（経好）・内藤小七郎（元輔）・国司雅楽允（元信）に宛てた書状で「境目差遣儀候而、其元俵物弐千俵取上候、小郡津出之事、不謂諸免許、手堅可被申付候、自然於難渋之仁者、一廉可申付候[29]」と、「境目」に輸送する二〇〇〇俵もの兵粮を周防国小郡《おごおり》まで運び出すため、従来認めていた諸免許に関係なく人夫を徴発させ、抵抗する者については厳しく処罰する方針を伝えている。また、同様の事例はほかにも見られ、「境目用段之儀候而、兵米取上候、如早晩津出事、当町中門別、不謂諸免許、堅可申付候」あるいは「其許兵粮取上候、早晩津出

之儀、事六ケ敷之由候、近比不謂事候、誰々被官不謂諸免許、可被申付候、若於難渋之仁者、随注進一廉可申付候」とあり、[30]「津出」についての人夫徴発は「町中門別」ごとに実施し、例外を一切認めない強い姿勢で臨んでいたことがわかる。このように、山口奉行―郡司という防長の支配機構は、兵粮の調達と沿岸部までの輸送という、戦闘地域への兵粮補給において重要な役割を果たしていたと言える。

そして、織田政権との戦闘が激しさを増した天正八～十年（一五八〇～八二）には、備中・美作・備前に向けて大量の兵粮米を海上輸送するため、山口奉行衆に宛てて盛んに指令が出されている。すなわち、国司雅楽允（元信）・黒川三河守（著保）に宛てた七月六日付け輝元書状[31]では、「上口兵粮米五百俵之事、委細直申遣候、積舟等之儀、自沼田可有裁判之条、いつれの津にて成共堅固可勘渡候」とあり、「上口」（織田方との戦闘地域）への兵粮五〇〇俵の輸送にさいし、積載する船については小早川氏が手配するので、いずれかの港で勘渡することを命じている。また、国司対馬守（就信）・同雅楽允（元信）・黒川三河守（著保）宛ての十一月十八日付け輝元書状[32]では、「兵粮彼是取集弐千余以二階舟差上候、尤可然候、弥令短息、追々可運上候」とあり、二〇〇〇俵余りの兵粮を調達して二階氏の船で輸送した旨の報告を受けて満足の意を表し、今後も運上を急ぐよう命じている。

さて、防長両国における段銭などの諸役賦課は、周防国佐波郡・吉敷郡と、阿武郡を除く長門一国を山口奉行が、周防国東部四郡の大島郡・玖珂郡・熊毛郡・都濃郡を湯川元常と井上就正が担当していたことがすでに知られている。[33]そして実際、段銭による兵粮調達は、山口奉行だけでなく周防四郡段銭奉行の一人である湯川元常にも命じられていた。

日向江米つミ下候、然は此節候条、三郡当春反銭米之儀調次第、宮・下松・富田船、何成共手はやく候ハんニ可積下候、殊外遠国、此時之一大事ニ候条、何かも不入候、誠無躰を仕候てなり共、兵粮之短息候て可見候、委ハ

此者可申候、謹言、　　てる元公御判
（天正十五）三月廿五日
湯（湯川元常）平左

この史料[34]は、毛利氏が豊臣政権下に入った後の天正十五年（一五八七）三月、秀吉の島津攻め、すなわち九州出兵に参戦していたときのものと推定されるが、日向国への兵粮補給のため、「三郡当春反銭米」が調い次第、安芸国宮島・周防国下松・同国富田《とんだ》のいずれかの船で即刻輸送するよう、輝元が湯川元常に直接命じたものである。このように、毛利氏の兵粮補給は、山口奉行および湯川氏らで組織される防長の領国支配機構を基軸に、郡ごとに賦課される段銭によって支えられていたことがわかる。なお、この史料に見える「反銭米」であるが、兵粮だけでなく、毛利氏の財政全般の米需要を考える上で重要な素材であるため、後で改めて述べることにしたい。

さて、防長段銭は兵粮を調達するために、実際どのように利用されたのであろうか。まず、徴収された段銭が米に替えられる、もしくは段銭によって米が購入される状況が想定されるが、それを直接示す史料は残念ながら確認することができない。しかし、次のような事例を見ることができる。

上口出張ニ付而、兵粮差急候条、諸郡司ニ取替之儀可申付候、幷兵粮所持之者、為両人令替借之、彼是引合千俵余、来月中旬、至笠岡可調上事肝要候、追々陣替候条、於緩者可為曲事候、謹言、
三月廿八日　　輝元御判
「国司雅楽允殿（元信）　　輝元
黒河三河守殿（著保）」

この史料[35]は、「上口出張」により、兵粮が急遽必要になったため、諸郡司に「取替」を命じ、また「兵粮所持之者」

に対しても「替借」を実施し、合計一〇〇〇俵余りの兵粮を来月中旬に備中国笠岡まで送り届けることを、輝元が国司雅楽允（元信）・黒河三河守（著保）ら山口奉行に通達したもので、「追々陣替」をおこなうので、怠ることのないよう厳命している。すなわち、兵粮補給のために、郡司のもとで「取替」をおこなわせるだけでなく、山口奉行らにも「兵粮所持之者」に対する「替借」をおこなわせていることがわかる。

実は、永禄五年（一五六二）と推定される八月、大友氏との和睦を斡旋する目的で下向する聖護院道増を接待するために防長両国の秋段銭を利用しようとしたところ、すでに「借替」に回されていたため、返済には来年春の段銭を充て、「借替之衆」には今秋の段銭三分の一を渡し、残り三分の二で接待費を捻出するよう元就が山口奉行に命じている。(36)それは、このころすでに、段銭を担保とする借用が山口奉行のもとで実施されていたことを示すものであるが、(37)天正年間の兵粮補給も同様の方法でおこなわれていたと推測される。こうした段銭を担保とする「借替之衆」や「兵粮所持之者」からの借用は、毛利氏の財源確保の基本的な手段であり、公的財源である防長段銭の賦課徴収にあたる山口奉行や周防四郡段銭奉行、そしてその配下の郡司らによって、その実務が担われていた。

さて、この「借替之衆」や「兵粮所持之者」については、それが商人・寺庵・家臣などさまざまな性格の人々であったことが指摘されているが、(38)経済力を持つ富裕な人々という点では皆、いわゆる「有徳人」であった。そして、彼らのなかには山口奉行や郡司のもとでの「借替」に応じるほかに、毛利氏に直接融資をおこなう者もいた。

たとえば、大量の兵粮（米）提供を通じて毛利元就の軍事行動を支えた人物として堀立《ほたて》直正の名がよく知られているが、堀立氏のこうした活動は輝元のころまで確認される。(39)また、「羽柴打下」のため「御兵粮莫太入申候」という状況の小早川氏に対し、「当秋由宇之御土貢」を担保に米五〇〇俵を貸与した人物として周防国由宇の慶甫が知られる。(40)さらに、天文年間から公領年貢を担保に毛利氏に米を融通していた福永氏が、天正二年（一五七四）閏十一月に輝元に対して「御兵粮弐百俵」を貸与したのは、輝元自身が直接「出張要却《脚》」を依頼したことによるものであった。[41]そのさい、奉行の粟屋元種と粟屋就秀の両名が二度にわたって連署奉書を発給しているが、そこでは「御返弁之儀者、礑可被仰付之由候」「向後者於何方茂可被仰付候」と、返済についてはなんらかの所領を給与する約束をしている。[42]しかし、それは必ずしも履行されたわけではなかった。

たとえば、大内氏時代に長門国守護代を務め、毛利氏時代にも赤間関一帯に強い影響力を保持した内藤氏と深いつながりを持ち、内藤氏から毛利隆元の許へ嫁いだ興盛娘（尾崎局、妙寿）の御用商人であった山本盛氏は、天正六年（一五七八）四月に毛利輝元および国司元武・高山元慶両名から播州表への出陣に際し、兵粮米一〇〇〇俵の借用を依頼されている。そのさい、輝元自身から「以連々可加褒美候」、また国司・高山両名から返済について「於其表成共又何之方角ニても可被仰付候」と、将来いずれかの地域での所領給与を約束[43]された盛氏は、「上月御陣兵粮米」として「五斗入六百俵」もの兵粮を、「敵前」のため「他借」によって調達した。[44]しかし、その後は輝元から「返弁之儀頓可申付候、方々取乱之故于今延引候」（内藤隆春宛）、もしくは「頓返弁可申付候ヲ延引候、当秋中可調遣候」（国司就信宛）という書状[45]が届くのみであり、実際に返済されることはなかった。そこで盛氏は、天正八年（一五八〇）十一月、「元亀元筑前目御陣（御入目）」「大嶺庄御氏八幡宮江毎年祈念米」「御氏神鳥居被成御建立候彼御入目」「先年芸州と山口御引別之時、安《阿》武郡之内加祢之御城御兵粮米」など、さまざまな形で毛利氏に融資をおこなってきた経緯を縷々述べ、「上月御陣兵粮米」の返済を求めて陳情をおこなっている。[46]それに対して輝元は、訴状の内容を「承知」したとしながらも、「今程弓矢最中候条、必以静謐之上可申付候」（林泉軒宛）[47]と、返済については回答を先送りしている。その後、この返済が履行されたかどうかは定かでないが、毛利氏が兵粮米を常時「有徳人」に依存しなければならない財政状況にあったこと、「有徳人」側も確実な返済が期待できないまま毛利氏の借米要請に応じざるをえない立場であったことなど、形は異なるものの両者双方とも厳しい状況にあったことがわかる。

しかも、十六世紀の半ば以降、「有徳人」が融通するのは銭ではなく圧倒的に米であり、彼らは基本的に米を貸し付けることで利潤を得ていた。たとえば、厳島社領佐西郡友田の年貢収納に携わり、毎年社家から大量の借米の返済を受けていた人物として「常運」が知られている(48)。また、「常運」と同様、社領年貢から米の返済を受けていた者に「宗仁」がいるが、天正年間の年貢支配状によれば、彼らに対する借米利率は年三〜五割であった(49)。また、山本盛氏が天正六年の播磨上月陣のさいに「敵前」で「他借」により融通した米の利率は年六割であり(50)、これら借米の利率は、戦時下、それも戦場付近ではさらに上昇したと思われる。したがって、当時の米は需要が高く、かなりの利殖が期待できる貴重な商品であった。

このように、米は「玉薬」と並ぶ重要な軍需品であり、大名毛利氏によって戦闘地域に「兵粮」として補給輸送され、「境目」の城には「置兵粮」として貯蔵された。その場合、直轄領年貢による兵粮輸送も確認できるものの、史料的には段銭、とくに防長段銭による兵粮調達の事例が圧倒的に多く、山口奉行や周防四郡段銭奉行と諸郡司で構成される防長の支配機構のもとで調達され、船で積載輸送するため海辺部まで運ばれた。すなわち、米は段銭を担保とする「借替」で調達されたほか、毛利氏自身も盛んに「有徳人」から借米して、戦闘継続に必要な兵粮米の大量確保を図った。そして当時の米は、需要の多さを背景に借用利率も比較的高く、相当の利殖が期待できる商品として、広く活用されたのである。

2　段銭米と大名財政

大名財政における米の需要としては、戦時の兵粮のほかにもさまざまなものがある。そこで次に、平時における米の需要について、具体的に見ることにしたい。

大内氏の時代から、防長両国では、段銭とともに「段米」の存在が確認される。たとえば、天文四年（一五三五）卯月四日付けの「防長両国段米納不納注文之事」で始まる史料[51]では、「壱段別壱升宛」で賦課徴収された天文元年（一五三二）秋から同三年（一五三四）秋までの周防・長門両国の「段米」について、「納分」と「未進（分）」を書き上げている。また、天文年間と推測されるころ、長門国二宮の造営に関して発給された大内氏奉行人連署奉書[52]では、「諸郡被仰付候段米事、対郡奉行人各任一行旨、可有運送哉之由候」とあり、当時長門国では、郡奉行（郡司・郡代）によって諸郡に「段米」が賦課されていたことが確認される。さらに、天文十三年（一五四四）四月十四日付けの陶氏奉行人連署奉書[53]では、周防国都濃郡満願寺に対して「護摩供数年御修行」への助成として「御寺領御収納之御段銭幷御段米」が寄進されている。

こうした事実から、大内・陶氏の時代には、少なくとも防長両国で、「段米」が段銭と同様に郡単位で段別賦課され、それが寺社の造営・祭祀に利用されていたことがわかる。

そして、この「段米」は、毛利氏の時代にも存在していた。

玖珂・熊毛・山代五ケ八ケ幷河内之郷段米之儀、可申付之候、此由郡司共ニ堅可申渡候、為其申聞候、謹言、

　　　九月廿日　　　　　　　　　　輝元公御判

　　　　湯（湯川元常）平左

遠石宮段米之事、柏村勘助堅申聞可差下事肝要候、謹言、

　　　八月十三日　　　　　　　　　輝元様御判

（ウハ書）（国司元武）
「国右
（児玉元良）
児三右
輝元
」

就遠石八幡宮楼門・廻廊建立之儀、玖珂・熊毛両郡段別申付候、為検使柏村新五郎可差下候、堅固相調候様能申聞可下候〳〵、かしく、

九月十二日　輝元様御判

（ウハ書）
「国右　輝元
児三右
」

最初の史料(54)は、周防国東部四郡の段銭奉行であった湯川元常に対し、玖珂郡・熊毛郡・山代五ケ八ケ・河内之郷の「段米」を賦課徴収するよう、郡司らに厳命することを輝元が通達したものである。また後の二つの史料(55)は、周防国都濃郡遠石八幡宮の楼門・廻廊を建立するために、玖珂・熊毛両郡の「段米」（「段別」）の賦課徴収に検使として柏村氏を派遣するので、その具体的な指示をするよう、輝元が国司右京亮（元武）と児玉三郎右衛門尉（元良）ら奉行人に命じたものである。これらのことから、毛利氏の時代にも「段米」が輝元の意向により郡単位で賦課され、普請等の費用に充てられていたことが明らかになった。おそらく、段銭と同様に公田面積を基準に米が賦課徴収され、輝元の意向のもと使途が決められ、利用されたものと思われる。

しかし、「段米」に関する史料はそれほど多くなく、これ以上具体的なことは不明である。ただ、「段米」とよく似た表現のものに「段銭米（反銭米）」がある。それは元亀年間ごろから防長両国で確認され、天正年間にはとくに多くの史料が残されている。

たとえば、周防国山口の信常元実・内藤元輔に宛てた輝元書状では、「今春反銭米并彼是調之儀付而国雅・黒三指下候、何篇相談堅固之儀干要候」[56]とあり、派遣した国司雅楽允（就信）・黒川三河守（著保）ら山口奉行のもとで、春の「反銭米」調達がおこなわれていたことがわかるほか、湯川元常に宛てた書状でも「両郡反銭米多分相調差下候由可然候、弥催促肝要候」、あるいは「其方手前去年之反銭米之遣残之事、有次第至草津急度運送可仕候、於彼表遣方申付候条、不可有緩候」[57]とあり、湯川氏に両郡（玖珂郡・熊毛郡か）で賦課徴収する「反銭米」を催促させたり、前年に利用して残った分の「反銭米」を広島湾頭の草津まで運ばせ、新たな使途に充てようとしていたことなどがわかる。

しかも、兵粮が底を突き、緊急に補給を必要とする状況で、輝元が湯川氏に対して「当春反銭之儀を以米可調候」と命じつつ「反銭米」に言及する史料[58]の存在を見ると、段銭米（反銭米）とは、段銭で調達される米のことを指すもの[59]と思われ、防長段銭を賦課徴収する山口奉行や周防四郡段銭奉行が主に取り扱い、郡司（郡代）が勘渡業務に携わるもので、段銭と同様、毛利家当主が直接使途を決定する公的財源であったと思われる。しかも、それが銭ではなく、米に替えられて利用されていることから、銭よりも米の需要が相対的に高まった社会の産物と理解できる。したがって、段銭米の関係史料は、その多くが防長段銭の賦課徴収に携わる山口奉行や湯川元常に対してその調達を求めたり、使途を指示した輝元書状、もしくは輝元の意向を受けた奉行人奉書であり、大名財政における米需要について具体的に知ることができる。そこで以下、段銭米の使途内容を検討することで、当時の毛利氏の財政面における米需要（米の役割）について明らかにしたい。

まず、兵粮としての利用があるが、それについては天正十五年（一五八七）の秀吉の九州出兵に参戦したさいの事例を素材に、すでに述べた。すなわち、日向国への兵粮米補給のため、湯川元常に対して「三郡当春反銭米」が調い次第、宮島・下松・富田《とんだ》のいずれかの船で急ぎ輸送することを輝元が命じたものである。まさに、段銭による兵粮補給を示すものであるが、そこには徴収した段銭を米に替えて兵粮米とし、それを船に積載して輸送するという一連の過程があったものと思われる。

次に、寺社の祭祀での利用がある。たとえば、周防国防府天満宮の祭礼神事の費用として「反銭米」が用いられている。

御袖判

防苻天満宮正月大御供之儀、最前者彼番給以内被仰付候、於只今者彼番給之儀被還補候、為御祈念之儀候之条、以御反銭米之内六石之辻、大専坊・円楽坊・羽仁長門守ニ可有勘渡之通可申之旨候、為其被成進袖御判候、能々可被得其心候、恐々謹言、

十二月二日

国司右京亮
元武 在判
粟屋内蔵丞
元種 同

この史料[60]は、元亀二年（一五七二）十二月に「防苻天満宮正月大御供」として「以御反銭米之内六石之辻」を天満宮の大専坊・円楽坊と佐波郡郡司羽仁長門守（就忠）に勘渡するよう命じた国司元武・粟屋元種の連署奉書であり、輝元の袖判がある。そして、宛名はないものの、関連史料によれば、通達対象は山口奉行の国司雅楽允（就信）と黒河三河守（著保）であったことがわかる。[61]すなわち、輝元の意向で、防府天満宮の正月祭祀に佐波郡の「反銭米」から六石が充てられることになり、吉田奉行の通達内容を山口奉行を通して受けた郡司の羽仁氏が、天満宮側にその米を勘渡することになった。

そして実際、段銭米が祭祀料として佐波郡郡司から天満宮側に対して勘渡された事例が天正年間に確認される。

佐波郡御段銭米請方之事

合

一三石三斗　車塚妙見二月十三日御祭上様御祈禱御湯立入目米也

一弐石四斗　同御神事御供米也

一壱貫文　古銭　但四貫文当料之御幣料

　分米弐石四斗　貫別六斗宛

一壱貫弐百文　古銭　十月十三日御神楽銭也

　　但四貫八百文当料也

　分米弐石八斗弐升　貫別六斗宛

一壱斗　十月十五日御祭礼随兵御祓米也

以上拾壱石弐升定

右為毎年社遣方請取所如件、

天正十五（一五八七）十月十四日　　都治部大夫　好備（花押）

羽仁次良（采保）右衛門尉殿

この史料(62)は、すでに本編第一章で「古銭」と「当料」の関係について説明するさいに使用したものであるが、「段銭米」の状況を示す史料として再び取り上げたい。すなわちこれは、防府天満宮が毎年受領している祭祀料を佐波郡の郡司羽仁氏に対して書き上げたものであるが、それがすべて米高であり、合計一一石二升が「佐波郡御段銭米」から支給されていたことがわかる。しかも、御幣料と御神楽銭では、大内氏時代から継承されてきた「古銭」額とともに現行の通用額である「当料」額が示され、それがさらに「貫別六斗宛」で「分米」高に換算されて、他の祭祀料とともに「佐波郡御段銭米」から支給されていることが確認できる。これは従来、銭で勘渡されていた御幣料と御神楽銭が、このころには他の祭祀料とともに米で勘渡されていたことを示すものであり、米の利用価値の拡大を意味するものと言えよう。

当時、寺社の祭祀料が石高で書き上げられた事例はほかにも確認され、たとえば周防国都濃郡花岡八幡宮の場合、天正年間と推定される打渡坪付のなかで「五石　九月十五日御祭入目地蔵院調之」「壱石　御祭之時、炭一荷・かや畳十五帖・目籠十五・曾木千枚・簾六枚・麻一束調之」「五斗　厚紙十五帖」「二石　御祭之時桟敷十二間調之、人夫八十人飯米共ニ同坊調之」「一石五斗　灯明料　同坊調之」などと見えており(63)、祭祀のさまざまな必要経費（物品・資材の調達・人夫の飯米）が石高で書き上げられている。このように、祭祀の必要費目が石高で算定される背景としては、実際に米での支払いや支給がおこなわれていたことを窺わせる。

また、年代は不明ながらも、長門国一・二宮でおこなわれる年一回の祭祀が、豊東郡武久村の御祭料六石三斗の不納により近年実施できないため、国司元武と児玉元良が輝元の袖判を得て国司雅楽助（元信）と黒川三河守（著保）に宛て「以御反銭米之内被取替之」、すなわち「御反銭米」のうちから社官に勘渡するよう命じているほか、天正十八年（一五九〇）十一月には、周防国二宮の「御祭礼御湯立入目」と「八幡（御祭礼）御湯立（之）入目」が、米六石ずつ例年のごとく「御反銭米」から勘渡されるなど、段銭米の祭祀利用が確認される(64)。

次に、普請に伴う段銭米利用がある。

山口　今伊勢建立付而、為奉加以反銭米之内、弐拾石可勘渡候、為其申聞候、謹言、

六月五日　　輝元（花押）

（捻封ウワ書）「国司対馬守（就信）殿

（墨引）　同　雅楽允（元信）殿　　　　　　　　　輝元

黒川三河守（著保）殿　　　　　　　　　　」

これは[65]、山口今伊勢社の建立に際し、輝元が奉賀として「反銭米」のうち二〇石を勘渡・寄進するよう山口奉行に命じたものである。もともと有力寺社の祭祀や普請は、大名権力が領国主として主催もしくは助成するものであり、それには従来段銭が充てられていたが、それが銭ではなく米で勘渡されるようになった点が重要である。それは、普請・造営に大量の米が代飯（台飯）・酒代として必要とされる社会経済状況になったことによるもので、段銭米はまさにこうした状況のもとで役立ったと言える。

そのほか、俸給等の支給にも段銭からの米勘渡が確認される。これについては、毛利元就・隆元のころから確認され、内藤小次郎に「厚狭郡以段銭、浮米弐拾石」の支給を命じる元就書状[66]や、「御使」として派遣する中島善左衛門（貞正）に「以御反銭之内、米四俵」の支給を命じる毛利氏奉行人連署奉書（隆元袖判）[67]があるほか、天正十年（一五八二）には仁保右衛門太夫方内儀の派遣について内藤元栄が、「御反銭方之内を以、米弐十俵」の支給を山口奉行に対して奉書（輝元袖判）[68]で命じている。いずれも、段銭米の文言は見られないものの、段銭をもとに米を支給するのであり、毛利家当主の意向のもと、段銭が米に替えられて勘渡されたものと思われる。

また、永禄十二年（一五六九）と推測される四月六日、国司元武・粟屋就秀・粟屋元真ら吉田奉行衆が、国司雅楽允（就信）ら山口奉行に対して「門司要害為□□、熊谷平太郎・同彦二郎・同将監被差籠候、然間飯米之儀、以段銭方、五十日分之事、速ニ可有勘渡候」という文言を持つ連署奉書を、輝元の袖判を得て発給している[69]。これは、門司要害での在番について五〇日分の飯米を「以段銭方」勘渡させるもので、俸給に似た労働報酬としての性格を持つと言える。そしてこれらは、「養徳院祠堂帳」で見た代飯（台飯）と同じ性格のものと考えられる。このほか、天正十九年（一五九一）四月には輝元側近奉行の佐世元嘉が佐波郡郡司羽仁栄信に対して、商人である栗林寿印ら三人分の「月俸」を「一ケ月四斗五升充」の割合で勘渡することを命じており[70]、米による「月俸」支給が確認できるが、当時見られた他の「月俸」史料[71]も、その内容は米支給であった可能性が高い。

このように、戦国・織豊期を通じて、米は戦時の兵粮をはじめ、平時の祭祀・普請・俸給、そして飯米（代飯・台飯）などさまざまな用途に利用されるなど需要が多く、大名財政においても銀とともに大きな比重を占めていた。しかも換金性が高く、財政運営においても不可欠であるため、大名権力は常に大量の米を必要とした。湯川元常に対する輝元書状でも、「米差上候由可然候、いよ〳〵可急候、何と申候而も遅候へは無曲候、又つゝめて不成所をハ、於其元うり候て、佐東にて其相当米相調候様可才覚候、為心得候[72]」とあるように、いったん周防国内で売却した上でその相当量を再度安芸国で購入するなど工夫して、急いで米を調達することを命じている。また、対織田戦争が終了し、豊臣政権下に入った天正十二年（一五八四）ごろ、「此春ハ米をたゝ〳〵あつめ度候」と毛利氏がとにかく米を集めたいと、その必要性を強調[73]した背景には、財政運営における米の重要性があったものと思われる。

しかし、米の慢性的な供給不足は、どうすることもできなかった。加えて、財源を直轄領年貢や段銭だけでなく、「有徳人」からの借用に依存しなければならない不安定な財政構造も深刻な問題であった。たとえば、毛利氏にとって貴重な公的財源であった防長段銭にしても、その収奪にはやはり限界があった。

爰元兵粮送之儀、於尓今者肝心候〳〵、然間両人申談候て、来秋納之反銭半分も可相調候、地下いたミも不入候、爰元用段不調候へハ、更以無所詮候間、はたと両人勤仕候て可調候、不可有緩候、謹言、

卯月十七日　輝元御判

内与三（内藤元栄）

国雅（国司元信）

この史料[74]は、対織田戦争の終盤の状況を示すものと推測される。毛利輝元は、戦場付近に布陣する自陣への兵粮の輸送が現時点できわめて重要であるとし、内藤与三右衛門尉（元栄）と国司雅楽允（元信）に、秋に徴収する予定の防長段銭を半分ほど時期を繰り上げ徴収して兵粮の調達をさせているが、それは「地下いたミ」をも顧みない過酷な賦課徴収であった。

しかも防長両国を除く地域、たとえば安芸・備後・石見などの国々では、段銭をはじめとする諸役が免除された国衆領や寺社領が多数存在しており、大名権力による財源確保には大きな障害となっていた。したがって、当時の毛利氏領国内の所領構成は、単に権力編成の面だけでなく、大名財政の財源確保にとっても深刻な問題を抱えていたのであり、大名権力側からすれば抜本的な改革が必要であった。しかも段銭一つ取ってみても、成立の歴史的背景の違いから、その賦課基準は公田面積や年貢高などさまざまな形態が存在していたのであり、領国内における統一的な賦課体系の確立はけっして容易なことではなかった。すなわち、所領性格の違いを越えた、領国全域一律の新たな賦課基準の設定、まさにそれが当時の広域公権力の一致した政策課題であったと言える。

このように、米は戦時の兵粮にとどまらず、平時においても、大名財政の面でさまざまな需要があった。すなわち、すでに大内・陶氏のころから防長両国では、「段米」が段銭と同じく郡ごとに段別賦課され、寺社の造営・祭祀に利用されていたことが確認できるが、毛利氏のころには「段米」のほかに「段銭米」の事例が顕著となり、それが兵粮だけでなく祭祀や普請、そして俸給・飯米など労働報酬としても勘渡・支給されており、大名権力としては財政運営上、銀とともに大量の米を常に必要とした。しかし米は、慢性的な供給不足の状況にあり、防長段銭や「有徳人」からの借米に依存しなければならない財政構造上の問題を抱え、毛利氏としては、権力編成だけでなく財源確保のためにも、領国内の所領構成の再編も含めた抜本的な改革を断行する必要に迫られていたのである。

おわりに

米は当該期、単なる商品としてだけでなく重要な支払手段として機能した。すなわち、厳島社領安芸国佐西郡友田郷の年貢算用によれば、米を俵数単位で売却することにより銭を入手する一方、燃料や食料品など日常生活物資も米で調達するなど、米は財政支出において重要な役割を果たしていた。しかも銭の場合、種類によって品位や価格が異なり、使用に不便さを伴っていたのに対し、米は銭が本来果たすべき支払手段としての役割を代替するなど、幅広く機能した。また、文禄年間に建立・補修された厳島社の平橋・鐘撞堂上葺の入目付立によれば、各種資材の価格がみな米で表示されており、当時米が単なる商品としてだけでなく、支払手段や価値尺度としての役割を果たしていたことがわかり、そこに米穀量を基礎とする石高制が社会的に成立した背景を窺うことができる。

そして、周防国吉敷郡仁保上郷の禅宗寺院である養徳院に天正・文禄年間に施入された品物の使途について記した「養徳院祠堂帳」によれば、当時の米が果たした別の役割が明らかとなる。すなわち、施入された米だけでなく、小袖や銀も米に替えられてさまざまな用途に充てられているが、とりわけ各種普請や災害復旧時の労働報酬である「代飯」や「酒（代）」に充てられることが多いほか、曾木や釘など普請材料の調達にも米が利用されている。これは、銭立て価格に対する米での支払いも含めて、安芸厳島で米が生活物資の調達に利用され、造営修理用途が銭から米に変化するなど、米利用の拡大と同様の社会状況が、周防国でも展開していたことを物語る。

さて米は、大名権力の財政面においても重要な存在であった。すでに、大内・陶氏のころから防長両国では、「段米」が段銭と同様に郡ごとに段別賦課され、寺社の造営・祭祀に利用されていたことが知られるが、毛利氏のころには「段米」のほかに「段銭米」の事例が顕著であり、戦時の兵粮米としてだけでなく、平時にも寺社の祭祀や普請、そして俸給・飯米など労働報酬として勘渡・支給されるなど、大名財政の点で米にはさまざまな需要があったことが確認される。一方、その供給源は、直轄領年貢のほか段銭、とくに防長段銭であり、兵粮米の場合、山口奉行と周防四郡段銭奉行、そして諸郡司とで構成される防長の支配機構のもとで調達され、船で積載輸送するため海辺部まで運ばれた。また、米の調達には、段銭を担保とする「借替」が防長の支配機構のもとでおこなわれたが、毛利氏自身も盛んに「有徳人」から借米しており、とくに戦時には所領給与を約束しながら大量の兵粮米確保を図っている。そして当時の米は、需要の多さを背景に比較的高利で取引されるなど、相当の利殖が期待できる商品として、社会で広く流通していた。

このように、毛利氏は財政運営上、戦時・平時を問わず、銀とともに大量の米を常に必要としていた。しかしながら、実際のところ米は慢性的に供給不足の状況にあり、防長段銭や「有徳人」からの借米に依存しなければならない財政構造上の問題を抱えていた。しかも、領国内諸地域の多様な賦課形態の存在は、統一的な賦課体系の確立をも困難にしていたのであり、領国全域における新たな一律の賦課基準の設定が当面の政策課題とされていた。したがって毛利氏には、権力編成だけでなく財源確保のためにも、領国内の所領構成の再編も含めた抜本的な改革が求められていたのである。

註

（1）　秋山伸隆「戦国大名毛利氏の流通支配の性格」（渡部則文編『産業の発達と地域社会』所収、渓水社、一九八二年、のち同『戦国大名毛利氏の研究』〈吉川弘文館、一九九八年〉に収録）。菊池浩幸「戦国大名毛利氏と兵糧―戦国大名領国の財政

構造の特質―」（『一橋論叢』第一二三巻第六号、二〇〇〇年）。

（2）「野坂文書」三八1～4号、三九号、一四七1～3号、四一号、四三号（『広島県史　古代中世資料編Ⅲ』所収）。

（3）「野坂文書」三七1～13号。

（4）松浦義則氏は、天正年間における損免分割合の大きさや天正十三年から急増する陣夫米、そして納入分の減少などに注目され、豊臣政権下の過重な陣夫役徴発と荒地増加の相関関係について具体的に考察された（『史学研究』第一二九号所収「豊臣期における毛利氏領国の農民支配の性格」、一九七五年）。のち、藤木久志編『戦国大名論集14　毛利氏の研究』（吉川弘文館、一九八四年）に収録される。

（5）「野坂文書」三七1号。

（6）「野坂文書」三八1・2・4号、三九号、四一号、四三号、一四四号、一四七1・2号。

（7）「野坂文書」三七1号。なお、このほかにも天正十一年（一五八三）分では「弐俵　うり候てかい物仕候」や、天正十二年（一五八四）分では「十三俵　きんす《銀子》五十六文めニかへ渡之」という文言が見られる（「野坂文書」三七5・6号）。とくに後者の場合、米一俵（三斗）が銀四匁三分七毛余、つまり米一石あたり銀一四匁三分五厘八毛余であったことが判明する。

（8）本書第二編第二章参照。

（9）「野坂文書」三七4号。

（10）「厳島野坂文書」一八八七・一八八八号（『広島県史　古代中世資料編Ⅱ』所収）。

（11）「大願寺文書」二四八号（『広島県史　古代中世資料編Ⅲ』所収）。

（12）「大願寺文書」二五〇号。

（13）「大願寺文書」一四七号。

（14）「大願寺文書」二二八号。

（15）「大願寺文書」二四四号。

（16）「大願寺文書」二四九号。

（17）「大願寺文書」社堂所々棟札控（『宮島町史　特論編・建築』三七五頁所収）。このほか、「本尊三躰彩色入目」、すなわち五重塔初重内の釈迦三尊像の彩色に銀四三匁が支出されたことが確認できる。

(18)「法雲院文書」二号（『山口県史　史料編 中世2』所収）。
(19)右に同じ（養徳院祠堂帳）。
(20)先述した「板釘両様六百文、四百文作料、以上一貫文分米五斗五升」や、ここで見た「曾木一駄ノ代百五十文、釘ノ代五十文、作米七升二百文之代」の文言から、一貫文あたり米五斗五升あるいは三斗五升といった価格水準の銭の存在が窺える。これは、安芸国厳島周辺で見られた銭の価格水準に比べて高く、異なる流通銭貨と推測される。
(21)前掲註(18)に同じ（養徳院祠堂帳）。
(22)『萩藩閥閲録』巻八五新山十郎左衛門16。
(23)たとえば、対尼子氏との戦闘では『萩藩閥閲録』巻一〇〇児玉惣兵衛34・37、対織田政権との戦闘では『山口県史　史料編 中世2』所収「臼井家文書」二九号・『萩藩閥閲録』巻一三六磯兼求馬12などで兵粮の補給輸送が確認できる。
(24)『萩藩閥閲録』巻五七渋谷九右衛門1、年欠閏七月十三日付け国司対馬守・黒川三河守宛て毛利輝元書状（山口県文書館所蔵「毛利家文庫　二三譜録　国司木工信処」）。
(25)『萩藩閥閲録』巻一二五内藤新右衛門23。
(26)『萩藩閥閲録』巻七九杉七郎左衛門15。
(27)「毛利家文庫　二三譜録　国司木工信処」。
(28)「毛利家文庫　二三譜録　国司木工信処」・「譜録　国司木工信処」三号（『広島県史　古代中世資料編V』所収）。
(29)「毛利家文庫　二三譜録　国司木工信処」年欠正月廿日付け毛利輝元書状。
(30)「毛利家文庫　二三譜録　国司木工信処」年欠六月十九日付け市川伊豆守・国司雅楽允宛て毛利輝元書状、「同」年欠九月十一日付け市川伊豆守・信常太郎兵衛尉・内藤小七郎・国司雅楽允宛て毛利輝元書状。
(31)「毛利家文庫　二三譜録　国司木工信処」・「譜録　国司木工信処」一号（『広島県史　古代中世資料編V』所収）。
(32)「毛利家文庫　二三譜録　国司木工信処」。
(33)松浦義則「戦国大名毛利氏の領国支配機構の進展」（『日本史研究』第一六八号、一九七六年）、のち『戦国大名論集14 毛利氏の研究』に収録される。なお、山口奉行は天正十四年ごろに活動を終えるが、周防四郡段銭奉行の場合はその後もしばらく機能しており、輝元の湯川元常に対する兵粮や「段銭米」調達の指令が確認される。

(34) 山口県文書館所蔵「毛利家文庫　二三譜録　湯川三郎左衛門常春」・『萩藩閥閲録』巻六八湯川平左衛門12。
(35) 「毛利家文庫　二三譜録　国司木工信処」。
(36) 『萩藩閥閲録』巻一〇八赤川勘兵衛1。
(37) 秋山氏前掲註(1)論文。
(38) 右に同じ。
(39) 「堀立家証文写」四九号天正七年閏三月十三日付け堀立壱岐守宛て毛利輝元書状（『下関市史　資料編Ⅴ』所収）。
(40) 「三原城城壁文書（楢崎寛一郎氏旧蔵）」一八号（『広島県史　古代中世資料編Ⅳ』所収）。
(41) 「山口県文書館　福永家文書」一三号（『山口県史　史料編　中世3』所収）。
(42) 「山口県文書館　福永家文書」一二・一四号。
(43) 『萩藩閥閲録』巻一六九山本又兵衛5・9。
(44) 『萩藩閥閲録』巻一六九山本又兵衛10。
(45) 『萩藩閥閲録』巻一六九山本又兵衛6・7。
(46) 『萩藩閥閲録』巻一六九山本又兵衛10。
(47) 『萩藩閥閲録』巻一六九山本又兵衛3。
(48) 常運について、松岡久人氏は「地御前、廿日市宮島方面のどこかに倉を所有すると共に城下吉田にも倉をもつところの豪商であり、同時に代官の年貢請負を行う形で領主経済に不離な関係をもつ特権商人」と推測されている（『広島大学文学部紀要』第一二号所収「戦国期を中心とする厳島社の社領支配機構」、一九五七年）。
(49) 「野坂文書」三八3号、三九号、三七8号。
(50) 『萩藩閥閲録』巻一六九山本又兵衛10。
(51) 「国分寺蔵文書（興隆寺文書）」一三号（『山口県史　史料編　中世2』所収）。
(52) 「⑤忌宮古文書」年欠五月廿一日付け大内家奉行衆奉書（『長門国二ノ宮忌宮神社文書』所収）。
(53) 「岩屋寺文書」一号（『山口県史　史料編　中世2』所収）。
(54) 「毛利家文庫　二三譜録　湯川三郎左衛門常春」。

(55)「黒神家文書」五・八号（『山口県史　史料編 中世2』所収）。

(56)『萩藩閥閲録』巻四四信常太郎兵衛10。

(57)「毛利家文庫　二三譜録　湯川三郎左衛門常春」年欠七月六日付け湯川元常宛て毛利輝元書状・年欠七月五日付け湯川元常宛て毛利輝元書状。

(58)「毛利家文庫　二三譜録　湯川三郎左衛門常春」年欠二月廿五日付け湯川元常宛て毛利輝元書状・「譜録　湯川三郎左衛門常春」一号（『広島県史　古代中世資料編Ⅴ』所収）。

(59)「段銭米」については、段銭と段米を単に総称したもの、あるいは最初から米で賦課徴収された可能性もある。たとえば、文禄三年（一五九四）十二月十三日付け大願寺領年貢納辻注文（「大願寺文書」二四〇号）は、寺領年貢の算用状況について長蔵なる人物が大願寺宗純房に対して報告したものであるが、列挙された収納米の一つに「檜皮師段銭米納之事」として「三石四斗弐升定　三斗入　俵十壱俵壱斗弐升」という記述がある。詳細は不明であるが、もともと銭納であった段銭が、米納に転化した状況を示すものと考えられる。また、同じ大願寺領について佐西郡塔下村年貢米等納辻覚（「大願寺文書」二八七号）がある。これは、史料中に「宗純」の名が見えることから先の史料と同じころのものと推測されるが、塔下村に関する収納状況を示している。そして、そのなかに「七石四斗四合ハ　段銭未進〆塔下ニ有之　代ニ〆三十七貫廿文也」という記述があり、これは段銭未進の代わりに米での収納を示すものと推測される。また、「米一石五斗二升六合　畠銭調内塔下ニ有之」という記述もあり、本来畠銭収納であった部分が米納となっていた状況も窺える。したがって、「段銭米」の実体については、なお検討の余地がある。

(60)「宮市天満宮文書」293（『防長風土注進案10　三田尻宰判 下』所収）。

(61)「宮市天満宮文書」365。

(62)「宮市天満宮文書」234。

(63)「花岡八幡宮文書」四二号（『山口県史　史料編 中世2』所収）。

(64)「武久家文書　第六巻」七六・七七号（『下関市史　資料編Ⅲ』所収）、「仁壁神社文書」一三・一四号（『山口県史　史料編 中世2』所収）。

(65)「山口大神宮文書」二四号（『山口県史　史料編 中世2』所収）。

(66)『萩藩閥閲録』巻一〇八赤川勘兵衛5。
(67)『萩藩閥閲録』巻七六中嶋神兵衛29。
(68)『萩藩閥閲録』巻六〇仁保太左衛門26。
(69)「石津家文書」三号(『下関市史　資料編Ⅳ』所収)。
(70)「栗林文書」(『防長風土注進案13　山口宰判 下』所収)。
(71)天正九年十月廿四日付け吉川経家宛て山県就慶・朝枝春元連署覚書(『大日本古文書　家わけ第九　吉川家文書別集』所収「附録　石見吉川家文書」一四八号)には、「五十人月俸十五日分之事　合四石但かなふせ月別」とある。月俸関係の史料としては、このほかに『萩藩閥閲録』巻五五国司与一右衛門51・53などがある。
(72)「毛利家文庫　二三譜録　湯川三郎左衛門常春」年欠卯月廿一日付け湯川元常宛て毛利輝元書状。
(73)平成十三年度吉田町歴史民俗資料館秋の特別展『記録にみる郡山城内の実像—新史料から郡山城内の構造を探る—』展図録(吉田町歴史民俗資料館、二〇〇一年)三二・三三頁所収19毛利輝元自筆書状。
(74)「毛利家文庫　二三譜録　国司木工信処」。

第三編　貨幣流通と石高制

第一章　織豊政権の貨幣政策と石高制

はじめに

十六世紀後半に相次いで誕生した織田・豊臣両政権については、これまでさまざまな角度から研究が進められてきたが、貨幣政策を中心に論じた研究成果は意外に少ない。そもそも、織田政権が誕生したのは、銭貨のほかに金銀が新たに流通市場に参入して経済的影響を及ぼし始めた時期であり、撰銭が頻繁におこなわれて銭貨の信用が低下するなか、米が支払手段としての機能を高めてきた時期である。こうした状況において、織田・豊臣両政権が貨幣や米に対して、どのような政策を実施したのか、また当時の通貨状況が両政権の諸政策にどのような影響を及ぼしたのか、明らかにする必要がある。

また、織豊政権期は、権力編成の基本原理として石高制が成立する時期である。したがって、戦国期には併存していた貫高・石高の二種類の土地評価方法のうち、貫高ではなく石高が最終的に選択された社会経済的背景とその過程について、当該期の貨幣や米の状況をふまえつつ、具体的かつ段階的に明らかにしなければならない。

そこで本章では、十六世紀後半の貨幣や米の状況に対する織田・豊臣両政権の政策的対応について、それ以前の中央政権の対応（撰銭令）をふまえた上で詳しく見ていくことにしたい。そのさい、金銀や銭貨への直接的な対応だけでなく経済的諸政策との関係、そして石高制を権力編成の基本原理として採用するに至った歴史的背景について、具体的に明らかにしたい。

一 室町幕府・三好政権の撰銭令

織田・豊臣両政権の貨幣政策を検討するために、まずその前段階の状況を見ておく必要がある。そこで、室町幕府および三好政権の貨幣政策について確認したい。

明応九年(一五〇〇)十月を初見とする室町幕府の通貨法令は、永正二年(一五〇五)十月以降、「京銭・打平(うちひらめ)」の撰銭は認めるが、その他の「とたう銭《渡唐》」「古今渡唐銭」の撰銭は禁止することを基本方針としてたびたび発令された。(1) また、永正三年(一五〇六)七月以降、永楽銭・洪武銭・宣徳銭など明銭を「百文に三十二銭」(三分の一)取り混ぜて使用することを明文化し、一定の混入率のもとでの等価値使用を原則とした。したがって、撰銭対象銭貨を極力限定し、その他の銭貨は明銭混入のもと等価値で使用させ、「悪銭売買」や悪銭を理由とする商売拒否、そして撰銭を理由とする価格吊り上げ等の禁止が室町幕府法の基本方針であった。その意味では、永正六年(一五〇九)閏八月の法令が、(2) その内容を最も典型的に表現したものと言えよう。ところが、永正九年(一五一二)八月の法令では、(3) 撰銭対象銭貨が「日本せに」「われせに」となったほか、混入率も一〇〇文中の二〇文に変化し、しかも永楽・洪武・宣徳銭のほかに「ふるせに」が混入銭貨として加わり、さらに「地せにの内、よき永楽」「大観・嘉定以下うらに文字のあるせに」といった多様な銭名が登場するなど、その内容が大きく変化した。しかし、これを最後にその後約三〇年間、通貨に関する幕府法は発令されず、再び登場したのが天文十一年(一五四二)四月八日付のもの(4)

である。それを次に示す。

定

一　せいせんの儀、京銭、うちひらめ(打平)、われ銭をのそく、其外のとたう銭(渡唐)えいらく　こうふ　せんとく　かちやう　かけ銭以下、すこしのきす(疵)をいはす、取合百匁に三十二銭けりう三分、一あるへし於向後ハ、取わたすへき事、

一　あくせん売買のき、一切可停止事

一　為悪銭と商売すへからさるよしを申聞事、付、寄事於撰銭商売高直なす事、

(後略)

これは、基本的に永正六年法令と同じ内容である。ただ、従来は渡唐銭のなかに位置づけられていた「われ銭」が撰銭対象銭貨になったこと、また永正九年法令に見られた「嘉定」が、やはり「かちやう」として含まれている点が新しい。

いずれにせよ、室町幕府法は、撰銭対象銭貨を極力限定し、それ以外の銭貨については一定の明銭混入率のもと、等価値で使用させることを基本原則としていたと言えよう。

しかし同じころ、次のような通貨法令(5)が確認される。

本寺出銭貢銭幷常楽祠堂銭可撰条々

一　永楽一枝仁十銭可取之、於麁永楽可撰

一　新銭、磨、恵明、洪武、宣徳、破欠等可撰之

一　古銭可納之、但別而於悪物者可被撰事

天文十四(一五四五)乙巳年十二月十三日

（後略）

これは京都東福寺のものである。内容としては、永楽銭について「一枝」（一〇〇文）に一〇銭、つまり一割混入での取り扱いを命じ、また「古銭」収納は認めるものの、「麁永楽」や「新銭、磨、恵明、洪武、宣徳、破欠」、そして「別而於悪物者」の「古銭」については撰銭（＝排除）を命じている。すなわち、「永楽」銭の条件付使用と「古銭」収納を求めたものである。そこには、多様な銭貨が流通する状況がわかるだけでなく、その多くを撰銭対象銭貨として指定するなど、室町幕府法とは異なった方針が見受けられる。とくに明銭の場合、「永楽」銭とは区別して「洪武、宣徳」銭を撰銭対象とするなど、幕府法では一定の混入率のもとで使用を認めていた二種の銭貨について、排除しようとしている。つまり、流通銭貨に価値の違いが存在し、等価値使用に耐えられない低品位銭貨は、たとえ多数でも、銭種を拡大指定して排除する方針が認められる。その点で、撰銭対象銭貨を極力限定し、その他の銭貨の等価値使用を命じる幕府法とは方向性を異にする。(6)

そこで次に、永禄九年（一五六六）に、三好政権のもとで制定されたとする通貨法令(7)を見たい。これは今谷明氏が、室町幕府なきあとの三好氏が戦国大名化に向かって一歩を踏み出した象徴的な事例で、しかも三好政権が京都の内外で初めて文書に残る法令として公布したと評価(8)されるものである。

定　　　　上京中洛外

一　せいせんの儀、せんとく・しんせん・こうふ・ゐみやう・われ銭・かけ銭、ふちすこしかけたるハとるへし、此分ハえらふへし、其外ハ可取渡事、

一　旧借幷質物ハ、まへのかり銭のことくにして可返弁之、利平においてハ、此定の料足たるへき事、

一　悪銭ならハ、商売仕ましき由申へからさる事、

付寄事於撰銭、商売物高直ニなすへからさる事、

（中略）

永禄九年三月十七日　越前守《飯野為清》三善判

内容としては、「せんとく・しんせん・こうふ・ゑみやう・われ銭・かけ銭」の撰銭を認め、それ以外の銭貨の通用を命じたものである。この法令について今谷氏は、室町幕府法を継承したものと評価されているが、それは必ずしも当たらない。確かに、三箇条目は幕府法の基本方針を受け継ぐものであるが、一箇条目に関しては、撰銭を認める銭貨の範囲が従来の幕府法より拡大しており、大きく異なる。すなわち、天文十一年（一五四二）の幕府法令の撰銭対象銭貨が「京銭・うちひらめ・われ銭」であったのに対し、三好法令では「せんとく・しんせん・こうふ・ゑみやう・われ銭・かけ銭」であり、それはむしろ天文十四年（一五四五）の東福寺法令に近いと言える。

すなわち、幕府法は撰銭の対象を極力限定し、それ以外の銭貨については、たとえ選別される傾向が強いものであっても混入して等価値使用を求めたのに対し、三好法令は東福寺法令と同様、撰銭の対象を増やすことで選別されやすい傾向のものをあらかじめ排除して、それ以外の銭貨の等価値使用を求めたものと言える。それは、良質で価値の高い銭貨のほかにも、低い価値しか持たない多様な銭貨が流通市場で実際取り交わされていた状況を示すものであり、借用・返却時の銭貨相違に基づく紛争や、悪銭という理由での商売拒否、そして撰銭を理由とする価格吊り上げは、すべてこうした銭貨状況を背景にしたものと思われる。

ただ、三好法令が排除対象を拡大して銭貨の等価値使用を命じることは、結局、流通銭貨が等価値使用に耐えられる良質銭貨と、そうでない低品位銭貨とに分化する結果を生む。したがって、こうした事態の発生が予想されるにもかかわらず、あえて発令した背景には、当時通貨として流通し始めた金銀に対する銭貨相場（価格基準）の必要性か

ら、精銭価格（精銭体系）の維持が求められた可能性があり、この点については後述するが、織田政権の貨幣政策と同様の事情が考えられる。

いずれにせよ、多様な銭貨が異なる価値で流通する状況があり、それに対して室町幕府や三好政権は通貨法令を発して銭貨秩序の安定化に努めるが、結局根本的な解決には至らなかった。なぜなら、異なる価値で流通・通用している多様な銭貨に等価値使用を強制することも、低価値で流通・通用している銭貨を流通市場から排除することも、実際のところ現実的な対応ではなかったからである。繰り返し発令される幕府法令について、安定した価格での米供給など食糧需給政策としての性格を見出す視点が近年提起[9]され、興味深い。しかし仮にそうであるならば、それはいわば二次的な目的での発令となる。したがって、銭貨流通の実状に即した現実的な対応が取られない限り、銭貨秩序の安定という本来の目的の達成はとうてい困難であったと言えるのである。

二　織田信長の貨幣政策と権力編成

1　信長の撰銭令

永禄十二年（一五六九）三月、織田信長が京都・奈良・大坂で二度にわたって発令した通貨法令はよく知られている[10]。それは、当時の畿内における貨幣流通の状況と、貨幣や米に対する信長の基本姿勢がわかる点で重要な史料である。そこで、この法令を改めて検討し、その歴史的意義について述べることにしたい。

まず、三月一日付けで大坂天王寺境内に発令されたもの[11]を次に示す。

　定精選条々　　　　　　天王寺境内

一ころ　せんとく　やけ銭　下々の古銭　以一倍用之、
一ゑミやう　おほかけ　われ　すり　以五増倍用之、
一うちひらめ　なんきん　以十増倍用之、
此外不可撰事
一段銭、地子銭、公事銭幷金銀、唐物、絹布、質物、五穀以下此外諸商買如有来、時の相場をもて、定の代とりかはすへし、付、ことを精銭によせ、諸商買物高直になすへからさる事、
一諸事のとりかハし、精銭と増銭と半分宛たるへし、此外ハ其者の挨拶にまかすへき事、
一悪銭売買かたく停止事、
一精選未決の間に、其場へ押入、於狼藉者、其所の人として相支、可令注進、若見除の輩に至てハ、可為同罪事、
右条々、若有違犯之輩者、速可被処厳科之由候也、仍所被定置如件、
永禄十二年三月一日　弾正忠（織田信長）在判

この法令の最大の特徴は、悪銭売買の禁止という従来の幕府法令と同様の方針を示しながら、それまでは「撰銭」の対象であったものも含めた一〇種の銭貨を三区分し、それぞれ「精銭」価格を基準に、二倍・五倍・一〇倍の換算値を示しつつ、打歩を付けての使用を「増銭」として初めて容認したことにある。しかも、銭貨取引のさい、「精銭」のみの使用ではなく、打歩を付けた「増銭」と半分ずつあわせて使用することを命じている。それは、排除すべき特定種以外の銭貨の等価値使用を命じる従来の室町幕府法とは大きく異なる。また、三好法令が撰銭を命じた銭貨数種も価格差を設けて使用を認めており、その点で三好法令とも異なる。

大内氏領国のうち豊前国では、すでに永正～大永年間、「清料」ではなく「並銭」が地域社会における一般流通銭

であったように、流通現場では精銭よりもむしろ低品位銭貨の方が優勢であった。確かに、段銭をはじめ、年貢収納銭や種々の賦課銭にはおおむね精銭基準が存在していたが、それも一定の比価のもと、「並銭」や「当料」で収納される状況であった。

そもそも室町幕府が、天文年間まで一貫して特定種以外の銭貨の等価値使用を強制した背景には、極端に品位の劣るもの以外の銭貨をすべて精銭と同等に扱わせることで、商取引のさいに恒常的に発生する、銭貨の価値認定をめぐる混乱を回避する狙いがあったものと思われる。しかし、そうした幕府の思惑をよそに、低品位銭貨の市場参入、そして流通・通用は進み、ついには毛利氏領国における段銭のように、かつて精銭額であった賦課基準すら収納の現状を反映して実際の収納銭、たとえば南京銭での額になり始める。そうなると、もはや精銭基準の銭貨取引にこだわる必要はなくなり、むしろ実状に沿った銭貨取引のあり方を公権力として認める必要が生じてくる。

その結果、価格差の存在を否定することで銭貨の信用や流通秩序を回復しようとした従来の方法ではなく、銭貨間の価格差の存在をまず認め、その上で種々の流通銭貨の価値を公定する方向に政策転換を図ったものと思われる。それはもはや、従来の方法では秩序回復が困難と予想されるほど、価格差の存在を前提とする銭貨取引が一般化しており、その現状をふまえての政治的判断であったと推測される。

おそらく、法令で取り上げられた一〇種の銭貨は、もともと「精銭」との等価値使用が困難な低品位銭貨であり、取引の現場では排除される傾向の強かったものと思われる。すなわち、個々の価値での通用が可能であったにもかかわらず、特定種を除く等価値使用という幕府法による規制のため、かえって使用が困難となり、取引現場から姿を消さざるをえなかった銭貨と推測される。したがって、流通銭貨間の価格差の存在をまず認め、「精銭」を基準に比価を設定することで、排除されていた銭貨を市場に呼び戻し、停滞していた銭貨取引の回復をめざしたのが法令の趣旨であり、銭貨通用の実態をふまえた現実的対応であったと思われる。

したがって、この信長法令について、現状の追認にすぎないという見方もあるが、特定種以外の等価値使用という従来の幕府の基本方針を転換して、銭貨の打歩付き使用を中央政権として初めて公的に認めた点は重要で、先例をただ引き継ぐのではなく、実状に沿う形で新たな銭貨政策を打ち出した点は評価すべきであろう。

しかし、銭貨の価値そのものは、本来、時や場所によって異なったり、あるいは市場原理のもとで変動するはずで、それを公定することは信長政権であってもけっして容易ではなく、取引現場での混乱は避けることができなかったと予想される。したがって、多様な銭貨の比価を公定することにより混乱した銭貨秩序を回復させることは、結局のところ困難であったと思われる。

さて、織田政権の通貨政策は、銭貨秩序の混乱を背景に支払手段としての機能を急速に高めつつあった米や、通貨として流通市場に新たに参入し始めていた金銀に対しても本格的に実施された。それが、同年三月十六日付けで発令された「追加法」[12]である。

精撰追加条々　　上京

一以八木売買停止之事、

一糸・薬十斤之上、段子十端之上、茶碗之具百の上、以金銀可為商買、但金銀無之ハ、定之善銭たるへし、余之唐物准之、此外ハ万事定之代物たるへし、然而互有隠密、以金銀売買有之ハ、可為重科、付、金子ハ拾両之代拾五貫文、銀子ハ拾両之代弐貫文たるへし、

一祠堂銭、或質物銭、諸商買物幷借銭方、法度之代物を以て可為返弁、但金銀於借用ハ、以金銀可返弁、付、金銀無之ハ、定善代物たるへき事、

（中略）

永禄十二年三月十六日（一五六九）　　弾正忠（朱印）

すなわち、米の通貨としての使用を禁ずる一方、金銀の通貨としての使用を中央政権として初めて明確に打ち出している。とくに、糸・薬・緞子や茶碗、そして唐物など高額商品の取引において、金銀の通貨としての使用を金と銭、銀と銭の換算基準を示しながら明文化している。これは、当時畿内で急激に起こりつつあった支払手段の銭から米への転換現象と、金銀の通貨的使用の進展をふまえてのものと理解される。米の通貨的使用をまず禁じたのは、政権として、米の安定した流通を望んだためとも考えられるが、基本的には銭貨秩序の回復をめざしたものと推測される。[13] [14] すなわち、多様な低品位銭貨の流通参加と、その価格差の複雑化によって生じた銭貨に対する急激な信用低下、そしてそれを背景に発生した支払手段の銭から米への転換現象に直面した信長は、銭貨間の価格差の容認と換算値の設定、さらには金銀の通貨的使用を明確化することによって通貨制度を改めて整備し、米の通貨的使用の必要性を排除した上で、銭貨秩序の回復を図ろうとしたものと思われる。

そのさい注目すべきは、「金銀無之ハ、定之善銭たるへし」などとあるように、「(定之)善銭」が金銀の代用とされている点である。そして、「金子ハ拾両之代拾五貫文、銀子ハ拾両之代弐貫文たるへし」とあるように、金銀の価格基準はこの「善銭」額と推測され、以前の法令で一〇種の低品位銭貨の基準となった「精銭」がこれに相当すると思われる。すなわち織田政権は、二度にわたる法令発布で、「精銭」(「善銭」)を基準に、低品位銭貨や金銀の価格を公定し、混乱する通貨秩序の立て直しを図ったものと理解される。具体的には、「精銭」(「善銭」)を基準に比価を設定することで、流通市場(取引現場)から排除されていた低品位銭貨を再び呼び戻すとともに、通貨として新たに市場に参入し始めていた金銀の価格を公定することで、銭貨だけでなく金銀も含めた新たな通貨体系を構築し、円滑な商取引がおこなわれるよう通貨環境を整備したものと推測される。もっとも、すでに述べたように、さまざまな低品位銭貨の比価を公権力が設定することはけっして容易ではなく、銭貨秩序そのものが回復されることはなかったであろう。しかしその後銭貨は、「精銭」（「善銭」）とそれ以外の低品位銭貨とに大きく二分化し、そのうち前者が金銀とともに高額商品の取引用通貨として機能することになり、中央政権のもとで新たな通貨体系を形作ることになる。そして、これがやがて江戸幕府の三貨体制につながっていったものと思われる。(15)

したがって、二度にわたって発令された信長法令は、当時の通貨事情をふまえた上で室町幕府に代わる新たな中央政権が、銭貨や金銀、さらには米の取り扱いについて独自の方針を示したもので、しかも結果として新たな通貨体系を成立させた点において、ここに歴史的な意義を見出すことができる。従来は、信長法令が契機となり、金銀が高額貨幣、銭貨が小額貨幣（補助貨幣）と、機能分化した点がとくに強調される傾向にあったが、実は銭貨も、高額商品の取引用通貨として利用され、かつ公的な性格を有する「精銭」とそれ以外の低品位銭貨とに大きく分化(16)した点に注目すべきであろう。

さて、興味深いのは、約一年後に尾張国熱田で、同様の内容を持つ八箇条の信長法令(17)が発令されていることである。

精選(撰)追加条々　　熱田

一精撰法度、悪銭之外、下の下古銭弐文立之内に可相加事、

一八木(米)を以て売買すへからさる事、

一糸・薬拾斤之上、段子(緞)拾端之上、茶垸の具百之上、金銭(銀)を以可売買、但無金銀者、定の善銭たるへし、余之唐物准之、此外者万事定の代たるへし、然而隠蜜(密)□以金銀売買あらハ、可為重科、付、金子拾両代拾五貫文 銀子拾両代可為弐貫文、

一祠堂銭、或質物銭、或諸商買物幷借銭方、法度之代を以返弁すへし、但金銀借用にをいてハ、金銀を以返弁す

へし、付無金銀者、可為定代事

（中略）

永禄十三年（一五七〇）三月十六日　　弾正忠御朱印

まず、一箇条目に銭貨についての取扱規定（二倍の換算規定）があるが、それは前年三月一日付けの銭貨法令に関係するものである。ただ、原文書が存在せず、写本によって字句に相違が見られるため、史料文言についての厳密な分析は難しい。また、二箇条目以下は前年三月十六日付け法令とほぼ同じ内容のものである。そして、この永禄十三年令は、最初に「精選追加条々」とあることや、一箇条目が前年のものに比べて簡潔な内容であることから、すでに発令された銭貨法令の追加法という見方ができる。それについては、「二条宴乗記」永禄十二年（一五六九）十二月二十三日条に「奈良中、銭定相□□信長分国ハ皆々相定由也」とあり(18)、興福寺の僧二条宴乗が前年十二月に奈良で「銭定」があったこと、そしてそれが信長領国すべてに発令されたとの情報を書き残しており、注目される。

ともかく、永禄十二年三月に京都・奈良・大坂で発令した二種類の通貨法令の内容を盛り込んだものを、翌年改めて尾張熱田で発令している事実は重要である。すなわち信長は、畿内主要都市だけでなく本国尾張に、しかも約一年後に通貨法令を発令していたことになる。それは少なくともこの時期までは、貨幣や米の流通に対する信長の関心が薄らいではおらず、畿内以外の都市にも法による規制をおこなっていたことを示している。そしてこのことは、信長の発令動機や、貨幣や米に対する姿勢、そして法令そのものの効力について考える上で大いに参考となろう。

このように信長は、金銀や銭、そして米の流通に強い関心を持ち、状況の改善のために法を発令するなど、積極的な対応をおこなっていたのである。

2　銭貨政策と財政運営

天正元年（一五七三）八月に越前国一乗谷の朝倉義景を滅ぼした信長は、その後蜂起した越前一向一揆に対し、天正三年（一五七五）八月にみずから大軍を率い、伊勢長島の一向一揆のときと同様、徹底した掃討作戦でこれを鎮圧した。そして、国内八郡を柴田勝家に与え、馬廻り衆の前田利家・佐々成政・不波光治を目付として府中に置き、同年九月には施政方針として越前国掟九箇条を定めた[19]。こうして柴田勝家の越前支配が始まるが、これについては翌四年（一五七六）三月朔日付けの七箇条の掟書が残されている。

前年九月に北山五村に宛てた勝家の三箇条の定書[20]が百姓の早期還住を奨励し、「新儀非分[21]」を申し懸ける者や山林竹木を伐採する者の告発を命じる内容であったのに対し、余谷五村に宛てたこの掟書は、具体的な施政方針を示したものと言える。

国中申出条々　余谷五村

一　人足用所之時者、以此印判可召仕、其外一切不可被出、若為雇雖令承諾互可為曲事、当城普請雖可申付、且為憐愍且耕作専為可申付也、所詮抛万端可成其覚悟事、
一　名主百姓手前内徳小成物可為先規事、
一　所々上使催促賄之事、一汁弐菜何にても可為有相、中酒一篇、立料者侍百疋・中間五拾疋、但可為並銭、付符者可出印判事、
一　国中反銭諸納所銭、如高札以三増倍可入弁事、

（中略）

以上

天正四年三月朔日　（柴田勝家）（黒印）

従来は、年貢剰余分と推測される「内徳小成物」について、これまで通り「名主百姓」のもとに留保することを認めた二箇条目がとくに注目されてきたが、ここではそれ以下の箇条に目を向けたい。

まず、三箇条目では各地での「上使」賄いについて規定しているが、そのさい「立料」なる費目について、「侍百疋・中間五拾疋、但可為並銭」と定めている点が注目される。すなわち、侍一〇〇疋・中間五〇疋という額が実は「並銭」額であることがわかり、当時越前国内では「並銭」と呼ばれる銭貨が広く流通していたことが窺われる。また、四箇条目では「国中反銭諸納所銭」について、「如高札以三増倍可入弁事」と規定しており、反銭をはじめとする諸納所銭を高札の通り、「三増倍」で収納することを命じている。その場合、「三増倍」収納の意味であるが、これは直前箇条の「並銭」をふまえるならば、反銭諸納所の本来の銭納額に対する、流通銭「並銭」での収納を表現したもので、「三増倍」はその換算値（「清銭」と「並銭」の換算値）と推測される。つまり、越前国内の「反銭諸納所銭」は、もともと設定されていた額（精銭額）の三倍の額での収納が命じられたものと理解される。(22)なお、この内容がすでに高札によって通達されていた点も興味深い。

次に、異なる地域の事例ではあるが、天正年間の畿内地方において、織田政権が銭貨の取扱いや収納についてどのような方針であったのか、知ることができる史料がある。

尚以、段銭諸成物等銭年貢之事、可為三文立候、已上、

河内国中、銭之取渡之事、京・堺如相定可在之旨、申遣候間、可有其御意得候、恐々謹言、

十二月四日　　　　羽筑
　　　　　　　　　　秀吉（花押）

池田丹後守《教正》殿
多羅尾玄蕃殿
野間左吉《長前》殿
　　御宿所

これは、信長の家臣である羽柴秀吉が、当時、若江三人衆と呼ばれた池田・多羅尾・野間らに宛てた書状である。(23)内容としては、河内国内の「銭之取渡」について、京・堺で定めた通りにせよとの信長の上意を伝えたものである。実は信長上洛後の河内国は、三好長慶の養子義継が若江城を拠点に北部方面を支配していたところ、元亀四年（一五七三）に信長に背いたため自刃に追い込まれ、その後は彼の重臣で信長に通じた若江三人衆が義継に代わって支配にあたっていた。年欠ではあるが、秀吉が「筑前守」を名乗り、若江三人衆が活躍していた状況から考えて、天正三〜八年（一五七五〜八〇）ごろのものと推定される。(24)

そこで問題となるのが、河内国内に適用した、京・堺で定めたとされる法令の内容である。これが永禄十二年三月令であるならば、信長の通貨法令は堺でも発令され、さらに天正年間に河内国内にも適用されたことになり、これは法の効力という点において、従来の理解とは大きく異なる。しかし、史料文言だけでそれを判断することはできない。ただ信長が、「銭之取渡」について、かつて京・堺で発令した内容を河内国内にも適用するなど、天正年間以降も、銭の取り扱いや収納について一定の政策をおこなっていたことは明らかである。尾張熱田に対する永禄十三年令でも述べたことであるが、信長の通貨に対する関心は永禄十三年以降も続いていたのであり、天正年間に入ってもなおその対策を怠ってはいなかった。

しかも注目されるのは、尚々書に「段銭諸成物等銭年貢之事、可為三文立候」と記していることである。すなわち、「段銭諸成物等銭年貢」とあるように、銭納形態をとるさまざまなものについて、「三文立」での収納を命じている。これは、先に見た越前国の柴田勝家掟書中の「国中反銭諸納所銭、如高札以三増倍可入弁事」ときわめてよく似た表現である。したがって、これも所定額の三倍での収納を示したものと推測される。

以上、銭貨政策に関する二つの事例を紹介した。河内国内の「銭之取渡」の場合、羽柴秀吉が信長の意向を受けて発令していることが明らかであるが、越前国の掟書の場合、勝家自身の判断か、信長の意向をふまえたものなのか、判断は難しい。しかし、天正年間の織田政権下で、段銭など銭納物の収納方法について具体的な指示を出していることは間違いなく、少なくとも銭納そのものは否定していない。むしろ、銭納が支障なくおこなわれるよう施策を講じているのであって、基本的に織田政権は銭貨秩序の安定に努めていたと言えよう。

さて、池上裕子氏は、信長の天下統一の政権構想に都市と流通の支配があったと見なし、国内の流通を発展させ、その動脈中の拠点都市を全国にわたって掌握して金銀を集積し、貿易を管轄下に置くという、重商（主義的）政策を政権構想として持っていたと述べられている。(25) さらに、東海・関東を結ぶ太平洋岸の広域物流の拠点である伊勢湾、湖上水運や日本海水運につながる近江琵琶湖、そして瀬戸内海を大動脈とする西日本の海という「三つの海」の支配をめざしていたとされる。傾聴に値する見解であり、貨幣や米に対する政策事例から、私も織田政権の都市や流通に対する積極性を高く評価したい。

すなわち、信長は領国拡大にさいし、拠点となる都市を順次押さえていったが、その代表が堺である。彼は堺を直轄領とし、清洲城下の商人松井友閑を代官に任命する一方、堺の豪商今井宗久らを通じてその支配を強め、堺を通じて広く世界とつながろうとした。そして、但馬国に木下秀吉らを指揮官として派兵し、生野銀山を支配下に置いて貿易通貨である銀を掌握するが、その銀山経営にあたったのが、今井宗久や長谷川宗仁らであった。[26]

また信長は、高額貨幣として広く通用し始めた金銀や、銭貨に代わって支払手段として機能し始めた米を大いに活用し、財政運営をおこなった。たとえば、元亀四年（一五七三）三月、信長が細川藤孝に宛てた書状[27]に「鉄炮・玉薬・兵粮以下之儀者、金子百枚・二百枚ほとの事余ニ安事ニ候」という一節がある。これは、実際の調達状況を述べたものではないが、鉄炮以下の軍需物資が金で調達可能であることを表現した内容であり、当時の状況をそのまま示したものと理解される。また、元亀二年（一五七二）には洛中洛外の田畠に賦課して徴収した段別米を、町に貸し付けて得た利米を宮廷費に充てているが[28]、段銭ではなく段別米が賦課・徴収され、それを元手に貸し付けがおこなわれ、その利米が宮廷財源になるなど、当時の米が銭に比べて運用しやすかった様子も窺われる。

そして天正年間以降、畿内およびその周辺を平定して政権基盤を安定させた信長のもとには、各方面から進物などの形で大量の金銀が集まるようになる。彼はこれらを茶道具など唐物の蒐集をはじめ多方面で活用するが、とりわけ金については、単に通貨としてだけでなく「天下人」の演出にも利用した。すなわち、権威の象徴として新たに築造した安土城の「天主」は、金箔瓦や金碧障壁画に見られるように、内外ともに金をふんだんに用いて装飾したのであり、やがてこの演出方法が秀吉によって受け継がれることになるのである。

3　石高制の萌芽

脇田修氏によれば、織田政権は国ごとに貫高・石高のいずれかにより、所領高を一元的に把握しようと試みており、尾張・美濃・伊勢国では貫高を、越前・摂津国では石高を採用したと述べられている。[29]

したがって、石高を権力編成の基本原理とする石高制の成立を探るには、織田政権の石高利用について検討する必要がある。その場合、天正五年（一五七七）に柴田勝家らによって実施された越前検地が、石高把握の典型的な検地として一般に理解されていることからも、織田政権と石高の問題を考えるには最適な素材と言える。そこでまず、柴田勝家の越前検地から検討を始めたい。

先述したように、信長は越前一向一揆を鎮圧した直後の天正三年（一五七五）九月、柴田勝家と府中三人衆に国内支配を委ねるが、その彼らが二年後に実施した検地が織田政権最初の一国規模の検地となった。それは、織田政権の検地政策の基調が示されていると理解されるもので、すでに多くの研究成果がある。

松浦義則氏は、丹生郡天谷村の検地打渡坪付と請文に注目され、柴田検地の目的は「検地坪付によって確定された村高を百姓中に打渡」し、百姓中から請文を取って村高を請け負わせた点にあるとされた。すなわち、この検地が田一反あたり一石五斗という統一斗代で確定しようとしたのは「収取の細部なのではなく、何よりも村高」で、指出に基づき面積を掌握して「村高」を確定することが目的であったとされた[30]。そしてそれは、「同じ北陸の前田氏初期検地と基本的に一致」し、一率斗代を村総面積にかけて村高を確定する前田検地の手法は、まさに柴田検地に影響を受けたものと評価された。

また池上裕子氏は、柴田検地の田一反あたり一石五斗という統一斗代は、戦国期の本年貢と加地子等の合計額（＝作人の全負担額＝「分米」標準値）であり、織田政権が把握した石高は「年貢」高であり、太閤検地の石高も「年貢」高をもとにした統一的斗代によって把握した年貢賦課基準高で、織田検地と太閤検地の連続性を指摘される[31]。

さらに木越隆三氏は、検地の具体的な作業過程を明らかにされ、検地・縄打といっても、粗放な実検や村の申告に多分に依存したもので、村と対立して遂行したのではなく、百姓指出と村請の力を利用した検地とされた[32]。すなわち、百姓指出に依拠した検地（実検・丈量）によって作成されたもので、統一基準で面積を掌握し、統一斗代を村中に受用させた点で画期的とされる。そして、織田政権の検地政策の基調は、柴田勝家による越前検地に示されているとし、まず村切をおこない、三六〇歩制（大半小制）で地積表示し、一石五斗の一率斗代で検地村高を公定する検地の基調は越前・加賀・能登・越中国に共通し、少なくとも豊臣政権前期まで継承され、越中・能登国では徳川初期まで続けられたという。

さて、このような研究成果を持つ越前検地であるが、とくに注目したいのは、畠についての石高設定の部分である。それを示す史料(33)を次に掲げる。

織田庄之内南料所本所分大明神相付分之事

（中略）

田数百三町三反大歟

此分米千五百五十石五斗歟

畠数五町七反大三歩歟　此代百拾五貫三百四十五文

此代米卅八石四斗五升八合歟

惣都合千五百八十八石九斗五升八合歟

余分九十九石六斗五升八合　但上戸より出

天正五年（一五七七）卯月八日

（後略）

すなわち、畠はまず面積一反あたり二貫文で分銭を算出し、それをさらに約三貫文＝一石の基準で石高に換算している。後述するが、越前国では天正十二年（一五八四）に丹羽長秀による検地がおこなわれており、それは柴田検地を継承したものと理解されている。そして畠は、畠斗代で分銭を算出した後、「石別三貫文宛和市」という基準で石高に換算する方法が採られている。(34)こうした点をふまえると、越前では、畠の場合まず分銭が算出され、それを一定の基準で石高に換算した上で、田の石高と合算して村高を確定していたことがわかる。なお、そのさいの換算基準は「石別三貫文宛和市」であるが、天正五年（一五七七）と同様であることからも、「和市」とはいうものの、流通市場における純粋な相場というよりはむしろ、政策的に設定された換算基準としての性格が強かったと思われる。

いずれにせよ、織田政権が一国規模で実施した検地において、畠における石高算定の仕組みが確認できたのであり、これはその後の各地における石高設定の方法について検討する上でも参考になる。

さて、天正八年（一五八〇）十月には、織田政権が大和国内の国人・寺社から「指出」を徴収したことが知られている。(35)それについて脇田氏は、「銭地子米ニナシテ可書出由又書直遣之」という文言に注目し、それは地子分・畠方代銭納分を米に換算して提出させたものであり、織田政権の「石」高は、現実には雑多な内容の収納高を「石」高基準で一元的に把握したものと評価された。(36)

また池上氏は、大和での指出徴収を「領主指出」とした上で、これは畠の代銭納分や地子収納高を米に換算して提出するよう命じたもので、織田政権が把握した石高は「年貢」高であって収穫高把握という政策はないとされ、石高を年貢賦課基準高と考える一つの根拠とされた。(37)

このように織田政権は、越前検地（天正五年）や大和での指出徴収（同八年）からもわかるように、天正年間以降、圧倒的な軍事力を背景に一国規模で新たな支配を開始しようとするさい、国内所領を石高で掌握し始めている。これは、永禄年間に支配権を確立していた尾張・美濃・伊勢国の場合が貫高掌握であったことをふまえると、大きな政策転換と言える。そして、この政策転換の背景には、当時の銭と米を取り巻く社会経済状況の変化が想定される。

「石」高の採用について脇田氏は、商品としての性格や領主側の直接的使用の要求から、米を主とする「石」高が成立したのであり、その理由は米そのものが主要食料として最も重要な商品で、比較的均質化された内容であるとともに、最も確実な流通手段となりえた点にあるとされた。そして畿内近国で「石」高が成立した背景は、京都を中心とする首都市場圏の発達の中で米の商品化が進んだことによると論じられた。(38)

重要な指摘であるが、そこには複雑な事情を抱える銭に対し、高い商品的価値を持ち、相対的に信用を高めた米が、しだいに通貨としてだけでなく価値尺度としての機能を発揮するようになり、その結果、政権による領国内所領の数量的把握の尺度として、新たに採用された状況が想定される。

また、髙木久史氏の『多聞院日記』の分析によれば、天正二年（一五七四）以降、米建て価格表記の事例を確認することができ、奈良周辺では商取引などにおける米の価値尺度的使用が政策外のレベルですでに存在していることが明らかになった。(39)したがって、こうした米の状況を背景に、石高による所領評価が政策的に成立したと考えられる。織田氏領国では、貫高と石高という二つの高が併存していたが、それは公権力が領国支配を展開する上でその当時の社会経済状況をふまえつつ、最も効果的な方法を選択・採用した結果であって、天正年間以降、織田政権が米穀量を基準とする石高で所領把握を始めたのも、当時の銭や米の状況を反映したものであり、貫高から石高への転換は、銭よりも米の信用が相対的に高まった社会経済状況がもたらした権力編成上の政策転換と言える。

このように、商取引における米の価値尺度的使用を背景に、石高が権力編成の基本原理として中央政権によって採用され始めたのであり、越前検地はその早い事例と見なすことができる。それはまさに、石高制の「萌芽」であった。

三　豊臣政権の貨幣政策と石高制

1　国内金銀鉱山の掌握と貿易統制

天正四年（一五七六）から続いていた織田政権と毛利氏の抗争は同十年（一五八二）六月の備中高松城での講和によって終わりを告げる。京都本能寺での変事を伏せたまま織田方の最高責任者として和平交渉にあたった羽柴秀吉は、講和成立後すぐさま上方に取って返し明智光秀軍を破ったのち、大徳寺での信長の葬儀を主催するなど信長後継者への道を突き進み、翌年四月に宿敵柴田勝家を越前北庄で滅ぼすことにより、その地位を不動のものとした。

さて、講和後も容易には解決しなかった毛利氏の領国割譲問題だが、短期間のうちに中央政界の実権を掌握した秀吉の前に毛利氏も譲歩を余儀なくされ、天正十三年（一五八五）二月ごろようやく決着を見た。その結果、伯耆・備中両国をそれぞれ東西に分けた中央部に境界線が引かれ、その西側が新たな毛利氏領国となったが、領国内諸所の銀山については別の扱いとされた。

近年、豊臣政権下の石見銀山支配について、毛利氏から豊臣秀吉への引き渡し、あるいは両者の共同管理といった従来の理解(40)に対し、権益を有する銀山（の場所）が本来別であったとする新たな見解(41)が提唱されているが、毛利氏領国内の銀山について、時期はともかく豊臣政権が一定の権利を確保することになったのは間違いない。

其方分領中、石見国先銀山之外、所々有之分銀子事、其方被申付林肥前守（就長）・柳沢監物（元政）両人ニ、取集可有運上候、
猶浅野弾正少弼可申候也、
正月十八日（秀吉朱印）

其方分国中出来之銀子山運上儀、不相易奉行可被申付旨被仰出候処ニ、則為下代林・柳沢両人申付、御公用運上不可有由断旨、尤候、就其、銀子参百枚到来、悦思召候、猶浅野弾正少弼可申候也、

卯月廿五日（秀吉朱印）

羽柴安芸宰相《（毛利輝元）》とのへ

すなわち、天正末年ごろのものと推定される、これらの秀吉朱印状[42]は、石見国をはじめ領国内諸所の銀山運上を取りまとめて上納することを、林肥前守就長と柳沢監物元政の両名（輝元家臣）に申し付けるよう毛利輝元に命じており、この段階で豊臣政権が毛利氏領国内の銀山収入の一部を毛利氏の責任で上納させる体制を確立していることがわかる。そして実際、残された史料によると、慶長二年（一五九七）七月朔日には「新銀山御公用」として備中・備後・出雲・石見・安芸・長門・周防七ヵ国分の一〇〇〇枚、また十二月二十八日には「新かな山銀子」として同じ七ヵ国分の二〇〇〇枚を、秀吉が柳沢元政から受け取っている[43]。当時秀吉は、但馬国生野銀山を信長時代と同様、直轄領として支配する一方、国内の他の金銀鉱山も公儀所有という理解のもと、生産量の一部を運上として上納させており、毛利氏領国に対してもそれを適用した。そして、この国内銀山の掌握により、豊臣政権は大量の貿易通貨を手中に収めることになった。

また、周知のように、秀吉は対外政策において従来にない新たな方針を打ち出す。すなわち、天正十五年（一五八七）五月に九州を平定すると、翌十六年（一五八八）五月には長崎の教会領を没収して直轄化し、鍋島直茂を代官に任命する。そして、長崎惣中に対し地子銭を免除してその発展を保護する一方、小西立佐を派遣して大量の銀で黒船

（ポルトガル船）が積載する生糸の買い占めをおこなった。これは明らかに、中央政権として貿易の独占化を狙ったものであり、同年七月に発令する海賊停止令と目的を同じくするものであった。それは、大名・国人・「海賊」らが個別に、あるいは互いに関係しながら進めていた対外貿易に対して中央政権が統制を加え、その独占化をめざすもので、それは広域にわたる通商取引を重要な経済基盤としていた「海賊」能島村上氏らの存立そのものを脅かすものであった。

そして、この豊臣政権の政策が、先述した国内金銀鉱山の掌握ときわめて密接な関係を持つ。すなわち、金銀鉱山、とりわけ銀山の掌握は貿易通貨の掌握を意味し、それは秀吉の貿易統制・独占政策と明らかに連動するものであった。天正十七年（一五八九）と推定される八月、秀吉は薩摩半島片浦に黒船着岸との島津氏の報告を受ける。それについて秀吉は、島津義弘に対し、奉行に銀二万枚を持たせて派遣するのでその到着までは生糸の売買を禁じ、派遣した奉行が買い上げたあとの余剰分は諸商人に買わせるものの、買い手がない場合にはことごとく召し上げることを朱印状によって申し付けている[44]。これは、秀吉（豊臣政権）が銀によって黒船の積載品、この場合は生糸の買い取りを他の者に先んじて実施しようとする、つまり先買権の行使を示すものである。しかも、今後一年に五度、一〇度来航してもことごとく召し上げるので、毎年来航していずれの港であろうとよい場所に着岸するよう伝えることを命じている。

このように、国内金銀鉱山を掌握することにより大量の貿易通貨（銀）を確保した秀吉は、圧倒的な軍事力を背景に海賊停止令を発するとともに、直轄港長崎を通じて対外貿易の統制・独占化を図ったのである。

2　財政構造と金銀貨鋳造

織田政権期も政権基盤が安定した天正年間には、多くの金銀が中央に集中するようになり、金銀遣いが活発化したが、豊臣政権期にはさらに大量の金銀が中央に集中し、その動きが一層激しくなった。豊臣政権の財源は、全国各地に設定された蔵入地からの年貢、諸国金銀鉱山や金座・銀座からの運上、その他諸役料で構成されるが[45]、加えて大量の進物が巨大な財源となり、これらによって財政運営がおこなわれた。また、京都・伏見・大坂・堺・博多・長崎などの主要都市を直轄化し、その地の豪商を掌握することで、国内の物流を自在に動かすことも可能になった。

さて、秀吉発給の米穀渡方切符は多数確認できるが、その内容から秀吉の金銀や米の運用について知ることができる。

しろかね《白銀》四十まいのふん《分》、こめ《米》にても、きやう《京》のうりかい《売買》のふんに、四ミつ《清水》九郎二郎たしかにわたし可申候、
天正十一《一五八三》年正月三日　秀吉（花押）
い藤よさいもん《伊藤与左衛門》

この史料[46]は、秀吉が伊藤与左衛門（吉次）に対して、銀子四〇枚分の米を京都の相場で購入し、清水九郎二郎なる人物に渡すよう命じたものである。伊藤吉次はこのころ、秀吉の蔵入に携わっていた者と推測され、このほかにも吉次に宛てて秀吉が発給した米穀や大豆の渡方切符が残されている[47]。文書の発給時期から、この米はまもなく始まる滝川一益や織田信孝との合戦のための兵粮米と考えられるが、ここでは兵粮米確保のために銀が使われていることがわかる。

だいり《内裏》御さくし《作事》の御よう《用》として、八木五百石、京ますのさんよう《算用》を以、ミんふほうゐん《民部法印》かたへ、たしかにはかり《量》
わたすへきもの也、
天正十三《一五八五》年八月八日（秀吉朱印）
けんちん《賢珍》

またこの史料[48]は、秀吉が内裏の修造にさいし、米五〇〇石分を「京ます（升）」の算用で京都奉行民部卿法印（前田玄以）に量り渡すことを、近江国の直轄領代官で蘆浦観音寺の僧である賢珍に命じたものである。これにより、内裏修造用途として大量の米が使われようとしていること、しかもそれを近隣の蔵入米で賄おうとしていること、そしてその米が京升で正確に計量されようとしていることなどがわかる。織田政権期には、村井貞勝の「判升」が計量基準とされていたが、秀吉はその方式を受け継ぎ、京都の十合枡を「京升」として計量基準に採用したのであり[49]、これが石高基準として、その後重要な意味を持つことになる。

さらに豊臣政権は、蔵米と金銀を全国規模で結びつけることにより、必要な物資を必要な場所で入手することを可能にした。

石見銀山が毛利氏領国内にありながら、豊臣政権が生産銀の一部を上納させていたことはすでに述べたが、実際、蔵米と石見銀山の銀を結びつけることで、豊臣政権が長崎で鉛や塩硝を入手しようとしていた事例が確認される[50]。

一為鉛・塩消（硝）御調、長崎江銀子被遣ニ付、御蔵米石刕へ被遣候間、銀子早速相調候様ニ可在御馳走候、為御奉行近真吉兵衛尉被差遣候、様子可被遂直談候、恐々謹言、

三月廿四日　益庵

駒井

林肥前守（就長）殿

御宿所

石見江被遣候御蔵米之覚

一壱万三千石也

三月廿四日　益庵

石見山奉行　駒井

参

すなわち、文禄三年（一五九四）三月、豊臣政権は軍需物資である鉛や硝石を入手するため、蔵米一万三〇〇〇石を石見銀山に送り、そこで調達した銀を長崎まで届けるよう指示している。京都・大坂・堺・伏見など主要都市の米相場情報を把握する豊臣政権は、蔵米と直轄鉱山の金銀を活用することで、必要なあらゆる物資を必要な場所に確保する体制を確立していた。(51)そして、高額貨幣として国内に流通・通用していた金銀と、商品価値の高い米を効果的に活用することで、政権としての財政運営も可能であった。当時、金の産出量は銀ほどではなかったものの、銀の輸出によって金の輸入も可能であり、国内金銀鉱山の掌握も含め、統一政権は大量の金銀を自身に集中させる構造をすでに確立していた。天正十七年（一五八九）五月におこなわれた秀吉の「金賦り」には、実はこうした背景があった。

したがって、新たな銭貨鋳造は実施しなかった秀吉も、金銀貨の鋳造には積極的に取り組んだ。天正十六年（一五八八）、秀吉は京都上京の金工後藤徳乗に命じて十両大判、いわゆる天正大判を鋳造させるが、それは重量と品位を中央政権が保証する法貨であった。また、文禄三年には大坂の大黒常是に銀の製錬を許可しており、銀貨の鋳造も政権として実施していたと思われる。信長は、金銀の通貨としての使用を価格基準を明示しながら中央政権として初めて公認したが、秀吉は、重量と品位を政権として保証する法貨を鋳造・発行したのであり、明確な基準設定は金銀貨の制度化への指向性が認められる。そして、豊臣政権によって品位を保証された金銀は、時の中央政権に通貨としての信用を付与されたのであり、一五八〇〜九〇年代における土地取引など支払手段の米から金銀への緩やかな転換[52]はこうした背景に基づくものと思われる。

このように、豊臣政権期には金銀と米の流れを中心とする大規模な物流が展開したのであり、政権の財政運営も、こうした経済状況に沿う形でおこなわれたのである。

3 銭貨への対応

秀吉の銭貨政策を示す事例はきわめて少ない。次に紹介するのは、その貴重な事例の一つである。

於当所、新銭鋳之由、曲事候、自今以後、堅可停止者也、

八月十八日　秀吉（朱印）

長浜惣中

於当所、新銭を鋳之由、被　聞召、向後堅可相留旨、被成　御朱印候、即両人可申達由御諚候、謹言、

八月十八日

豊田勝介
定長（花押）

石田弥三
正澄（花押）

この二つの史料[53]は、「新銭」鋳造を曲事として以後禁止することを近江「長浜惣中」に対して命じた秀吉朱印状と、その副状である。朱印状は、筑前守の受領名を欠き、「秀吉」と署名して朱印を捺した形式から天正十二年（一五八

四）八月のものと推定されるが、(54)豊田定長・石田正澄連署の副状を伴っている点で、秀吉の命令がこれら奉行人によって通達されたことは間違いなく、その内容から当時、近江長浜で「新銭」が鋳造されていたこと、そして秀吉がそれを禁じていたことが確認できる。この年の四月には、いわゆる小牧・長久手の戦いがおこなわれており、長浜の「町人」はこのほかにも、秀吉朱印状によって五月に関ヶ原まで「兵粮米」を、八月に犬山まで「鋤・鍬」を運ぶよう命じられているが、(55)この両史料はその時期のものと思われる。戦時体制下での銭貨鋳造は注目され、具体的な状況は不明だが、畿内で秀吉の銭貨政策が認められるのは、管見の限りこの史料だけであり、大変貴重である。ただ、混乱した銭貨流通秩序の回復・安定のために、秀吉が積極的な政策を実施した形跡は今のところ確認されない。

毛利一憲氏は、当時の畿内における銭貨流通状況について、小葉田淳氏の『多聞院日記』を素材とした貨幣研究の再検討を試み、天正四年から同十七年（一五七六〜八九）に至る貨幣分析の結果、流通銭貨とは別に、一〇〇文＝米二斗（一貫文あたり二石）の値を常に維持する「本銭」と呼ばれる、実体を失った年貢算定用のある種観念的な銭貨の存在を指摘する一方、天正四・五年（一五七六・七七）ごろから流通銭貨の主役となった「ヒタ」と金銀貨の和市を比較検討することで米価と銭価の表裏一体の変動を確認し、少なくとも多聞院があった奈良という同一経済圏において、ただ一種類の「ヒタ」がかなり長期間にわたって通用していたことを明らかにされた。(56)

この指摘で想起されるのが、豊前・筑前両国や毛利氏領国で確認できた「清料」「古銭」と「当料」の関係である。畿内における「本銭」と「ヒタ」の関係はそれに相当し、基準額と通用額の併存は、戦国・織豊期における銭貨通用上の社会慣行であったと言える。すなわち、かつて精銭で見積もられた額がその後も収納基準額として継承されながら、実際は広く流通する銭貨の額で収納や商取引がおこなわれていたと思われる。

近年、「ヒタ」という銭貨について、近世の鐚銭《びたせん》という名称から想起されるような低品位の銭貨ではなく、東国における永楽銭の超精銭化に伴って一括りにされるようになった、宋銭を中心とする渡来銭で、当時畿内に広く流通していた銭貨群と理解されつつある。[57]確かに、天正十年（一五八二）以降、一貫文あたり米八斗～一石の価格水準で推移する状況から見て、「ヒタ」はけっして低品位の銭貨ではなく、むしろ織田政権下で「精銭」や「善銭」と称されるような良質の銭貨であったと思われる。すなわち、かつては室町幕府によって「とたう銭《（渡唐）》」と称されるような宋銭を中心とする中国渡来銭で、織田政権のもとでも金銀の価格基準となり、金銀と同様に高額貨幣として取り扱われる銭貨であったと考えられる。しかもそれは、権力・支配者層が進物に利用するような銭貨であり、一般民衆が取り扱う低品位銭貨とは基本的に異なるものであったと推測される。つまり、織豊政権期の「ヒタ」とは、こうした特徴をもつ銭貨に対する一般的な呼称であったと考えられる。

さて、織田政権が畿内およびその周辺を領国とするにとどまったのに対し、豊臣政権は圧倒的な軍事力により領国を拡張し、国内平定を実現した後はさらに海外派兵を敢行するようになるが、それに伴って新たな銭貨政策の実施が必要となった。その状況について、以下述べることにしたい。

たとえば、天正十八年（一五九〇）七月に小田原の後北条氏を降服させた秀吉は、そのまま東北平定のため奥羽地方に向けて軍勢を派遣する。そして、会津黒川城に入り奥羽大名の領地を確定した上で、八月十日付けで石田三成に宛て東国方面の支配方針として七箇条の朱印状[58]を発給するが、その最後に「永楽銭事、金子壱枚ニ弐拾貫文宛、ひた銭ニハ永楽一銭ニ可為三銭立事」という箇条をとくに付け加えている。永楽銭は東国、とくに関東では良質の精銭と見なされ、しかも権力編成のさいに基準銭として取り扱われていた銭貨である。一方「ひた銭」は、先述したように、当時畿内に広く流通し、織豊政権下でも精銭として通用していたと思われる銭貨である。したがって、右の条項は、豊臣政権が新たに東国の支配を開始するにあたって、その地で強い影響力を持つ「永楽銭」に対処するため、金とともに、畿内の基準銭貨である「ひた銭」との換算基準を公定したものと推測される。また、この箇条は、下野国の宇都宮国綱に宛てた同年八月付けの秀吉朱印状[59]にも含まれており、東国の国衆には同様の指令が下されていたことがわかる。そして、これらの事実から、豊臣政権が畿内とは異なる通貨状況であった東国に新たな支配を開始するにあたり、その対策をいかに重視していたかが明らかとなった。

また、第一次朝鮮出兵時にも、豊臣政権の銭貨政策の一端が窺われる。すなわち、大陸派兵を開始した約四ヵ月後の天正二十年（一五九二）八月、軍勢発進基地である肥前名護屋と京・大坂との間の陸海両面における連絡・輸送を迅速かつ確実にするため、豊臣政権によって長距離通信輸送制度として、次夫・次馬・次飛脚および次船の制が定められる。[60]これは、秀吉の肥前名護屋への布陣という特殊事情のもと、臨戦体制下での政策遂行のため、京都聚楽第の関白秀次との緊密な連絡や補給を維持し、さらには大坂城の留守を預かる北政所との通信・輸送を確保する目的のもとに法制化され、実際利用された制度である。[61]

そこで、次馬・次夫・次飛脚、そして次船の規定を示す史料二点[62]を次に示す。

　　京大坂よりなこや迄つき馬次夫之事

一　京よりハ　　　　関白殿御朱印
一　大坂よりハ　　　北政所殿御をして
一　なこやよりハ　大閤様御朱印
一　右之所々ニ一文遣之精銭百貫文宛被置候条、次馬つき飛脚如御定、可相渡候事
一　馬ニ者一里ニ付而、精銭拾文宛、十里之分合百文哉事
一　次夫一人一里ニ付而四文宛、十里之分合四拾文哉事

一　人夫之荷物一荷拾貫目たるへき事
一　馬之荷一駄三拾貫目たるへき事
一　御朱印御をして被遣候条、任其旨相渡、追而可遂算用事
一　次馬次夫之事、右之御朱印・御をして無之候ハヽ、かりことにて可有之候間、一切不可許容事
一　駄賃馬人足かり候ニおゐてハ、上より被下候ことく、駄賃之高下なく、かし可申事
右条々堅被相定置訖、若於相背者、可被処厳科者也、
天正廿年八月日（秀次朱印）
花岡奉行

大坂よりなこやへつき舟
一　京よりハ　関白殿御朱印
一　大坂よりハ　北政所殿御をして
一　なこやよりハ　大閤様御朱印
一　右浦々ニ一文つかひの精銭百貫文あて置せられ候ハヽ、つき舟ニ可被下ために候、但奉行相紛悪銭をつかひ候者、御定のことく何せんにても増を入可請取事
一　継船四たんほたるへく候、壱艘壱里ニ付、右之公用廿文にて十里之分合弐百文哉事
一　御定之御朱印・御をしてめい〳〵請取置、つきふねニ遣之、追而算用可仕候、自然御朱印・御をして無之族、つきふね之儀雖申付、不可許容事

右条々若於違乱之輩者、忽可被処厳科者也、

天正廿年八月日（秀次朱印）

下のせき

右に見えるように、京よりは関白秀次の朱印状、大坂よりは北政所の黒印状、そして名護屋よりは秀吉の朱印状に従って、次夫・次馬・次飛脚および次船での連絡・輸送を命じているが、山陽道および瀬戸内海上の主要な宿駅や港の各所に奉行を置き、「精銭百貫文」を渡して、利用するさいの料金を次馬の場合一匹あたり一里「精銭」一〇文、次夫の場合一人あたり一里四文、次船の場合一艘（四端帆）あたり一里二〇文とし、しかも馬の荷物は一駄三〇貫目、人夫の荷物は一荷一〇貫目と定めている。そして、秀次や秀吉の朱印状、および北政所の黒印状を受領するとともに料金を渡して会計処理することを求めている。

安国良一氏は、銭貨が交通路における交換・支払手段として機能したとして、貨幣の問題を交通史研究に本格的に位置づける必要性を説き、豊臣政権の開設したこの制度が後年の江戸幕府の交通政策の基調になったと評価される。(63)こうした指摘について学ぶべき点は多いが、ここでとくに注目したいのは、陸路・海路における個々の宿駅・港にわざわざ「一文遣之精銭」（「一文つかひの精銭」）一〇〇貫文を置き、「但奉行相紛悪銭をつかひ候者、御定のことく何んにても増を入可請取事」と見えるように、「増を入」れての授受を指示して制度の運用を図っている点である。この場合「精銭」とは、「一文遣之精銭」あるいは「一文つかひの精銭」と表現されるように、一枚が一文として通用する銭貨であり、一方「悪銭」とは一枚が一文に値しない銭貨と理解される。これは、豊臣政権が次夫・次馬・次飛脚および次船の制を法制化するのに伴い、陸海路の各宿駅・港に支給した「公用」一〇〇貫文の銭貨がまさに一枚一文で通用する「精銭」であり、この制度の料金規定が「精銭」基準であったことを示すものである。そして、この

「精銭」が、畿内の基準銭貨「ヒタ」であった可能性は高い。

すなわち、当時の日本国内では、地域ごとに種々雑多な銭貨がさまざまな価値を持って広く流通していたのであり、豊臣政権としては銭貨に対する特別な政策を実施していない以上、京・大坂と肥前名護屋とを結ぶ長距離通信輸送制度を構築するためには、中央政権として統一基準の料金設定が必要であり、「一文遣之精銭」（「一文つかひの精銭」）はまさにその役割を担ったものと言える。そして、京・大坂と肥前名護屋とを結ぶこの通信・輸送ルートは、異なる大名領国やさまざまな流通経済圏を越えて設定するものであり、それはまた異なる銭貨流通圏を横断するものであった。つまり、「ヒタ」が主役である畿内から、たとえば「南京銭」や「鍛」などが広く流通・通用する毛利氏領国を経由して肥前名護屋まで通信・輸送ルートを開設するには、畿内の「精銭」（「ヒタ」）基準の料金規定を設定するよりほかなかった。戦国期はもとより統一政権の誕生した豊臣政権期においても、国内には地域固有のさまざまな銭貨流通圏が依然存在していた。したがって、「悪銭」の広範囲での流通という社会経済状況のもと、統一基準による料金設定の必要性が「公用」銭貨としての「精銭」採用と、「精銭」基準の料金規定を成立させたのであり、その意味で豊臣政権は織田政権の「精銭」基準の銭貨体制を継承し、それをもとに現実的対応をおこなったと言えよう。したがって、天正十二年（一五八四）八月に長浜惣中に対して秀吉が命じた新銭鋳造の禁止も、信長の後継者としての地位を固めた秀吉が、新銭の市場参入による商取引の混乱を懸念したものと思われるが、そこには「精銭」基準の銭貨体制の維持という思惑の存在も想定される。

付言するが、使用する銭貨が悪銭である場合、「増を入」れて授受する行為が中央政権によって認められているところに、当時の銭貨取引の実態が窺われる。もともと織田政権の通貨法令では、「増銭」は公認しており、「精銭」と「増銭」を半分ずつ取り合わせての通貨取引を命じていたが、豊臣政権は「増銭」の行為をそのまま容認していた。

こうした点からも、一枚が一文に値しない銭貨が、依然として多数流通していたことがわかる。(64)

このように、豊臣政権は独自の銭貨を鋳造するなど積極的な銭貨政策を実施しなかったのであるが、その背景には政権としての財政運営が金銀や米の運用により十分可能であったことが挙げられる。豊臣政権期の畿内における流通銭貨の主役は「精銭」（「ヒタ」）であったようだが、政権は金銀や米を基軸とする財政運営を展開し、銭貨に対する政策はとくに実施することがなかった。したがって、戦国期以来の「撰銭」状況は一向に改善されないまま、精銭とともに種々の低品位銭貨が依然流通・通用していたのであり、銭貨問題の解決は事実上先送りされたのである。

4　石高制の採用

豊臣政権は、権力編成の基本原理として石高制を採用した。撰銭が依然解消されない状況下では、銭貨の価値は流動的であり、銭貨額も普遍的な価値尺度とはなりえない。そうしたなか、高い商品的価値を持ち、換金性の高い米は常に通貨の代用となりうる存在であり、それだけに米穀量は年貢収納だけでなく知行宛行や軍役賦課といった、権力編成のための基本数値として最適であった。そこで以下、豊臣政権の石高制の採用について、従来の研究成果に学びながら整理してみたい。

秀吉は、天正十年（一五八二）六月に本能寺の変で信長が没したのち、七月に山城国で指出を徴収したのをはじめ、近江・河内両国でも指出徴収や検地を実施し、丈量単位や斗代形式をしだいに整えていく。

まず、天正十一年（一五八三）に近江国蒲生郡今在家で指出を徴収したさいの地積基準は一反＝三六〇歩・大半小制であったが、翌十二年（一五八四）に同地で検地を実施したさいには一反＝三〇〇歩・畝歩制を新たに採用し、田の斗代は不明だが、畠などでは地位別斗代を採用しており、のちの太閤検地につながる原則をここに見ることができる。[65]また、天正十一年の河内国石川郡加納村や同十二年山城国久世郡狭山郷では一反＝三〇〇歩・畝歩制であるほか、田・畠・屋敷について米斗代が等級をもって設定されている。[66]そして、天正十七年（一五八九）の美濃国検地条目では、一反＝三〇〇歩・畝歩制に加え、耕地の反別斗代が上田一石五斗・中田一石三斗・下田一石一斗・上畠一石二斗・中畠一石・下畠八斗・下々「見斗」と定められており、[67]この田畠の地位別斗代がその後の太閤検地の斗代基準となる。さらに、文禄二年（一五九三）には豊後国の旧大友領で山口宗永が、翌三年（一五九四）には薩摩・大隅両国の島津領で石田三成が検地を実施するが、そこでは上・中・下・下々という村の等級が新たに登場し、しかもそれに合わせて田畠の地位別斗代が設定されており、[68]これと同様の方式が翌四年（一五九五）に山口宗永が名島小早川領で実施した検地でも採用されている。[69]このように、秀吉の検地は比較的早い時期に一反＝三〇〇歩・畝歩制に移行したほか、田だけでなく畠の斗代も、分銭ではなく分米を当初から採用していたところに特色がある。[70]そして、畿内で成立した秀吉の検地原則は、彼の全国支配権が確立していく過程でしだいに整備されていったのであり、それが太閤検地原則として、その後全国に広く影響を及ぼすことになった。

さて、秋澤繁氏によれば、統一政権の検地としてふさわしい権原・論理をふまえた太閤検地が実際に始動するのは、秀吉が諸国に割拠する戦国諸大名に卓越した実力と権威（関白職）を獲得し、全国政権としての起点を形成した政治史的画期である天正十三年（一五八五）とされ、天正十年（一五八二）六月の本能寺の変以降、天正十三年七月の関白任官までの間は国家的検地としての太閤検地が成立する前の段階であり、初期豊臣検地（羽柴検地）と旧織田大名検地が併存している時期とされる。[71]

しかも、この両者は共通する面を持ちながら、一方で異なる面も持ち合わせていた。すなわち、いずれも織田政権時代の検地原則を継承しつつも、個々に独自の方式で検地を実施していたのであり、それはまさに「大名私検地」が並立する状況を呈していた。そして、その一つが天正十二年（一五八四）に丹羽長秀が柴田勝家の旧領に対して実施した検地である。

丹羽長秀は、柴田勝家が秀吉の攻撃で滅ぼされた後、天正十一年（一五八三）四月に近江国高島郡大溝から越前北庄に移り、翌十二年（一五八四）に検地を実施するが、残存する今立郡大滝村・丹生郡大味浦の検地目録などから、その検地方式を知ることができる。そしてその内容は、秀吉初期検地の方式とは異なり、むしろ織田政権下の柴田検地を継承したものと理解されている。

すなわち、天正五年（一五七七）の柴田検地と天正十二年の丹羽検地の手法を分析された木越隆三氏によれば、両方の検地には、百姓指出に依拠してそれを土台に実検・丈量する点や一反＝三六〇歩制の面積表示、さらには田・屋敷を一石五斗の統一斗代で高付けして一筆ごとの名請人掌握をしない点で共通性があり、しかも前田利家・利長がほぼ同じ原則のもと能登・越中・加賀で検地を実施していることから、この方式が北陸四ヵ国に共通するものと指摘される。(72)それに対し、同じころに近江や摂津などで実施した秀吉検地の場合、田は一反＝三〇〇歩制で地位別斗代であり、これは織田政権下の柴田検地では見られず、丹羽検地とも異なる秀吉独自の方式と言える。

また、畠について、柴田検地では村ごとに異なる多様な斗代が容認されていたが、丹羽検地では上畠二貫文、中畠一貫文、下畠・山畠五〇〇文という、統一した分銭の畠斗代であり、その分銭合計が「石別三貫文宛和市」の基準により石高換算されている。(73)しかし秀吉検地では、先に述べたように畠斗代は早い段階から分米であり、畠分銭から石高換算という方式は見られない。そしてこのことは、同じ信長家臣であった柴田・丹羽とは異なる検地原則を採っていたことになり、畠について、当初から銭ではなく米で評価しようとした点に秀吉検地の特徴があると言える。信長が天正八年に大和で実施した指出徴収において、畠地子も石高で掌握しようとしたことは先述したが、検地原則として耕地種別にかかわらず石高把握をおこなったのは旧織田家家臣のなかでも秀吉が際立っていた。すなわち、柴田・丹羽・秀吉の検地は、ともに信長家臣であるだけに、百姓指出に依拠して村請を利用するなどの点で共通性が見られるものの、秀吉検地の場合、一反＝三〇〇歩・畝制や地位別斗代、そして畠斗代が分米である点に独自性が認められ、これがその後の太閤検地の基本原則につながったものと思われる。

なお、太閤検地の基本原則（一反＝三〇〇歩・畝歩制、地位別斗代）は、秀吉の奉行人などが検地奉行をつとめた直轄領検地の一部で採用されたが、採用されなかった直轄領もあり、ましてや豊臣大名の検地では、太閤検地とは異なる検地原則が多々見られたのであり、秀吉の晩年に至るまで各地で多様な検地が実施された。たとえば北陸地方では、柴田検地や丹羽検地の手法が慶長初年まで継承されたのであり、慶長三年（一五九八）六～七月に惣奉行長束正家によって実施された越前総検地、これは秀吉最後の直轄領検地であるが、これでようやく三六〇歩制から三〇〇歩制（畝歩制）に移行したと言える。

それでは、米穀量の数値である石高がなぜ権力編成の基本原理として採用されるに至ったのか、改めて考えてみたい。

脇田修氏は、畿内近国で撰銭令は必ずしも効果をあげることがなく、商業取引の停滞と米の代貨的性格が強まったことを背景に、豊臣政権が主要かつ安定した商品である米を基軸とする石高制を採用したのであり、これは織田政権における「石」高を継承したものとされる(74)。そして、豊臣政権が米の高である石高をもって土地表示をおこなった背景として、米が安定した商品価値と代貨的性格を有していたことを挙げられ、単に統一基準としてでなく実際に米納年貢を強制し、水田以外にも石高制を施行したのは、明らかにそれが貨幣と同様、価値の基準と考えられ、同時に最も商品化しうる米を最大限収奪しようとしたためとされる。また、蔵米に金銀相場を付している事実から、当初から販売を目的とした米納年貢制が採用されていたのであり、石高制と米納年貢制により、農民から商品となるべき生産物の米を年貢として領主が吸収し、それを領主側の商品として全国市場に投入することで市場統制が可能で、しかも物価対策も米価を基軸におこなうことができたと述べられた。そして氏の場合、石高制における米納年貢制の本質について、兵粮米などの使用価値よりも、商品価値やそれを掌握することによる市場への発言権を重視される点に特徴がある。

こうした指摘は確かに重要で、統一政権が権力編成の基本原理として、貫高制ではなく石高制を採用した背景を、当時の米と銭の置かれた状況から理解することが大切である。すなわち、豊臣政権が権力編成における価値尺度として、銭ではなく米を選択（採用）した背景には、貫高制の抱える問題、すなわち当時の銭貨に対する信用不安に加え、貫高が正確な年貢収納額ではなく、常に換算値の存在が不可欠で、それも時期による変動を伴っていたことが挙げられる。そもそも撰銭が依然解消されない状況下では、銭貨の価値は流動的であり、銭貨額も普遍的な価値尺度とはならない。それに対して、石高の基準尺度である米は、銭貨の信用が低下するなか、それに替わる支払手段として急速にその価値が見直されてきたものである。高い商品価値を持ち、換金性の高い米は、常に通貨の代用となりうる存在であり、それだけに米穀量は年貢収納だけでなく、知行宛行や軍役賦課といった権力編成のための基本数値として最適であった。

ただ米も、容積を尺度とする以上、問題がないわけではなかった。それは種々の地域枡の存在を背景とする量制の不統一という問題であり、それまで石高が広域的な権力編成の統一基準として採用されなかった理由はそこにある。しかし、この問題は豊臣政権期には克服される。すなわち、信長時代に「判升」としてすでに公定されていた京都の十合枡が、米取引や検地などの基準枡（「京升」）として広く利用されることで量制の統一が達成され[75]、これにより普遍性を持つことになった石高（数値）は、権力編成のための価値尺度として十分な資質を備えるに至った。

さて、石高に関しては、それが年貢高（収納高）か生産高（収穫高）かという議論がある。これは石高の性格を考える上で重要な点であるので、とくに触れておきたい。

脇田氏によれば、戦国大名・織田政権・荘園領主における「免」は字義通り免除率の意味で使用され、豊臣政権の前期は損免であるが、文禄年間には年貢率の意味に変化するという[76]。そして、作毛の生産状況を調べた上で、年貢を定めることを「免取」「免相」と表現するが、実際の年貢収取にあたって免＝年貢率が見出せないことから、戦国大名・織田政権の年貢高（得分高）—損免方式が豊臣政権の検地高—物成率に変わり、さらに徳川政権期には免＝年貢率に転換したのであり、しかも免の用語例の逆転が年貢高から生産高への転化と関係があるとされた。その上で、石高制の高とは生産高に規定された基準高であり、米の生産額に規定され、村落の社会的生産における地位を加味して決定された基準高であり、米の生産高や土地生産力の米表示ではなかったと結論された。すなわち、当時最も安定した商品である米を基軸に土地「生産」高を捉えようとした、というのである。

それに対して池上裕子氏は、石高を生産高あるいは法定収穫高とする通説に疑問を投げかけ、織田政権や豊臣政権のもとでおこなわれた指出や検地の実態をふまえた上で、石高の基本的性格を、「年貢」高をもとにした統一的斗代で年貢賦課基準高を把握したものとされ、豊臣政権の石高は織田政権のものと本質的に変わりがないとされた[77]。すなわち、織田政権下の田の基準斗代一石五斗とは、戦国期における本年貢と加地子の合計額の標準値であって、織田政権路線の継承と徹底をめざした豊臣政権の太閤検地も、やはりその基準斗代一石五斗を採用したという。したがって、石高は年貢高そのものではないし、ましてや収穫高でもなく、年貢高を決定するための年貢賦課基準高と考えるべきで、天正十九年（一五九一）の御前帳作成を画期として一石五斗を基準斗代とする石高制が全国に広まったとされる。

また木越隆三氏は、越中検地の実施過程を詳しく考察され、検地作業の多様化と検地の性格変化、さらには文禄期にはじまる高と免の性格転換の背景を検証し、検地高に対する百姓中の意識が「年貢高」から「生産高」へと変化する過程と、免が「百姓得分を示す免」から「年貢率（物成率）を示す免」へ転換する過程が併行することを指摘された(78)。

すなわち、検地による村高拡大や年貢免除分の削減、そしてそれに対抗する百姓中の減免闘争の結果、妥当な年貢量を決定するため、個々の村では作柄調査（検見）が代官・奉行の手で本格的におこなわれるようになり、その結果、年貢高を検地高に対する比率で表示する免が登場し、天正期の百姓得分を示す免（損免）は文禄・慶長期に年貢率を示す免へと転換する。そして、免の性格転換と並行して、実態と乖離した過大な検地高は、年貢高をはるかに越えた土地生産物の総量、つまり生産高であるという認識へ変容し、検地高の認識が生産高へと変化したのに対応して、年貢率としての免が登場したという。また、天正十九年（一五九一）の御前帳徴収は検地高拡大の重要な契機となり、検地高（石高）が統一政権の権力編成の手段として体制化されたため、領主たちは単なる年貢搾取の基準高とは異なる石高の新しい意味を看取し、高の上乗せに奔走して軍役に応じたので、領主側においても検地高を年貢高と認識する根拠を失ったという。

以上、石高の性格について従来の研究成果を見てきたが、高は斗代も含め、もともと年貢高（収納高）であったものが、文禄年間を境にその性格が変化したものと理解される。その変化が生じる以前の豊臣政権下では、織田政権下と同様に、高も年貢高（収納高）で免も損免を意味しており、その点で両政権の連続性が認められる。しかし、文禄年間以降の高や斗代はやはり内容が変化したと見るべきで、文禄・慶長年間の高を年貢賦課基準高と理解することも可能だが、それ以前の年貢賦課基準高とは免の性格変化と同様、内容が大きく変化しているように思われる。すなわち、天正十九年の御前帳徴収により、石高が国家的な土地評価方法として体制化し、知行制や軍事力編成、あるいは年貢賦課徴収において実際機能を発揮するに従って、石高が担う役割やそれに対する人々（諸権力や民衆）の意識、そして斗代の設定や高の算出方法が変化したのであり、その転換期がまさに文禄年間であったと推測される。

そして、豊臣政権は太閤検地を推し進めることで石高による権力編成を全国規模で実現し、江戸幕府誕生後も石高制は権力編成および社会編成のための基本原理であり続けた。したがって豊臣政権期は、米穀量を権力編成の尺度とする石高制が国内に浸透していく時期であり、貫高制が採用されていた地域では貫高が石高に読み替えられていくが、その過程はけっして一様ではなく、それぞれの地域の持つ歴史的背景に規定されつつ、大名領国ごとに独自性を見せながら推移したと理解されるのである。

おわりに

織田政権は、貨幣や米の現状をふまえ、従来の室町幕府の銭貨政策を大きく転換し、金銀も含めた新たな通貨制度の確立をめざして積極的な対応をおこなった。それは、「精銭」（「善銭」）を基準に、多くの低品位銭貨や金銀との換算基準を公定するもので、撰銭により排除される傾向にあった低品位の銭貨を流通市場に呼び戻し、新たに市場に参入した金銀を通貨として公認し、混乱した銭貨秩序の回復をめざすものであった。そして結果的には、銭貨秩序の回復はならなかったものの、金銀の高額貨幣としての役割が明確化してその機能が発揮される一方、銭貨のなかでも「精銭」が金銀や低品位銭貨の価格基準として重要な意味を持つようになった。また織田政権は、堺の直轄化や但馬生野銀山の掌握など、都市や流通、そして貿易に強い関心を抱き、金銀や米を積極的に活用する一方、商取引において価値尺度として機能し始めた米を政策的に利用し、貫高ではなく石高を新たな土地評価の尺度として採用したのであり、ここに石高制の「萌芽」を見ることができる。

続いて誕生した豊臣政権は、織田政権の通貨制度や流通・貿易政策、そして権力編成の手法を基本的に継承しつつ、さらに独自性を加味しながら発展させた。すなわち、生野銀山の支配を引き継ぐとともに諸国の金銀鉱山を掌握し、堺だけでなく国内の主要都市、とくに長崎を直轄化して貿易の統制・独占を強めた。また、新たに重量と品位を保証する法貨としての金銀貨を鋳造・発行し、金銀と蔵米を運用することで、必要な物資を必要な場所に確保する体制を確立した。そして、新たな銭貨鋳造こそ実施しなかったものの、東国支配に初めて臨んださいの永楽銭に対する換算規定や、第一次朝鮮出兵時に開設した長距離通信輸送制度の通行料規定において、畿内の「精銭」（「ヒタ」）を基準とする通貨法令を発令して銭貨取扱い上の指針を示した。したがって、常態化した「撰銭」状況の解消や、混乱した銭貨秩序の回復は果たせなかったものの、畿内の「精銭」を基準に、領国ごとに異なっていた銭貨体系を全国規模で「統一」しようと試みた点で豊臣政権の銭貨政策は注目される。

さらに、織田政権がすでに導入していた石高による土地評価の方法は、豊臣政権にも受け継がれ、天正十九年（一五九一）の御前帳徴収を機に全国規模で広まり、権力編成の基本原理として定着する。もともと織田政権下の多様な検地方式の一つであった秀吉の検地原則だが、しだいに整備され、文禄年間には太閤検地原則として確立する。しかし、それがそのまま適用された地域は一部に限られ、畠分銭の石高換算で多様な方式が確認されるなど、国内各地では独自の検地が実施されたと推測されるのである。

註

（1）『中世法制史料集　第二巻　室町幕府法』第二部「追加法」三二〇・三二四・三四四・三四五〜三四六・三四七・三四八条。

（2）『中世法制史料集　第二巻　室町幕府法』第二部「追加法」三六〇～三六二条。
（3）『中世法制史料集　第二巻　室町幕府法』第二部「追加法」三八五～三八九条。
（4）『中世法制史料集　第二巻　室町幕府法』第二部「追加法」四八六～四八八条。
（5）史料そのものは、白石虎月『東福寺誌』（思文閣出版、一九七九年復刻発行、初版は一九三〇年）所収「慧日歴代壁署」に見える（中島圭一氏のご教示による）が、史料文言としては小葉田淳『日本貨幣流通史』（刀江書院、一九六九年、初版は一九三〇年）前編「銅銭」第二章第一節三「撰銭の條令」一一六～一一七頁に引用されているものがより正確と判断して、こちらを掲載した。
（6）東福寺の場合、寺院財政の面から不利益の発生を抑制しようとしたことが想定され、財政面だけでなく流通銭貨への対応も求められた室町幕府とはおのずと立場が異なっていたと推測される。
（7）「兼右卿記　三」（東京大学史料編纂所架蔵影写本三〇七三・五一―三）。
（8）今谷明『室町幕府解体過程の研究』（岩波書店、一九八五年）四六八～四六九頁。なお、この史料は、奥野高廣氏が「前期封建制と撰銭禁令」（伊東多三郎編『国民生活史研究2　生活と社会経済』所収、吉川弘文館、一九五九年初版・一九八四年復刊）において、室町幕府の撰銭禁令として初めて紹介された。
（9）髙木久史「撰銭令の再検討―食料需給の視点から―」（『ヒストリア』第一七九号、二〇〇二年）。
（10）「四天王寺文書」「京都上京文書」「多聞院日記」「薬師院旧記」（『大日本史料　第十編之二』永禄十二年三月一日条）・『大日本古文書　家わけ第四　石清水文書（菊大路家文書）』三三三号。
（11）「四天王寺文書」。
（12）「京都上京文書」。
（13）浦長瀬隆「一六世紀後半西日本における貨幣流通―支払手段の変化を中心として―」（『ヒストリア』第一〇六号、一九八五年）。のち、同『中近世日本貨幣流通史―取引手段の変化と要因―』（勁草書房、二〇〇一年）第四章として収録される。
（14）織田政権は、中央政権として米の安定的な流通を維持し、需給バランスを調整する立場にあり、米の通貨的使用によって生じかねない米の流通混乱を最も危惧していたと推測される。
（15）朝尾直弘氏は、『大系　日本の歴史8　天下一統』（小学館、一九八八年）八四頁で、信長の撰銭追加条令について、「三貨制度公認の先駆をなすものであり、近世貨幣制度の起点」と評価される。

(16) 金銀の代用となり、金銀および銭貨の価格基準となった「精銭」は、高額貨幣と小額貨幣の二面性をあわせ持つ通貨であって、それは取り扱う人や状況によって、異なる機能を発揮したと思われる。

(17) 『愛知県史　資料編11　織豊1』七〇四号織田信長条目写（熱田旧記）。なお、この史料は、下村信博氏によって「『熱田町旧記』所収の織田信長文書について—永禄十三年尾張熱田宛撰銭令—」（『名古屋市博物館研究紀要』第一八巻、一九九四年）として、初めて紹介された。

(18) 『愛知県史　資料編11　織豊1』六九三号。

(19) 太田牛一「信長公記　巻八」（奥野高廣・岩沢愿彦校注『信長公記』角川書店、一九六九年）。

(20) 「野村志津雄家文書」七号柴田勝家定書（『福井県史　資料編5　中・近世三』所収）。

(21) 「野村志津雄家文書」八号柴田勝家掟書。

(22) 永禄八年七月五日付け真珠納所寮看寮禅師宛て越前深岳寺宗俊書状（『福井県史　資料編2　中世』所収一一四号「真珠庵文書」）では、各種の収納を「精銭」でおこなう一方、「悪銭ヲ随分精銭ニテ渡申候」とあるように、所持する「悪銭」を「精銭」に替えて納入している状況が確認できる。また、永禄十二年のものと推定される十一月十八日付け越前国二上国衙米収納算用幷如意庵渡分注文（『福井県史　資料編2　中世』所収一二二号「真珠庵文書」）では、「悪銭」を「三文立」で売却して得た銭を収納銭に充てている。その場合、収納額は悪銭額の三分の一であり、「三文立」とは、「精銭」と「悪銭」の価値を三対一と見なす換算値であることが判明する。したがって、永禄年間の越前国内では収納銭として利用される「精銭」とは別に、それよりも相対的に品位の劣る「悪銭」が流通銭として存在し、一定の換算値のもとで銭の交換がおこなわれていたことがわかる。以上をふまえると、天正四年の柴田勝家掟書に見られる「並銭」とは、表現は異なるものの「悪銭」と同等のもの（「精銭」に対して「並」品位の銭）であった可能性が高く、「国中反銭諸納所銭」について「三増倍」での収納を命じる文言からも、これは「精銭」額を基準に一般流通銭での収納を規定した法令と理解できる。なお永禄年間の事例については、岩田隆「一乗谷の消費と流通」（水野和雄・佐藤圭編『戦国大名朝倉氏と一乗谷』第三章、高志書院、二〇〇二年）で紹介されている（これら史料や文献については、髙木久史氏のご教示による）。

(23) 「奈良・法輪寺文書」（大阪城天守閣編『特別展　戦国の五十人』写真二七頁、解説七五〜七六頁、一九九四年）。なお、

若江三人衆とは、池田教正・野間長前（康久）、そして多羅尾常陸介（綱知）とされているが、「多羅尾玄蕃」と多羅尾常陸介の関係については不明である。おそらく同じ一族の者同士であろう。

（24） 大阪城天守閣編『特別展　戦国の五十人』七五～七六頁解説参照。なお秀吉は、天正三年（一五七五）七月に「筑前守」を名乗り始める。

（25） 池上裕子『日本の歴史　第15巻　織豊政権と江戸幕府』（講談社、二〇〇二年）第二章「都市・流通の世界と信長」。

（26） 奥野高廣『増訂 織田信長文書の研究　上巻』（吉川弘文館、一九六九年）二二三・二二四号文書（『今井宗久書札留』）。

（27） 『愛知県史　資料編11　織豊1』八七二号（元亀四年）三月七日付け織田信長黒印状（「永青文庫所蔵文書」）。

（28） 奥野高廣『増訂　織田信長文書の研究　上巻』三〇〇号（『阿弥陀寺文書』）・三〇三号文書（『京都上京文書』）。

（29） 『近世封建制成立史論　織豊政権の分析Ⅱ』（東京大学出版会、一九七七年）第一章第一節「石高制における石の性格」九・一一頁。

（30） 「柴田勝家の越前検地と村落」（『史学研究』第一六〇号、一九八三年）。のち、永原慶二・藤木久志編『戦国大名論集17　織田政権の研究』（吉川弘文館、一九八五年）に収録される。

（31） 『戦国時代社会構造の研究』（校倉書房、一九九九年）第四部第一章「織豊期検地論」四七八・四八六頁。

（32） 『織豊期検地と石高の研究』（桂書房、二〇〇〇年）第一編第一章「越前惣国検地と検地手法」三九・四二頁。

（33） 「劔神社文書」九三号劔大明神領打渡目録（『福井県史　資料編5　中・近世三』所収）。

（34） 「青木与右衛門家文書」一・二号、「北野七左衛門家文書」八号（『福井県史　資料編5　中・近世三』所収）。

（35） 『多聞院日記』天正八年十月九日条。

（36） 前掲註（29）に同じ。なお脇田氏は、織田政権時代の石高について、豊臣政権期のものと区別して、「「石」高」と表記されている。

（37） 『戦国時代社会構造の研究』第四部第一章「織豊期検地論」四八〇頁・第二章「指出と検地」五四二頁。

（38） 『近世封建制成立史論　織豊政権の分析Ⅱ』第一章第一節「石高制における石の性格」一八頁。なお、米が内包する商品的価値の高さや貨幣的性格を石高制成立の要因として理解する点で私は脇田氏と同じ見解であるが、一方で織豊期における米需要の大きさの背景として、当時活発であった軍事行動における兵粮米需要の存在を否定することはできないと考えており、その点では安良城盛昭氏の見解（『太閤検地と石高制』所収「幕藩体制社会の成立過程とその特質」三(1)「石高制の成立過程とその本質」日本放送出版協会、一九六九年）も重要と認識している。
(39)「一六世紀後半の畿内における価格表記について―『多聞院日記』から―」（『神戸大学史学年報』第一八号、二〇〇三年）。
(40) 小葉田淳「石見銀山―江戸初期にいたる―」（『日本鉱山史の研究』所収、岩波書店、一九六八年）。のち、藤木久志編『戦国大名論集14　毛利氏の研究』（吉川弘文館、一九八四年）に収録される。
(41) 秋山伸隆「戦国大名毛利氏の石見銀山支配」（岸田裕之編『中国地域と対外関係』所収、山川出版社、二〇〇三年）。
(42)『大日本古文書　家わけ第八　毛利家文書』九三七・九三八号。なお、毛利輝元が「安芸宰相」と称されるようになるのは、天正十六年七月の上洛、参議任官以降のことである。
(43) 東京大学史料編纂所編『豊大閤真蹟集』（東京大学出版会、一九六七年復刊、初版は一九三八年）七一・七二号、『萩藩閥閲録』巻二一　柳沢靭負73・74。
(44)『大日本古文書　家わけ第十六　島津家文書』三八四号。
(45) 慶長三年「豊臣家蔵入目録」（『大日本租税志』所収、一八八五年）。
(46)『豊大閤真蹟集』一四八号（現在は大阪城天守閣所蔵）。
(47)『豊大閤真蹟集』五九・一四六号。
(48)『豊大閤真蹟集』六六号。
(49)『増訂　織田信長文書の研究　下巻』（吉川弘文館、一九七〇年）一〇八九号山城賀茂社中宛て村井貞勝・明智光秀連署状（『賀茂別雷神社文書　三』）によれば、社領賀茂六郷から収納する結鎮銭の代米は「京中御定如斗米之」、すなわち京中での使用を定めた枡で受け取るよう命じており、この斗枡は信長が公定した判枡、十合枡と推測される。なお、宝月圭吾『中世量制史の研究』（吉川弘文館、一九六一年）第七章第一節「京枡の成立」参照。
(50)『増補　駒井日記』（文献出版、一九九二年）一五〇・一五一頁（文禄三年三月廿三日条）。
(51)『近世封建制成立史論　織豊政権の分析Ⅱ』第一章第一節二一〜二二頁。
(52) 前掲註(13)に同じ。
(53)「下郷共済会所蔵文書」。この両文書については、市立長浜城歴史博物館太田浩司氏からご教示いただき、写真版で内容を確認した。このうち秀吉朱印状の方は、東京大学史料編纂所架蔵影写本三〇七一・六一―五「南部文書二」にも収録されている。なお、『近江長濱町志　第一巻 本編上』（泰山堂、一九八八年）第六十章（三三一頁）参照。

(54) 小林清治『秀吉権力の形成――書札礼・禁制・城郭政策』（東京大学出版会、一九九四年）第一章「秀吉の書札礼」。

(55)「下郷共済会所蔵文書」・『近江長濱町志　第一巻 本編上』第四十六章（一七二～一七四頁）。

(56)「ビタ銭の価値変動に関する研究―『多聞院日記』により天正年間を中心として―（上）（下）」（『日本歴史』第三一〇・三一一号、一九七四年）。なお、毛利氏は「ビタ銭」とされているが、『多聞院日記』をはじめ、史料上では「ヒタ」「ひた」と見えるので、本章では「ヒタ」の表記を使用した。

(57) 永原慶二「伊勢商人と永楽銭基準通貨圏」（日本福祉大学知多半島総合研究所編『知多半島の歴史と現在　5』所収、校倉書房、一九九三年）、鈴木公雄『出土銭貨の研究』（東京大学出版会、一九九九年）第3部第2章「永楽通宝の超精（清）銭化と東国集中」。

(58) 大阪城天守閣編『特別展　秀吉家臣団』（大阪城天守閣特別事業委員会、二〇〇〇年）四二頁写真および一〇二・一〇三頁解説。

(59)「小田部庄右衛門氏所蔵文書」（『栃木県史　史料編　中世二』所収）。

(60)『尊経閣古文書纂三十四』（東京大学史料編纂所架蔵写真帳六一七一・三六―九―三四）・「（諸州）古文書　武州十二」（国立公文書館内閣文庫所蔵）・「花岡八幡宮文書」五二号（『山口県史　史料編　中世2』所収）・「佐甲家文書」一六号（『下関市史　資料編Ⅳ』所収）・「巻子本厳島文書」九〇号（『広島県史　古代中世資料編Ⅲ』所収）・「赤坂町安楽寺所蔵文書」（『不破郡史　上巻』所収）など。

(61) 拙稿「豊臣政権の次夫・次馬・次飛脚・次船制について」（『平成十～十三年度科学研究費補助金基盤研究（C）（2）研究成果報告書　研究課題　豊臣政権下毛利氏領国の研究　研究代表者本多博之　課題番号一〇六一〇三四一』、二〇〇二年）。

(62)「花岡八幡宮文書」五二号（『山口県史　史料編　中世2』所収）・『尊経閣古文書纂三十四』。

(63)「近世初期の撰銭令をめぐって」（歴史学研究会編『越境する貨幣』所収、青木書店、一九九九年）。

(64) 天正十三年（一五八五）にルイス＝フロイスよってまとめられた『ヨーロッパ文化と日本文化』（岩波書店、一九九一年）中の「ヨーロッパでは銅の貨幣は滞りなく受取られる。日本では必ず選びとられる」（一八三頁）という言葉は、まさに当該期社会における銭貨の撰銭状況を物語るものである。

(65)『大日本史料　第十一編之四』・『大日本史料　第十一編之十』、中口久夫「初期太閤検地について―天正十一年今在家村検地の斗代をもとに―」(『地方史研究』第一五七号、一九七九年、のち、三鬼清一郎編『戦国大名論集18　豊臣政権の研究』に収録、吉川弘文館、一九八四年)。

(66) 中口久夫「初期太閤検地の諸問題」(『日本史研究』二四四号、一九八二年)。

(67)「成簣堂古文書」「片桐文書（一）」(『岐阜県史　史料編　近世1』所収)。

(68)『大日本古文書　家わけ第十六　島津家文書』一一〇〇号ほか。

(69)「鎌田文書」(九州大学九州文化史研究施設所蔵写真版)、鶴久二郎・古賀幸雄編『久留米藩農政・農民史料集』(鶴久二郎、一九六九年) 所収「名島領水帳写」、鳥栖市立図書館所蔵本『基養精細録・坤』所収「玄蕃竿御検地帳」、『新鳥栖市史』所収「園部村明細帳」、「筑前国上座郡石成村御検地帳移《写》」(福岡市博物館所蔵「古賀武男資料」一〇九)。

(70) 秀吉の検地は、田畠の地位別斗代を細かく設定し、それを村にまで適用（村位別斗代の設定）するなど、石高算出の精度を段階的に高めていった。なお、村位別斗代については、佐藤満洋「太閤検地における村位別石盛り制の研究」(『大分県地方史』第五八・五九・六一・六二・六三号、一九七〇～七二年、のち藤野保編『九州と豊臣政権』〈国書刊行会、一九八四年〉に収録) が詳しい。

(71)「太閤検地」(『岩波講座　日本通史　第11巻　近世1』所収、一九九三年)。

(72)『織豊期検地と石高の研究』第一編第一章七四～七六頁。

(73)「青木与右衛門家文書」一・二号、「北野七左衛門家文書」八号 (『福井県史　資料編5　中・近世三』所収)。

(74)『近世封建制成立史論　織豊政権の分析Ⅱ』第一章第一節。

(75) 宝月圭吾『中世量制史の研究』第七章第一節「京枡の成立」。

(76)『近世封建制成立史論　織豊政権の分析Ⅱ』第一章第二節「石高制における高の性格」。

(77)『戦国時代社会構造の研究』第四部第一章。なお、最新の論考「検地と石高制」(歴史学研究会・日本史研究会編『日本史講座　第5巻　近世の形成』所収、二〇〇四年) では、中世検地の史的展開をふまえ、石高の基本的性格を年貢賦課基準高とされている。

(78) 『織豊期検地と石高の研究』第一編第四章「検地の多様化と朱印高の成立―越中検地―」。

第二章　地域大名の領国支配と石高制(1)

――毛利氏の惣国検地と石高制――

はじめに

天正十年（一五八二）六月に羽柴秀吉と備中高松城で講和を結んだ毛利氏だが、同十三年（一五八五）二月ごろに領国割譲問題が決着した後は、関白政権として国内支配権を確立した豊臣政権の権力を背景に、自身の領国の支配強化に努めることになる。

先述したように、戦国期の毛利氏領国では多様な銭貨が流通していたが、とりわけ「南京銭」と「鍛」（ちゃん）という二種類の銭貨は異なる価格水準でありながら、ともに領国内で広く流通・通用する銭貨であった。そして豊臣政権期の毛利氏は、領国支配を展開していく上で、これらの銭貨を政策的に利用しており、その状況が毛利氏が領国支配のために制定した分国法令や、権力編成のために領国内で実施した検地において確認できる。また、領国規模で実施した惣国検地により毛利氏領国では石高制が成立するが、それについて従来は、知行制や軍事力編成など権力編成の視点でのみ説明がなされてきた。しかし、石高制の成立は、それまでの諸役賦課体系に大きな変更を伴うものであり、それは大名財政とも密接な関係を有するものであった。

そこで、領国の規模はやや変化したものの、戦国期から一貫して領国の広域公権力であり続けた大名毛利氏が、豊臣政権下で新たに実施した諸政策に流通銭をどのように利用したのか、分国法令や領国内検地を素材に確認するとともに、天正年間から慶長年間にかけて実施した惣国検地について、その具体的内容と歴史的意義を明らかにし、その上で大名財政の面から石高制成立の意義について論じることにしたい。

一　分国掟と南京銭

豊臣政権への服属以降、毛利氏権力の専制化と領国支配の強化が進められるなか、天正十四年（一五八六）六月には「分国掟之条々」(1)が発令された。これは、安芸の国人領主である天野氏に宛てて毛利輝元の奉行人である桂左衛門大夫就宣・粟屋掃部助元真・渡辺石見守長の三名が連署して発給した三箇条からなる掟だが、「分国掟」とあるように、単に特定の国衆領に対して発令したものではなく、毛利氏領国全域に適用する法としての性格を持つものであり、他の国衆に対しても同様の掟が発給されたものと推測される。(2)しかも、約二ヵ月前の四月、九州出兵をもくろむ豊臣秀吉が毛利輝元に宛てて「覚」一四箇条(3)を示し、その最初に「分国置目」の制定を求めている事実をふまえるならば、この「分国掟之条々」は毛利氏によるその実践例と理解することができる。

分国掟之条々

一諸関停止之事

付、今月一日ヨリ可被引事、

一渡舟定之事

付、壱人別南京五文、
付、荷物ハ八文、
付、荷馬ハ拾弐文、たゝ馬ハ八文、
付、順礼ハ舟ちん（賃）なしに可渡事、
一人沙汰之事
（中略）
以上
天正十四年六月一日
桂左衛門大夫
就宣（花押）
粟屋掃部助
元真（花押）
渡辺石見守
長（花押）
天野殿（元政）
参

これは、もともと多数の国衆らを中核とする領主連合を基盤に成立した毛利氏権力が、豊臣政権を後ろ盾とすることにより、国衆らに対して従来にない強い姿勢で諸政策を実施しようとしたもので、一箇条目の「諸関停止」や三箇条目の「人沙汰」はともに重要な意味を持っているが[4]、ここでとくに注目したいのは「渡舟定之事」で始まる二箇条目の条文である。

それは、一箇条目の「諸関停止」という、畿内から九州までの交通路整備を念頭に置いた領国内の関所撤廃と密接に関わるもので、毛利氏領国内の水上交通の整備につながるものである。そして、そこでは「付、壱人別南京五文、付、荷物ハ八文、付、荷馬ハ拾弐文、たゝ馬ハ八文、付、順礼ハ舟ちん（賃）なしに可渡事」と、人・荷物・荷馬などの渡し船の料金を「南京」額で定めている。そもそも大名領国は、大名権力も容易には介入できない国衆本領や有力寺社領などさまざまな性格の所領によって構成されており、その全域において渡し船料金の統一基準を設定すること自体画期的であるが、その基準額を南京銭で示していることに重要な意味がある。

これは、豊臣政権下に入った毛利氏が、領国内諸地域に対する統一政策の一環として制定した料金規定であるが、当時の領国内における南京銭の広範な流通と通用の実状をふまえ、領国全域に適用させる料金規定の基準銭に、南京銭が最適と判断した結果によると思われる。

また、このほかにも銭貨基準が見える毛利氏の法令として、天正十三年（一五八五）卯月廿一日付け杵築大社作事法度条々[5]がある。

大社就御作事被仰付御法度事

一番匠木工屋罷出事、従朝日内被出仕夕日入候以後可帰宿、若於遅参者時刻作料可有算用事、

一番匠作料上手者一日南料弐百文、其下者可有算用事、

一大鋸作料一日南料弐百文、同手子百文之事、

（中略）

一先如御法度書諸事可申付事、

右之条々堅御下知之所如件、

以上

天正十三年
卯月廿一日　　　　児玉
小次郎（花押）

国司右京亮（花押）

大社
本願
神宮寺へ参

これは、出雲国杵築大社の作事（造営・修理）について毛利氏が制定した法度であり、輝元の奉行人である児玉小次郎（元兼）と国司右京亮（元武）の両名が連署して大社・本願・神宮寺に宛てて発給したものである。そして、全七箇条のうち二箇条目に「番匠作料上手者一日南料弐百文、其下者可有算用事」、また三箇条目に「大鋸作料一日南料弐百文、同手子百文之事」と、番匠や大鋸引およびその手伝いの作業日当をそれぞれ「南料」額で示している。

この「南料」は、天正十年（一五八二）三月二十二日に、杵築大社の北島国造家久孝が大社「上官《じょうがん》」である佐草兵部丞から「三月会之徳分之内、なん料壱貫文請取申候」と、杵築三月会得分として受け取った一貫文の「なん料」と同じ銭貨[(6)]で、南京銭であった可能性が高い。おそらく、出雲地方では南京銭のことを「南料（なん料）」と称していたのであり、この法度自体、大社側から提出された案文をもとに毛利氏側が定めたものと思われるが、そのさい使われていたであろう「南料」という表現をそのまま法度のなかに盛り込んだものと推測される。

以上見てきたように、豊臣政権下で領国支配の強化を図る毛利氏は、領国統治者の立場で分国法や法度を制定したが、領国内の渡し船や杵築大社の作事などの料金規定の基準銭として、当時の銭貨状況をふまえ、とくに南京銭を選択・採用したのである。

二　惣国検地と鍛

1　天正の惣国検地

領国支配の強化は、検地による領国内所領の数量的把握によって推進されるが、豊臣政権下に入った毛利氏領国では、天正十一年（一五八三）に防長の寺社領、[7]同十三年（一五八五）に備後地域[8]において検地が部分的に実施されている。

そして、天正十五年（一五八七）からは、統一的な知行制と軍役体系の確立をめざし、領国全域を対象とする検地、つまり惣国検地が開始された。豊臣政権下の毛利氏により実施されたこの検地では、いわゆる太閤検地原則は採用されず、毛利氏独自の検地方式で領国内所領の石高による数量的把握がおこなわれている。

現在残されている数多くの打渡坪付からその内容を窺うならば、一反＝三六〇歩・大半小制による地積表示のほか、田に分米、畠に分銭を付けて名請人が確定され、分銭を石高換算して分米石高と合計することで所領高が算出されている。しかも重要なことは、その畠分銭の基準銭として「鍛」が採用されていることであり、この銭貨が統一政権下の毛利氏領国において、新たな基準銭として重要な役割を果たすことになった。

たとえば、惣国検地の検地帳にあたる天正十六年（一五八八）八月廿四日付け周防大瀧村田畠帳（玖珂郡当検地野執帳）[9]では、一筆ごとの畠分銭に「鍛」、また指出にあたる同十七年（一五八九）十月十五日付け出雲国求院村俵辻指出案[10]でも畠銭に「ちやん」が見えており、「鍛」「ちやん」が畠分銭の基準銭であったことがわかる。

この「鍛」は、すでに第二編第二章で述べたが、実体の伴わない表示だけの銭貨ではなく、流通銭としての事例が数多く検出される。たとえば毛利氏は、備後国尾道の商人渋谷氏との間で銭貨の預け置きや借り出しなどをおこなっていたが、そのさいの銭貨として「鍛」が使用されているほか、天正十四年（一五八六）六月廿二日付け仁保元棟領地付立案でも出雲国美保関における収入として「当料チャン」が見えており[11]、もともと流通銭として通用していたものを毛利氏がとくに基準銭として採用したものと思われる[12]。

さて、これまでの研究では、惣国検地において、いわゆる「石貫」制が採用されていたことが明らかにされている。この「石貫」制とは、もともと大内氏時代から存在したもので、「和市の公定ではなく、地域の慣行を越えて大名権力が諸役賦課の基準たる家臣の知行高を数量把握するために設定した便宜的な数値（一石＝一貫文）」と理解されている[13]。確かに、毛利氏時代にもそうした事例は認められるが、この惣国検地での「石貫」制の場合は、とくに興味深い内容を持っている。そこで、その実態を石見国益田氏領の事例をもとに明らかにしたい。

石州美濃郡之内御検地目録之事

合　　益田元祥領

一田数百三拾弐町五十歩　　白上郷

分米七百廿九石三斗三升

畠数廿二町三段大四十歩

代三拾三貫五文

屋敷数百廿四ケ所

（中略）

田数千六百七拾九町四段大卅五歩

分米九千八百五拾三石三斗六升
以上　畠数七百廿一町八段半五十歩
代千弐百拾六貫百三十五文
代六拾一貫弐百五十八文　諸市浦銭舟役共ニ
已上代千弐百七十七貫三百九十三文鍛
米ニ〆
千弐百七拾七石三斗九升三合　但和市京判石貫
幷米一万千百三拾石七斗五升三合代方加之、
屋敷数三千百卅一ケ所　諸市浦屋敷共ニ
右打渡之前、目録如件、
天正十九年（一五九一）正月十一日
国司（元信）雅楽允（花押）
内藤（元栄）余三右衛門尉
長井（元親）右衛門大夫
益田伊豆守殿
宅野不休軒
増野以雲軒

長い史料(14)であるため、最初と最後の部分のみを示したが、特徴的なこととして田の分米とは別に、畠・諸市浦・舟役の分銭が設定されており、右の史料によるとその合計額が「鍛」で表示されている。しかも注目すべきは、分銭の石高への換算（一石＝一貫文）について、とくに「但和市京判石貫」と記している点である。ここに見える「京判」とは、当該期では言うまでもなく「京升」であるが[15]、毛利氏領国では、惣国検地実施以降の史料に種々の枡に代わって「京判」「京盤」といった、「京升」を示すと思われる名称が頻繁に登場する[16]。すなわち毛利氏は、惣国検地の実施にあたり、分米基準としては「京判（＝京升）」を、そして分銭基準としては当時領国内で広く流通・通用していた「鍛」を採用したものと思われる。その場合、流通銭のなかでも、「南京銭」ではなく「鍛」を選択した理由は定かでないが、石高換算するさいに畠分銭の基準銭として適当な価格水準であったことや、毛利氏が財政運営に利用するような公用銭であったことが影響したものと推測される。

したがって、惣国検地における「石貫」制とは、「京升」と「鍛」を一石＝一貫文で結びつけるもので、ここに統一基準による領国内所領の数量的把握（石高）が初めて可能になったのであり[17]、しかもこれを機に毛利氏は政策上、「京升」を公的な枡として位置づけることになったものと思われる[18]。

東国の戦国大名の場合、基本的に貫高制を整備して領国支配を展開したが、西国の戦国大名、とくに毛利氏の場合、この時期に領国全域を貫高で把握しているような状況は認められず、地域の実状に即して石高と貫高を併用していた。それは、荘園・寺社領や有力国人領主領など大名領国内の所領構成や権力構成のほか、権力の集中度合いの差によると思われるが、一般に西国の場合、領国内に存在する貫高の多くが大名権力が上から設定したような貫高ではなく、もともと年貢代銭納を背景に成立した、いわゆる郷村貫高であった。そして、こうした郷村貫高の場合、それぞれの成立が歴史的背景を異にしており、貫高の数値そのものが異質なもので、領国内での貫高は、いわば不均質な基準額が併存する状態であった。しかも毛利氏の領国支配は、基本的に先行権力の支配方式を踏襲するものであり、その知行制も多様な所領構成に規定されて、一様のものではなかった。

すなわち、領国内の諸地域における石高や貫高は、それぞれが本来歴史的な性格を異にし、毛利氏は「石貫」制によってそれらを形式的に「統一」しているにすぎなかった。したがって、大名権力が領国全域に真に統一的な知行制や軍役賦課を実現するためには、なによりもまず統一基準による領国内所領の数量的把握（石高）が必要であった。

そして毛利氏の場合、天正十五年（一五八七）から開始した惣国検地がその役割を担った。それは、当時畿内で標準枡として定着しつつあった「京升」を田地分米の基準枡として採用するとともに、当時領国内で流通していた「鍛」（ちゃん）と呼ばれる銭貨を畠分銭の基準銭として新たに採用し、この両者を一石＝一貫文で結ぶ統一基準（「石貫」制）によって、領国内所領の数量的把握を実現しようとするものであった。

なお、この「石貫」制は当初から採用されていたのではなく、たとえば周防国では検地実施時には分銭一貫文＝分米六斗で算出しながら、のちに一貫文＝一石で換算し直していることが、現存する多くの打渡坪付に見られる数値修正の痕跡から確認できる。しかも、天正十五年十月十四日付け周防国佐波郡御段銭米請取注文では、御幣料や御神楽銭の「当料」額を米換算するさいに「貫別六斗宛」と記しており[19]、この「当料」が鍛であるならば、石高換算基準が当時の和市をふまえたものであったことになる。ちなみに、天正十七年（一五八九）十二月八日付け櫟木次右衛門尉宛て長門国美祢郡青景郷打渡坪付[20]では、畠分銭が石高換算されるさいに「貫別京判六斗宛」とあり、一貫文を「京升」六斗で石高換算している様子が窺われる。また、天正十八年（一五九〇）十一月十五日付け厳島社領周防国玖珂郡山代検見帳[21]（天正十七年分）では、前年の「検見下札」として収納米の収支が記されて米八斗が「ちゃん一くわん」に相当しているほか、同十九年正月廿一日付け東大寺領周防国衙土居内弁牟礼令年貢勘文[22]（天正十八年分）では、収納米の支出において米一石と二石が鍛一貫文分と二貫文分であることが認められ、このころ、米一石がまさしく鍛一貫文に相当していたことがわかる。このように惣国検地の石高換算基準は、流通銭「鍛」の和市の動きによって変動しながらも、最終的に一貫文＝一石の「石貫」制に落ち着き、文禄年間（文禄の石改め）以降は、現実の和市に関係なく石高換算用の統一基準になったと理解することができる。

さて、「鍛」表示は畠分銭に限ったことではない。惣国検地の実施に伴って段銭は基本的に整理の方向に向かい、賦課基準となった図田・平田などの土地種別も解消されることになったが、一部地域（多くは寄進地）では、惣国検地の実施以降も段銭が存在したことが認められる。しかし、その賦課形態もかつての「古銭」基準から「鍛」基準に変化している。たとえば、第二編第一章で述べた西条守護段銭の場合、三二貫文の固定基準額に対して永禄六年（一五六三）当時は南京銭で九六貫文の収納であったが、天正十七年（一五八九）の惣国検地を経た同十九年（一五九一）の史料では「鍛三拾弐貫文　西条御反銭」と見えている。(23) しかも、天正十七年の厳島社祭料并御供田辻付立(24)によれば、「一《西条》反銭　鍛九《三》拾六《二》貫文　御灯明領」のように、文書の上で旧来の銭貨額が「鍛」表示額に修正されており、やはり惣国検地に伴って段銭納入額の表示が改められたことがわかる。

そして、やはり先述した備後国山中守護段銭の事例であるが、これも同様に、「古銭」から「鍛」への変化が確認される。

（A）

御神領之覚

一　九石参斗七升三合　備後重永（世羅郡）
一　参石九斗　横田（高宮郡）
一　弐石五斗八升　佐々部（高田郡）
一　六石五升　深川（安北郡）

一　弐拾四石　但御反銭鍛弐拾四貫文之分　備後山中
（後略）[25]

（B）

御神領之覚

一　壱石五升代在所備後重永内行遠名、御撿地にて九石三斗七升三合、屋敷三ケ所、
元就様之御寄進　天文十一年八月五日
（中略）
一　拾弐貫文備後山中、但鍛廿四メ（貫）参候、
元就様御寄進　天文十九年十一月二日
（後略）[26]

史料年代としては、天正二十年（一五九二）正月廿九日付け御師村山大夫宛て佐世元嘉・二宮就辰連署打渡状[27]に見える所領石高と数値上一致することから、両者とも備後国における惣国検地の実施（天正十九年）以後に作成されたものと言える。そして、右の史料からわかることは、（A）から一石＝鍛一貫文の「石貫」制の存在と、（B）からかつて「古銭」一二貫文とされていた山中守護段銭が、新たに「鍛」二四貫文の収納として村山家によって把握されている事実である。

なお、西条守護段銭が三二貫文のまま「鍛」表示に修正されたのに対し、山中守護段銭の場合は「古銭」額の二倍に換算されている点に違いが認められるが、これは惣国検地の実施過程で歴史的に異なる成立事情を持つ個々の固定基準額を、統一基準で調整し直したことによると思われる。

このように、畠分銭に限らず、前代から固定基準額として継承されてきた段銭額も「鍛」で評価し直されたということは、惣国検地の実施が単に所領の数量的把握にとどまらず、領国内諸地域に歴史的に成立していた、異なる質の個別の基準額の均質化を伴うものであったことを示している。

以上述べてきたように、天正の惣国検地の実施は、基準銭「鍛」と基準枡「京升」を構成要素とする「石貫」制の採用を伴い、新たに創出したこの統一基準によって、「古銭」など継承基準額の均質化も含めた領国内所領の数量的把握が達成され、ここに毛利氏は領国規模での統一的な知行制および軍役体系を確立したのである。

2　年貢銭納の一形態――備中国神島年貢算用状について

戦国期にはさまざまな基準額が存在し、その一つに代銭納に基づく貫高があったことはすでに述べた。備中国小田郡笠岡の南方に位置する神島《こうのしま》は、天正年間ごろから能島村上氏の所領であったが、この地域に関して天正二十年（一五九二）および文禄二年（一五九三）の二ヵ年分の年貢算用状が残されており、年貢銭納の実態が具体的にわかる。そもそも、この時期の年貢算用状自体珍しいものであるが、田畠の種別は不明ながらも土地評価としてとくに「古銭」を使用していることが注目され、これによる限り惣国検地の成果がそのまま現れていない。すなわち、備中国小田郡では天正十九年（一五九一）に惣国検地が実施され、そのときの打渡坪付も残されているが[28]、この地域は伝領の関係か、あるいは島嶼部であったために惣国検地の適用を免れた可能性がある。とすれば、この史料によって惣国検地が実施される以前からこの地域でおこなわれていた年貢収納、とくに代銭納の実態について明らかにすることができる。そこで以下、二ヵ年分の算用状[29]の内容を比較しながら分析を加えたい。

神嶋内外土貢前御算用之事

天正廿年分（一五九二）

両浦合古銭辻拾八貫九十四文

右ノ内五貫四百九十八文永荒ニ引

壱貫十二文去年荒ニ引之

壱貫九百五十五文当荒引之

弐百六十八文公方成ニ引之

引残而定代九貫三百六拾壱文

為鍛ニ拾八貫七百廿二文定

右ノ内六百八十八文未進有之

猶残而拾八貫卅四文之定

壱貫八百三文十分一ニ引之

弐貫文両浦之草遣給引之

四百五十文両浦くう釿（銭カ）引之

定残而拾三貫七百八十壱文之調也

内外塩辻御算用之事

「（以下第二紙）両浦合而四拾三俵壱斗七合定

但三斗入

右ノ内六俵外ノ荒ニ引之

五俵内ノ荒ニ引之
壱俵両浦とね（刀祢）ニ指置
引残而三拾壱俵壱斗七合之定
右為代ニ弐貫五百七文
但壱俵八十文あて
両所合而拾六貫弐百八十八文定
以上
拾月廿八日
矢野助蔵（花押）
松山善兵衛尉（花押）

神嶋代成御算用之事
文禄弐年分（一五九三）
一両浦古銭辻拾八貫五百廿五文
右之内、五貫五百文永荒ニ引之
壱貫三百十二文去々年荒引之
弐貫百文去年荒ニ引之、但高麗夫之跡
残而九貫六百十三文内
弐貫三百八十文田方日損但立扌（損）也
猶残而七貫弐百卅三文

右為鍛ニ
拾四貫四百六十六文内
壱貫四百四十六文十分一ニ引之
弐貫文両浦草遣給ニ引之
六百五十文五人分くう銭ニ引之
定残拾貫三百七十文
両浦塩成分
合四十三俵一斗七合内
六俵外灘之荒ニ引之
五俵内浦荒ニ引之
壱俵両浦刀祢ニ遣之
残而三十壱俵一斗七合
右為代ニ弐貫百七十八文但石別百四十宛
代辻合拾弐貫五百四十八文定
以上
九月廿八日
助　蔵（花押）
七郎右（花押）

神島「両浦」とは、島の南部である外浦と北部である内浦の両地域を合わせた呼称であり、近世の検地帳によれば田よりも畠が多く、しかも古くから塩の生産地であった。

さて、右の二点の史料によると、まず神島両浦が「古銭辻」で表されていることが注目されるが、これは「田方日損」という記載からもわかるように、田とその他の耕地（畠か）を合わせた土地評価額であったと推測される。そして、この「古銭辻」から「永荒」や「去年荒」などの数値が差し引かれたのち、二倍の換算値で「鍛」額に換算され、さらに「十分一」や「両浦（之）草遣給」などが差し引かれて実際の年貢額が算出され、両浦の塩年貢（三二俵一斗七合）の売却代金と合算して一年間の収納額が決定されている。また、神島現地には「両浦（之）草遣」や「両浦刀祢」がいて年貢銭の徴収や塩の売却に関与していたことが窺われ、この算用状の作成者（差出者）はこうした実務の監督、あるいは実務を直接おこなうために能島村上氏によって派遣された代官であったと推測される。(30)

以上から、年貢収納（代銭納）の一形態として、土地評価額としての「古銭辻」から種々の控除をおこない、一定の換算値で額を算出したのち、さらに控除した残額を収納するという仕組みを明らかにすることができた。言うまでもなく、ここに登場した「鍛」は基準額の表示ではなく、流通銭そのものである。

案文

神嶋此方存候ノ内、俊成木工進給相除之、古銭十二貫五百文相定、預ケ申候、時々之わりを被立、春秋ニ半分宛調下可給候、勿論公事足之儀ハ、何時茂入候時ハ、可申入候条、可被仰付候、委細ハ口状ニ申候、恐々、

文禄三
五月二日　元吉

村八郎左さま
御宿所

神嶋御方様御存候之内、俊成木工進給相除、古銭拾弐貫五百文相定預り申候、時々わりを立、春秋ニ半分宛調下

可進上申候、勿論公事足之儀者、何時茂任御用ニ可申付候、為後日如此候、恐惶謹言、

村上八郎左衛門尉
景広（花押）

文禄三年
九月十二日

元吉様人々御中
参

また右の二点の史料[31]は、能島村上家の当主元吉が、庶家で笠岡城主を務めたこともある村上八郎左衛門尉景広に対し、俊成木工進（能島村上氏の家臣）[32]給を除く神島領を預けることを伝えた案文と、預かったことを示す景広の正文である。そして、先の年貢算用状の事例を参考にこの二点の史料を解釈するならば、「古銭」一二貫五〇〇文は年貢額そのものではなく、土地評価額であるとともに年貢収納基準額であって、この数値を基礎に「時々（之）わり」を「立」て、景広が惣領家に対して年貢銭を春と秋の二度に分けて半分ずつ納入する取り決めであったことがわかる。すなわち、この「わり」が「古銭」から「鍛」への換算値を示し、また「時々」とあるように、これはけっして固定された数値ではなかったと推測される。ともかく、「古銭辻」の「和利」換算による収納額の算出という形態が確認され、これはまさに貫高の基準額としての性格を示すものであった。

以上、備中国小田郡神島は、惣国検地が実施された八ヵ国の中に含まれながらその適用を受けておらず、文禄年間に至ってもなお、土地評価額としての「古銭辻」を基準とする年貢銭納が続けられており、そこでは古銭額の「わり（和利）」換算のもと、流通銭「鍛」による収納がおこなわれていたのである[33]。

3　文禄の石改めと慶長の惣国検地

文禄年間には、領国内の一部地域で検地が実施されているが、そこでも分銭表示として「鍛」が確認される。たと

えば、文禄二年（一五九三）九月には周防国佐波郡堀村、十月には長門国赤間関で打渡坪付の畠分銭として「鍛」が見られる(34)。また、文禄四年（一五九五）正月には周防国山口で町検地が実施され、寺領の一部が町屋敷に組み入れられることになった龍福寺に対して代所が渡されているが、その打渡坪付の畠分銭として「鍛」表示が見られる(35)。さらに、文禄五年（一五九六）正月二十日に「新町替」として善福寺に打ち渡された宇野令の畠分銭も、同様に「鍛」で表示されている(36)。したがって、天正の惣国検地以降の毛利氏による検地の分銭基準は「鍛」であったと見てよかろう。

さて、文禄四年から慶長二年（一五九七）にかけて、全領国規模での所領調査が実施される。まず、文禄四年九月ごろから、国衆をはじめとする家臣や寺社に対して、毛利氏は一斉に所領付立（給地付立）の提出を求めている。現在、案文として残る多くの史料によれば形式はほぼ統一されており、所領の所在地と知行高、その内訳としての「所務」高、さらに屋敷数、そして最後に起請文言を付けたもので、それが国司備後守（元武）と山田吉兵衛尉（元宗）に宛てて提出されている(37)。そのさい、知行高のなかには「畠銭」が含まれており、多くが貫別一石宛（「石貫」制）であることを記しているが、なかに「貫別六斗宛」と記しているものもあり(38)、この時点ではまだ「石貫」制が徹底していなかったことが裏付けられる。また、「所務」高とともに「河成」などの理由を付して「損米」高を記したもの(39)があるほか、屋敷数とともに明屋敷について「不役」と記しているものもあり(40)、毛利氏はこの所領付立を提出させることによって、知行高のほかに年貢収納の基準となる「所務」高、そして耕地以外の屋敷への賦課を実施するために、その数を掌握しようとしていたことがわかる。

また、天正の惣国検地後に発給していた打渡状・打渡坪付を改めて提出させ、知行高を再確認し、山田元宗・国司元武・少林寺の三名が紙背に証判を加える作業を、文禄五年（一五九六）三月以降実施している。先の所領付立の提出も含め、文禄四年から慶長二年にかけて実施したこれら一連の所領調査（以下、「文禄の石改め」と呼ぶ）は、検地役人による現地調査を伴うものではなく、机上での作業と思われるが、はたしてどのような意味を持っていたのであろうか。

加藤益幹氏によれば、天正の惣国検地は、家臣より給地付立を提出させた「準備期」（天正十一～十五年）、統一的検地の実施により全家臣の知行高を把握した「実施期」（惣検Ⅰ期、天正十六年五月～十九年三月）、全領国にわたる大幅な知行替を断行した「再編期」（惣検Ⅱ期、天正十九年三月～二十年三月）、そして知行割の最終的な確定・修正・総仕上げとなる「確定期」（文禄四～慶長二年）と推移し、その全過程を毛利氏の天正末惣国検地として捉えるべきとされているが、「文禄の石改め」はまさにこのなかの「確定期」に相当する。[41]

また氏によれば、現在山口県文書館に残る「八箇国御配置絵図」は、「再編期」（惣検Ⅱ期）に作成され、第一次朝鮮出兵後の文禄検地期に修正・補筆されたもので、全領国規模の知行替による再編成の過程で決定した知行高を書き留めていったものであり、朱筆部分がそれに該当するとされる。そして、同じく同館に残る「八箇国御時代分限帳」は、「再編期」の総じて惣検Ⅱ期の知行替後の状況を示す墨書のうち、修正のない墨書と、修正のある場合の朱書が記録されたもので、惣国検地の最終段階を復元したものとされる。[42]

このように、「文禄の石改め」は天正の惣国検地の最終段階と理解することができるが、銭貨や石高設定の関係で述べるならば、これは一石＝一貫文という「石貫」制を全領国規模で徹底させた点において重要な意味を持つ。おおよそ長門国で一貫文＝五斗、周防国で一貫文＝六斗と、検地の実施時に異なっていた畠分銭の石高換算和市を一貫文＝一石で統一し、提出させた打渡坪付の畠分銭の換算石高と総石高の数値を修正した上で、紙背に証判を加えている。こうして「石貫」制は、これ以降毛利氏領国に定着し、流通市場の和市ではなく、石高換算のための政策上の和市となった。なお、この「文禄の石改め」では知行高の再安堵に際して、御判御礼銀の徴収をおこなっているが、その意味については後述したい。

さて、慶長元〜二年（一五九六〜九七）ごろに領国内で実施された検地では、新たな様式が登場する。たとえば後欠であるが、慶長元年のものと推測される安芸豊田郡楽音寺法持院領検地野取帳(43)や同二年泰雲様（小早川隆景）位牌免田畠打渡坪付写(44)によれば、一反＝三〇〇歩・畝制が採用されていることに加え、反別一石を超える斗代が認められる。これら新様式の検地は、この時点では一部地域で確認されるだけであるが、これがやがて慶長の惣国検地につながったものと思われる。

そして、第二次朝鮮出兵後の慶長四・五年（一五九九・一六〇〇）ごろ、再び毛利氏領国で惣国検地が実施される。この慶長の惣国検地は、検地奉行であった兼重元続・蔵田就貞の名前から一般に兼重・蔵田検地とも呼ばれるが、天正の惣国検地と比べてさまざまな点で異なっている。まず地積基準において、文禄年間までは確認できた(45)一反＝三六〇歩・大半小制に代わり、新たに一反＝三〇〇歩・畝制という太閤検地の原則を採用している。次に、畠だけでなく屋敷にも分銭を付けて石高に換算している。その結果、耕地以外の屋敷にも分銭が付けられ、畠の分銭と合算され、それが「石貫」制によってすべて石高としてまとめられることになった。なお、「益田家文書」の慶長四年（一五九九）五月五日付けの検地「覚」(46)は、一反＝三〇〇歩制のほか、田は九段階、畠・屋敷は三段階に区分し、茶・楮・桑・漆も調査対象とする規定など、従来、慶長の毛利氏惣国検地の検地条目と理解されてきたが、日下の黒印が毛利輝元ではなく益田氏のものであるという指摘(47)のほか、現在残る惣国検地後の打渡坪付では田や畠の地位別斗代の存在が確認できないことから、慶長の惣国検地の検地条目であった可能性は低い。しかし当時、益田氏が深く関与していた検地様式として、その内容は注目される。

さて、慶長の惣国検地では、田の平均反別斗代がかつての六斗前後から一石を超えるなど上昇していることから、このときの検地石高を収納高（年貢高）ではなく生産高とする見方が一般的である。しかし、池上裕子氏も指摘[48]されているように、上昇した斗代やそれによる石高を、生産量を把握したものと理解するには、やはり慎重でなければならない。ただ、「文禄の石改め」のさいに所領付立を一斉に提出させて、知行高のほか、「所務」高や「損米」を調査しているように、毛利氏としては知行高だけでなく、実質的な収納高を把握しようとしていたことは間違いない。そこで、慶長の惣国検地における石高について、さらに述べてみたい。

第三編第一章ですでに触れたように、木越隆三氏は越中検地を素材に、検地作業の多様化と検地の性格変化、そして文禄期に始まる高と免の性格転換の背景を検証され、検地高に対する百姓中の認識が「年貢高」から「生産高」へと変化する過程と、免が「百姓得分を示す免」から「年貢率（物成率）を示す免」へ転換する過程が併行していたことを明らかにされた。具体的には、実態を無視した再検地による村高拡大と荒高解消政策に対し、百姓中が実態に即した年貢定納額を強く要求したため、実収量に基づき定納額を査定する升付き・免定・毛付高調査などが「御検地」という名目で文禄・慶長期に広汎におこなわれ、その結果、確定された定納額を検地高に対する比率で表現する「物成率」や年貢率を示す「免」が新たに登場したのであり、同時に検地高を年貢高とみる観念が払拭され、生産高と認識するようになったと指摘された[49]。

これと同様の状況を毛利氏領国で見出すことは難しいが、慶長年間に入ると、年貢収納高を石高に占める比率で決定する事例が確認されるようになる。たとえば、松浦義則氏がすでに指摘[50]された事例であるが、慶長二年（一五九七）九月に厳島社の庶務役人が、社領である周防国玖珂郡日積の検見について記した覚[51]は、次のようなものである。

日積之覚

一六ッ成ニ御定帳ニ打懸候て、七ッ成ニ可仕候哉之事、

一今度究野取帳ニ引合定可申候哉、但立毛無之候て、難見及候条、甲乙如何候哉、
一御検地帳面を以、三損下ケ事、
右ハ各諸百姓衆肝煎共ニ可然由候条、如此相定候者也、
（後略）

これによれば、年貢収納方法について種々検討している様子がわかる。まず、「六ッ成」と定めてある帳簿を「七ッ成」で計算し直して収納すべきか（一箇条目）、あるいはこのたび耕地を実際調査して作成した「野取帳」をふまえるべきか、ただしこれは、「立毛無之」場合には困難である（二箇条目）。そこで、毛利氏の検地による打渡坪付と推測される「御検地帳面」の石高を「三損下ケ」、つまり三割減免（三箇条目）とするならば「諸百姓衆肝煎共」の了解も得られるとして、最終的にはその方向で決定されている。すなわち、当時領主側としては、「野取帳」を作成するなど耕地の現状把握に努めるものの、実際の作毛状況に左右されたり、「各諸百姓衆肝煎共」の意向により、結局は「御検地帳面」の石高に対する一定の年貢率（物成率）での年貢収納に落ち着いた状況を知ることができる。

次に、慶長三年（一五九八）の周防国玖珂郡波野《はの》村の年貢収納をめぐる問題について見たい。この問題は、同年九月に宍戸元次が、かつて内藤将右衛門尉元辰によって厳島社に寄進されていた刀剣「国俊」を、毛利輝元の了解を得て請け出すことになり、その代所として同村内の「弐十石之地」を永代寄進したことに端を発する。(52) 十一月に波野村の代官宮川五郎右衛門尉と伊藤神之允の両名が、「検見帳」を写して現地の引き渡しを厳島社側の使者木辺太郎左衛門に対しておこなおうとしたところ、厳島社側は「悪所」として受け取りを拒否した。(53) それについて、宍戸側の龍雲寺月白が「乍去何方ニて御請取候共、六ッ成七ッ成之外者調申間敷候間、悪所にて御催促御六かしく候ハヽ、彼代官へ申遣、七ッ成之勘合御請取候ハヽ、従我等其分可申遣候条、一人御下候て可然候、（中略）縦此方角ニテ御請取候

共、七ッ成之外者御座有間敷候条、能様にも候ハヽ、先以当務等之儀者、廿石之地ニ十四石御請取候て、重而可被仰候哉、但当検見帳之辻、徳取之都合、御使之仁江御目に□《(か)》けたるよし承候間、以此辻可有御請取候、七ッ成之内ニて御座候ハヽ、七ッ成之勘合にて渡候へと、自我等可申下候」と述べている。(54)

難解な文章であるが、要するに宍戸側が厳島社(棚守)に対して、「七ッ成之勘合」での年貢受け取りを求めたものである。しかし、検地石高と思われる「廿石之地」について、「七ッ成之勘合」の「十四石」での「当務」受け取りを求めながら、一方で「検見帳之辻」と比較して有利な方法での収納も提案している。このことから、当時の年貢収納状況として、検見帳が作成され、それに基づく収納がおこなわれる一方、検地石高に一定の年貢率(物成率)が乗ぜられ、それによって収納がおこなわれる場合もあったことがわかる。そして、同郡日積の事例もふまえるならば、どちらかと言えば、後者による年貢収納がしだいに支配的になりつつあったことが認められる。したがって、慶長二〜三年(一五九七〜九八)ごろの年貢収納は、石高に年貢率を乗じて算定された量を収納する方法が一般化しつつあったと言えよう。

このように見てくると、慶長の惣国検地における石高も、こうした社会状況の変化のなかで成立した石高であり、石高算出のための反別斗代もこうした背景のなかで理解する必要がある。したがって、田の反別斗代の上昇という現象も、生産高を正確に把握しようとした政策の反映というよりも、当該期における年貢収納高の算出方法の変化や、検地石高の持つ意味の変化による反映と理解することが可能である。すなわち、新たな年貢収納方法に見合う所領石高を算出する必要性が生じ、(実際の生産量とは別の次元で)石高および反別斗代の上昇が求められるようになったと推測される。したがって、慶長の惣国検地の石高は、天正の惣国検地のような「収納高」ではないが、「生産高」そのものとも言えず、年貢収納のための基準高として算出された数値と理解するよりほかない。ただし、天正年間と比べて、検地石高そのものの持つ意味が大きく変化したことも、あわせて理解しておく必要があろう。

ともかく、太閤検地原則が確認されるのは、一反＝三〇〇歩・畝制という地積基準のみで、畠や屋敷の分銭や「石貫」制は毛利氏独自のものであり、太閤検地の特色である地位別斗代や村位別斗代の存在も明確ではない。また、田では平均反別斗代が一石を超える場合があるものの、太閤検地の事例に比べると低い水準で、畠の反別分銭額も比較的少ない。以上から、慶長の惣国検地は、地積基準以外に太閤検地との共通性を認めることはできず、基本的に毛利氏独自の領国検地と見なすことができよう。

三　惣国検地と財政改革

毛利氏領国における段銭は、天正十年（一五八二）四月の柳沢元政に対する堅田元乗ら四名連署による所領給与（「長州美祢郡長田郷御料所之内町会名」）で、「以検地之上春秋反銭相加之、単米八拾参石九斗五升田畠共相定候」とあるように、検地の実施に伴って「春秋反銭」が石高のなかに包摂される状況が生まれ始めていたことが確認される[55]が、その後の天正の惣国検地の実施により、基本的に整理されることになった。しかし、その状況を具体的に示す史料は意外に少なく、断片的に確認できるだけである。

たとえば、天正十六年（一五八八）閏五月十三日付け二宮社領幷社頭掟書[56]は、長門国二宮大宮司に対し、惣国検地奉行である林就長と内藤元栄が毛利輝元の袖判を得て発給したものであるが、祭祀・社官給地・造営関係の各所領を列挙し、さらに社頭掟を書き上げている。そして、社領を列挙した最後の箇条に「一米拾伍石　厚狭郡仁在之 御段銭代所之」という文言を付け加えているが、これは惣国検地の実施にさいし、従来徴収していた「御段銭」の「代所」として

「米拾伍石」分の所領を、長門国二宮が厚狭郡で給与されたことを示すものであり、代所給与によって段銭（賦課徴収権）が消滅した状況を示すものと言える。

また、文禄四年（一五九五）九月十四日付けで国司備後守(元武)と山田吉兵衛尉(元宗)に宛てた鷲頭吉兵衛尉の給地付立案(57)によれば、「長州美祢郡於福村之内、一弐十石九斗八升六合、御打渡前代方貫石ニメ、内所務弐十石弐斗五升計上反銭加之」とあり、所領高に含まれる「所務」高のなかに「反銭」が組み込まれている状況が、給人自身の申立てとして確認できる。

このように、天正の惣国検地の実施により毛利氏領国では石高制が成立するが、それに伴い、一部の地域を除き、段銭も基本的に整理されることになった。それは、防長段銭の賦課・徴収が主要な任務の一つである山口奉行の活動が、惣国検地以降、確認できなくなること(58)からも裏付けられる。しかし、すでに述べたように、段銭は大名毛利氏にとって、各種ある財源のなかでもきわめて重要な柱の一つであった。したがって、慢性的な財源不足に苦しむ毛利氏が、領国内で石高制を実現するために、わざわざ貴重な財源の一つである段銭の賦課徴収権を放棄したとはとうてい考えられない。むしろ、石高制の成立と毛利氏の財政運営とは密接な関係があるのではないか。また、石高制は基本的に知行宛行や軍役賦課において有効に機能する土地評価制度であるが、同時に大名財政においても重要な役割を担っていたのではないだろうか。そこで、毛利氏領国における石高制成立の歴史的意義について、大名財政の観点から考察したい。

まず、新たに誕生した石高制のもとで、段銭に代わる賦課がどのようにおこなわれたのか、確認する必要がある。そこで、次の史料(59)を見たい。

当国御反別御理之通承届候、然共此段者惣国之法度候間、不可相成候、尚一乗坊へ申通□(候)、□□(恐々)謹言、

十月廿二日　　　　　　　　　佐与
　　　　　　　　　　　　　　　元嘉（花押）

大聖院
棚守殿
　御返報

この史料は、毛利輝元の側近佐世元嘉が、「当国御反別」の賦課についての「御理」、つまり免除申請を厳島社の大聖院と棚守家から受けたものの、今回の件は「惣国之法度」であるため、免除できない旨を改めて通達したものである。元就以降、毛利氏支配下の厳島社領では諸公役の賦課が免除されていたが、このたびは「惣国之法度」の名のもとに、「当国御反別」の賦課が今まさに強行されようとしている。安芸厳島社は、毛利氏にとって古くから崇敬の対象であり、毛利の「家」と「国家」（領国）の守護神であった。したがって、元就時代には見られなかった神域厳島への賦課が輝元時代に断行されるに至ったことは、豊臣政権を背景とする毛利氏の領国支配がそれだけ強化され、しかも毛利氏の厳島信仰が質的に変化を遂げたことを示すものと言える。この史料の正確な年代は、年欠であるため不明だが、発給者である佐世元嘉の官途が「石見守」となる前の「与三左衛門尉」であることから、文禄四年（一五九五）以前[60]であり、しかも次に示す「反別」賦課関連の史料内容（社領石高）から判断して、天正の惣国検地の実施以降と推測される。

（Ⅰ）

□（内）侍方所領　古給 新給ノ
□合
□弐百廿弐石

□反別壱石ニ十三文懸ニメ三貫四百五十七文、目銭共ニ、但此銀子三十一匁一分一リン、四
□（六）家衆
□（百）五十七石七斗
□反別壱石ニ十三文懸ニメ弐貫百五十三文、目銭共ニ、但銀ニメ十九匁三分八リン、二
□楽人舞方
□（三）百十七石弐斗七升五合
右反別壱石ニ十三文懸ニメ四貫三百三十八文、但銀ニメ三十九匁五リン、四
右合八十九匁五分四リン

（Ⅱ）

一弐百六拾九石　社家内侍先給
一百七十八石弐斗　熊野新給
一弐百五十石　友田新給
一弐十石　道場領
一百三十石　友田御供領
一七百弐石二斗　棚守抱
以上右合千五百四十九石四斗定
右之内七百十九七ゝ二斗　社家内侍道場領
此出銭十三文懸ニメ

九貫八百十三文　目銭共ニ

右の二点[61]の史料のうち前者は、「反別」として厳島社領の一石あたり一三文掛けの銭納額（さらに銭一貫文あたり九匁掛けの銀納額）が算出される状況、また後者は、各種厳島社領の石高を列挙した上で社家内侍・道場領の「出銭」として一石あたり一三文掛けの銭納額が算出される状況を示したものである。二点の史料が同じ算出方法であることから、同じ賦課についての史料であることがわかるが、それが厳島社領への「反別」賦課（I）であることからも、毛利氏が「惣国之法度」として厳島社領にも賦課を強行しようとした、先の「当国御反別」の関係史料と推測される。

そして、これら二点の史料から確認できることは、「御反別」と称しながら、実際は反別賦課（面積賦課）ではなく、所領石高に対する賦課であったことである。すなわち、所領石高を基準にまず一三文掛けで銭納額を算出し、さらに一貫文あたり九匁掛けで銀納額を算出している。また、賦課対象地域が文字通り「当国」に限定されるかどうかは不明ながら、少なくとも安芸一国規模で石高を基準とする賦課の実施状況を見ることができる。しかも、従来諸公役が免除されてきた厳島社領にまで、「惣国之法度」の名のもとに「御反別」なる賦課が実施されている状況をふまえるならば、天正の惣国検地の実施により、石高を基準とする惣国規模での一律賦課の体制が確立されたことが想定される。

その点で、文禄年間に毛利氏領国の全域で実施された所領高調査が注目される。それは、天正の惣国検地後に打渡されていた知行高の確認作業であり、かつては地域により異なっていた畠分銭の換算石高を「石貫」制（一貫文＝一石）で統一するため、数値を修正しながら個々の知行高について再確認する作業であったが、重要なのはそのさいに「御判御礼銀」（一石あたり銀一匁換算で一一%、うち一%筆功料）を徴収していることである。それは、給人などから安堵謝礼の名目で徴収する一種の賦課であり、しかもそれが石高を基準とする銀の徴収であったため、結果的に莫大な銀収入をもたらすことになったが、それ以上にこうした賦課を全領国規模で実施したこと自体が重要な意味を持っていた。

さらに、第二次朝鮮出兵の最中である慶長二年（一五九七）九月には、「京御米」と呼ばれる賦課が石高を基準に実施されている。

請取申京御米之事

合拾石五斗定

右者御方様御分限相当御賦御米元米ニて公納之、但高麗御渡海付而、御扶持方ニ立用申所如件、

慶長弐九月廿四日　粟平右代
稲田対馬守（花押）
市田弥右衛門尉（花押）

渋谷与右衛門尉殿　参

この史料(62)は、長門国赤間関代官であった粟屋平右衛門尉の配下の者が、備後国尾道の渋谷氏から「京御米」一〇石五斗を受け取ったことを示すものである。「京御米」という名称から、これは豊臣政権の要請により毛利氏が領国内に賦課した米と推測されるが、「但高麗御渡海付而、御扶持方ニ立用」とあるように、「高麗御渡海」の「御扶持方」（兵粮米）として利用されていたことがわかる。そして注目されるのは、「御分限相当御賦御米」とあるように、渋谷氏の「御分限」、つまり所領高（知行高）に対する賦課であった点である。そこでこのことについて、さらに具体的に検討したい。実はこの「京御米」は、厳島社領にも賦課されている(63)。

請取申京御米之事

合五拾石六斗定（黒印）新京升

右者、厳嶋棚守殿幷社家内侍御分限相当御賦御米、去文《文禄》四十二月廿六日領家六郎左衛門尉三浦八兵衛尉渡状之前、以元米宇多田弥三郎方公納所如件、

慶長弐九月朔日

粟屋平右衛門尉代
稲田対馬守（花押）
市田弥右衛門尉（花押）

厳嶋
棚守殿様
社家内侍中
御奉行中

（裏書）
「右前存知申畢、
同日
粟屋平右衛門尉（花押）
棚守様
御奉行中」

すなわち、同じ時期に粟屋平右衛門尉の配下の者が、「厳嶋棚守殿幷社家内侍」の「御分限相当御賦御米」を賦課し、「新京升」五〇石六斗が「公納」(64)されている。しかし実際には、厳島社側の希望（「種々御理」）で銀子に換算されて公納されており、それを次の史料で見ることにしたい。

京御米御調之事、種々御理之条、銀子請取申覚

一三百八十九匁弐分三厘　但和市十三石宛　厳嶋棚守左　御公納之
一百三十目七分七厘六毛　但和市右同　座主　御公納之

一弐百八十八匁四分七厘　　　　　　大願寺　公納之

以上

慶長弐九月朔日　　　　　　　　　　　　稲　対（花押）

　　　　　　　　　　　　　　　　　　　市弥右（花押）

（宇多田）宇弥三様

孫左衛門尉殿

新太郎殿

最初の箇条に見える「三百八十九匁弐分三厘」が、社家の「棚守」（元行）によって公納された銀納額であり、それは前の史料で見た「新京升」五〇石六斗を「和市十三石宛」（銀一〇〇匁あたり米一三石）で算出した銀納額である。また同様に、「座主」（大聖院）と「大願寺」からも「京御米」が銀納されている様子がわかるが、やはり個々の「御分限相当」の賦課によるものであったと推測される。

このように、第二次朝鮮出兵時の慶長二年には、毛利氏が尾道渋谷氏や厳島社に所領高（知行高）を基準とする「京御米」の賦課を実施していたことが確認される。そもそも、諸役賦課の痕跡を留める史料が残されていること自体稀であり、諸公役免除の長い伝統を持つ厳島社領での賦課事例の存在は、当時、所領石高を基準とする「京御米」の賦課が、例外なく全領国規模で実施されていたことを窺わせるものである。

したがって天正の惣国検地以降、領国内に石高制が成立する過程で、防長段銭をはじめとする領国内の段銭は基本的に整理されることになったが、それはけっして財源の幅を狭めるものではなかった。むしろ、検地によって確定した石高を基準に、全領国規模で一律に銀・銭・米を賦課することが可能になったのであり、実際、石高を基準とした賦課・徴収の事例を確認することができる。したがって、斗代にどのように反映されたのか具体的に検証することは難しいが、天正の惣国検地の結果、毛利氏領国では年貢に段銭・諸役を組み込む形で石高が設定され、それを新たな基準として銀・銭・米を賦課する、まさに統一的税制が創設された。そして、これにより地域ごとに異なる基準や内容を持っていた複雑な賦課形態は一挙に単純化し、大名権力の意のままに、領国規模の賦課・徴収が容易に実施される体制が整った。

その結果、貴重な財源であった防長段銭が制度上消滅するなど、それまでの財源の仕組みは大きく変化したものの、それまで賦課対象外であった有力国衆や大寺社の所領も含む領国内全域を対象とする賦課徴収体制が確立し、石高を基準とする一律の賦課が実施されることになった。それは、防長段銭など特定の財源に依存する不安定な財政構造からの脱却を意味し、財政基盤の安定と、賦課対象の拡大は大名権力の強化にもつながった。

さて、先述したように、天正の惣国検地後も一部の有力国衆や寺社領には段銭が残存することが知られている。たとえば厳島社領や益田氏領、そして周防国衙領などがあるが、これについて述べておく必要がある。なかでも、周防国衙領の事例は興味深い。実は周防国衙領では、領主である東大寺の抵抗のためか、近世に入っても慶長十一・十二年（一六〇六・〇七）ごろまでは、「段銭」が依然存在していたことが確認される。(65) しかし、「段銭」とはいうものの、実際には「段銭米」と記されており、他の年貢・地子などの分米・代米とともに合算された上、さらに銀に換算されて収納されている。そこで、その内容がわかる事例を次に示す。

慶長弐酉分牟礼年貢米散用一紙（一五九七）

合

一八十八石　　御蔵納分、但永否・今扌《損》引分

一三石　　　麦地子代米
一十二石六斗　反銭米、但石別一斗四升宛之分、九十石分反銭
一六石五斗　三井村御正税米
以上百拾石一斗定
代銀八百八拾文め八分運上可被申分ナリ、
慶長三（一五九八）戊五月六日　九右衛門尉
平作

これは、周防国衙領のうち牟《む》礼令《れりょう》分の年貢算用状案(66)であるが、「御蔵納分」や「麦地子代米」以外に、「反銭米」一二石六斗の存在が確認できる。そして、この「反銭米」は、「但石別一斗四升宛之分、九十石分反銭」とあるように、「九十石分」の「反銭」として、一石あたり一斗四升で算出された米である。すなわち、「反銭」といいながら、実際には石高を基準に算出された米であって、内容・賦課方式ともに本来の段銭とは大きく異なる。すなわち、大田文に由来する公田数を基準とするものでもなければ、毛利氏領国ではまま見られた分銭額や年貢収納量を基準とするものでもない。したがって、「反銭」とはあるものの、その実体は年貢以外の、石高を基準とする賦課の一種であった。

また、天正十八年（一五九〇）十一月十六日付けの石見美濃郡益田元祥領検地辻目録(67)は、毛利氏奉行人国司雅楽允(元信)が作成したものであるが、最後に田数一六七九町四段大三五歩と分米九八五三石三斗六升を挙げたあとに、「右之以石辻、御段銭可有御収納候矣」と記している。これは、益田氏領における段銭収納を毛利氏が容認したものと理解されているが(68)、周防国衙領の事例をふまえるならば、惣国検地によって確定した石高のもとで、段銭収納を認めたものと理解することが可能である。したがって、益田氏領の段銭も、銭か米かという内容はともかくとして、そ

の賦課形態は所領石高を基準とするものであったと理解される。

このように、天正の惣国検地から「文禄の石改め」を経て慶長の惣国検地に至る過程で、毛利氏領国内の段銭は、基本的に石高のなかに包摂されて石高制が成立するが、これは同時に毛利氏が石高を基準とする賦課体制を確立し、全領国一律の収奪を可能にしたことを意味する。したがって、天正の惣国検地は、領国規模での統一的な知行制および軍役体系を確立するものであったが、同時に財政上でも画期的な制度改革となった。すなわち、地域的な特性を持つ多様な諸役賦課の現状に対して毛利氏は、領国全域、すなわち有力国衆や大寺社から例外なく均等に収奪を図るため、普遍的な数値である石高を基準とする賦課体制の確立をめざしたのであり、惣国検地の実施による石高制の導入により初めてそれが可能になったと言える。その意味で天正の惣国検地は、当該期の貨幣状況と米の機能を背景とした毛利氏の財政改革であったとも言えよう。また、石高制の成立は公田面積を基準とする賦課方式の消滅を意味し、それまで長年にわたって続けられてきた年貢・軍役と段銭という賦課体系上の二本柱は、石高基準のもと、ついに一元化されたのである。

おわりに

豊臣政権下、領国支配の強化を図る毛利氏は、広域公権力として制定した分国法令（掟）や、権力編成のために実施した惣国検地で、領国内の銭貨状況をふまえながら基準とすべき銭貨を選択・採用したものと思われる。

たとえば、天正十三・十四年（一五八五・八六）に定めた、領国内での渡し船や杵築大社の作事の料金規定は「南京銭」（「南料」）額で表示しているが、それは低品位の銭貨でありながら、領国内で広く流通・通用する「南京銭」の現状をふまえた政治的判断であったと推測される。

一方、領国全域で実施した惣国検地の畠分銭には、「南京銭」と同様に領国内で広く流通・通用しながら、「南京銭」よりも価格水準の高い「鍛」（ちゃん）を基準銭として採用した。そして、当時畿内で公用枡として定着しつつあった「京升」を毛利氏領国でも基準枡として採用し、それを基準銭「鍛」と組み合わせることにより、石高算出のための統一基準を設定した。それは当初、流通市場の和市を反映した石高換算であったと推測され、貫別六斗あるいは貫別五斗など換算基準に地域差も見られたが、天正の惣国検地が終了するころには貫別一石（一貫文＝一石）に落ち着き、いわゆる「石貫」制で領国内所領を石高評価する方式が定着した。したがって、結果として天正の惣国検地の実施は、基準銭「鍛」と基準枡「京升」を構成要素とする「石貫」制の採用を伴い、この新たに創出した統一基準により、「古銭」など継承基準額の均質化も含めた領国内所領の数量的把握を実現し、毛利氏はついに領国規模での統一的な知行制および軍役体系を確立した。

ただ、毛利氏領国のなかには、備中国小田郡神島のように、惣国検地の適用を受けていないと思われる地域も存在していた。そこでは、検地後もなお土地評価額としての「古銭辻」を基準とする年貢銭納の状況が確認され、「古銭」額の「わり」《和利》換算のもと、流通銭「鍛」による収納が果たされており、「古銭」額を基準とする年貢銭納の実態について知ることができる。

その後、文禄四年（一五九五）から慶長二年（一五九七）にかけて、毛利氏は天正の惣国検地で決定した所領高について、全領国規模で改めて確認する作業をおこなった。まず、文禄四年九月に所領付立を提出させて所領高・「所務」高・屋敷数を確認する一方、すでに発給していた打渡坪付を提出させて「石貫」制の徹底化のもと、畠分銭および石高の修正をおこない、文禄五年から翌年にかけて担当奉行衆が紙背に証判を加えて返却している。それは単に、石高の修正にとどまらず、石高を基準とする銀の賦課徴収という重要な役割を担っていた。そして、天正の惣国検地の実施により、領国内の段銭は基本的に石高のなかに包摂されて石高制が成立するが、これは同時に毛利氏が石高を基準とする賦課体制を確立し、全領国一律の収奪を可能にしたことを意味する。したがって天正の惣国検地は、領国規模での統一的な知行制および軍役体系を確立しただけでなく、同時に財政面でも画期的な制度改革を実現したと言える。すなわち、石高制の導入により、地域ごとに多様であった賦課形態はここに解消され、国衆領・寺社領を問わず領国全域において一律の賦課収奪体制が構築され、その結果、年貢・軍役と段銭という従来の二本立ての賦課体系は、石高基準のもとに一元化された。したがって、周防国衙領では段銭の事例が近世初期まで確認されるが、それも実質は石高を基準とするものであり、段銭本来の性格はもはや喪失していた。

さて、慶長年間に入ると、一反＝三〇〇歩・畝制など新たな地積基準が毛利氏領国にも導入され、慶長四・五年（一五九九・一六〇〇）ごろには再び領国規模の惣国検地が新たな検地方式で実施された。そこでは、畠だけでなく屋敷にも分銭が付けられ、しかも田の反別斗代が一石を超えるなど、天正の惣国検地に比べると大きな変化が認められる。そして、この反別斗代の上昇などから、天正の惣国検地の石高が「収納高」を把握したものであったのに対し、慶長の惣国検地の石高は「生産高」を把握したものであったという見方が一般的である。しかし、池上裕子氏が主張されるように、豊臣政権期の反別斗代や検地石高を「生産高」と断定するには史料的に不十分である。むしろ、年貢収納高の算出方法や「免」の性格が、慶長年間に入って大きく変化したことにより検地石高そのものが持つ性格も変化し、それに伴って反別斗代が上昇する結果になったと理解することが可能である。

したがって慶長の惣国検地については、太閤検地方式が色濃くなったと従来指摘されてきたが、それが明確なのは実は地積基準だけであり、畠や屋敷には分米ではなく依然分銭が設定され、地位別斗代や村位別斗代の存在も確認できず、田の反別斗代も一石以上とは言うものの、太閤検地のものに比べると低い水準である。したがって、慶長の惣国検地は、太閤検地の原則を一部採用しながらも基本的には毛利氏独自の方式による領国検地であったと見るべきで、太閤検地方式の登場は結局のところ毛利氏の場合、防長移封後であったと言えるのである。

註

(1) 「山口県文書館　右田毛利家文書」一六五号(『山口県史　史料編　中世3』所収)・「天野毛利文書」一〇八号(『広島県史　古代中世資料編Ⅴ』所収)。

(2) 岸田裕之氏は、「『人沙汰』補考―長州藩編纂事業と現代修史小考―」(『山口県史研究』第三号、一九九五年、のち同『大名領国の経済構造』〈岩波書店、二〇〇一年〉に収録)のなかで、毛利氏分国掟(「人沙汰」条項)の布令を背景に石見国衆である益田・周布・都濃三氏の間に人返協約が結ばれたことを明らかにされており、それはこの分国掟が天野氏以外にも領国内の個々の国衆に対して発給されていたことを物語る。

(3) 『大日本古文書　家わけ第八　毛利家文書』九四九号。

(4) 岸田氏前掲註(2)論文に同じ。

(5) 「佐草家文書」(『大社町史　史料編　古代・中世』二二一九号)。

(6) 「佐草家文書」(『大社町史　史料編　古代・中世』二〇三三号)。なお、「佐草家文書」中の「南料」「なん料」の表記確認については、長谷川博史氏から複写資料を提供していただいた。とくに記して感謝の意を表したい。

(7) 『防長寺社証文』惣社八幡19補・祇園5・周防国分寺60・天満宮社僧大専坊45。

(8) 「渋谷文書(渋谷辰男氏所蔵)」五七号・「三吉文書」五号・「三宅文書」二号(『広島県史　古代中世資料編Ⅳ』所収)。

(9) 岩国徴古館所蔵「和木村御帳　写」(「藩政資料」第十五類一号)。なお、『大竹市史　史料編第二巻』に翻刻・収録されている。天正十六年の周防大瀧村田畠帳では、畠の分銭がすでに「鍛」で示されており、「鍛」の採用は惣国検地の初期からであったことが確認される。なお、天正十三年七月廿七日付け備後国品治郡岩成荘打渡坪付(『広島県史　古代中世資料編Ⅳ』所収「渋谷文書(渋谷辰男氏所蔵)」五七号)と同十五年九月廿八日付け備後国上御領内給地打渡坪付(『防長風土注進案11　徳地宰判』所収「三戸文書」、原文書は香川大学附属図書館「神原《かんばら》文庫」所蔵)は、備後国で部分的に実施された検地で畠分銭に永楽銭を用いていたことがわかるきわめて貴重な史料である。その背景を知ることはできないが、惣国検地の実施直前まで基準銭について、種々検討されていた状況が窺える。

(10)「佐草家文書」（『大社町史　史料編　古代・中世』二二六〇号）。

(11)「厳島野坂文書」一二九八号（『広島県史　古代中世資料編Ⅱ』所収）。

(12)「鍜」が特定一種の銭貨であるのか、それとも形状がよく似た同種の銭貨をまとめて称したのかは不明である。ただ、管見によれば、「鍜」の初見は天正五年十月十八日付けの備中国庭妹《にわせ》郷における段銭納入の史料（『岡山県古文書集　第二輯』所収「備中　吉備津神社文書」）である。特定一種類の銭貨がこの時期に大量に日本に流入した状況は想定しにくいので、よく似た数種の銭貨をまとめて「鍜」と称したのではあるまいか。ただ、価格水準としては、毛利氏領国で広く流通した南京銭よりも高く、むしろ畿内の精銭（ヒタ）に近いレベルであったと推測される。

(13)加藤益幹「戦国・織豊期毛利氏の『石貫』制について」（『史学雑誌』第八六編第一二号、一九七八年）。

(14)『大日本古文書　家わけ第二十二　益田家文書』三四九号。

(15)宝月圭吾『中世量制史の研究』（吉川弘文館、一九六一年）第七章第一節「京枡の成立」参照。

(16)天正廿年九月四日付け右衛門尉初穂寄進状（『広島県史　古代中世資料編Ⅳ』所収「堀江文書」一四号）、天正廿一年二月廿四日付け厳島社領安芸国高田郡西浦年貢算用状（『広島県史　古代中世資料編Ⅲ』所収「野坂文書」五一号）、文禄四年十一月二日付け高橋就久書状（『広島県史　古代中世資料編Ⅱ』所収「厳島野坂文書」一二六二号）、文禄五年二月廿日付け佐甲隼人助渡状（『広島県史　古代中世資料編Ⅳ』所収「渋谷文書（渋谷辰男氏所蔵）」）三五号、文禄五年十月九日付け厳島社神田内検帳（「厳島野坂文書」一七三四号）ほか。

(17)川岡勉氏は、大内氏が年貢収納枡の基準統一を背景とした一石＝一貫の換算基準の設定によって、ともかく分国全体にわたる統一的な知行制を展開していたとされる（「中世後期の貫高制と『石高制』」〈『ヒストリア』第一一二号、一九八六年〉）。とするならば、全領国規模での統一的な知行制・軍役体系の確立は大内氏によってすでに指向され、その一応の成果を毛利氏が受け継ぎ、豊臣政権下において達成したと見なすことができよう。

(18)惣国検地以後の枡の史料としては、厳島社に対する供米や神田内検の結果の年貢米などの表示に「京升（盤）」の使用が確認される。ただ、惣国検地で「京升」や「鍜」が採用されたといっても、それはあくまで統一基準の設定のためであり、毛利氏による公定枡や公定銭貨の制度化を意味するものではない。寛文年間に幕府による金・銀・銭の三貨統一が達成されるまでは、種々雑多な銭貨が依然流通していたように、寛文八・九年（一六六八・一六六九）に江戸幕府による量制の統一を見るまでは、全国において種々の枡が使用されていたことは言うまでもない。

(19)「宮市天満宮文書」234（『防長風土注進案10　三田尻宰判 下』所収）。

(20)下関市住吉神社「櫟木家文書」、長門国一ノ宮住吉神社社務所編『復刻　櫟木家文書』三二号。

(21)「野坂文書」五二号。

(22)『大日本古文書　家わけ第十八 東大寺文書』六七九号。

(23)「厳島野坂文書」一五六八・一五八九号。

(24)「野坂文書」一四八1号。

(25)「贈村山家証文」二号伊勢神宮神領覚書（『広島県史　古代中世資料編Ⅴ』所収）。

(26)「贈村山家証文」一号伊勢神宮神領覚書。

(27)「村山証文」五号毛利氏奉行人連署伊勢神領打渡状（『広島県史　古代中世資料編Ⅴ』所収）。

(28)天正十九年十一月廿四日付け洞松寺領打渡坪付（『岡山県古文書集　第一輯』所収「洞松寺文書」三九号）、秋山伸隆氏のご教示による。

(29)山口県文書館所蔵「諸家文書　寄組　村上家文書」一二四・一二七、一二六号（岸田裕之氏のご教示による）。「山口県文書館　寄組　村上家文書」一八九・一九〇号（『山口県史　史料編　中世3』所収）。

(30)山内譲氏は、寛永末年に作成されたと考えられる「能島家頼分限帳」（「宮窪町村上文書」）により、矢野助蔵と松山善兵衛が能島本家の家臣であったと指摘されている（講談社選書メチエ322『瀬戸内の海賊　村上武吉の戦い』講談社、二〇〇五年）。

(31)山口県文書館所蔵「諸家文書　寄組　村上家文書」一六一・二九九号、「山口県文書館　寄組　村上家文書」一九二・一九三号（『山口県史　史料編　中世3』所収）。

(32)「俊成文書」天正十二年十月六日付け俊成左京進宛て村上武吉宛行状（『愛媛県史　資料編　古代・中世』二四三三号）では、「一所　忽那嶋俊成名、壱貫二百五十文」とあり、俊成氏は忽那島俊成名を本拠とする能島村上氏の家臣と推測される。

(33)　この点について、神島では天正の惣国検地が実施されて石高が設定されたにもかかわらず、年貢収納の仕組みとしては、石高ではなく、従来通りの「古銭」基準であった可能性も残されている。これは、惣国検地によって成立した毛利氏領国内の石高と年貢収納の関係を考える上でも重要な問題であるが、現段階では保留とせざるをえない。
(34)　「守田文書」(『防長風土注進案8　都濃宰判』所収)、「赤間関　勝応寺」(『防長寺社由来　第七巻』所収)。
(35)　「龍福寺」19(『防長寺社証文』所収)。
(36)　「善福寺文書」(『防長風土注進案13　山口宰判　下』所収)。
(37)　『大日本古文書　家わけ第十四　平賀家文書』一二七号ほか多数。
(38)　「勝栄寺文書」四号(『山口県史　史料編　中世2』所収)。
(39)　「譜録　中嶋八郎左衛門貞茂」三号(『広島県史　古代中世資料編Ⅴ』所収)。
(40)　『大日本古文書　家わけ第十五　山内首藤家文書』三三〇号。
(41)　「毛利氏天正末惣国検地について」(『歴史学研究』第四九六号、一九八一年)。のち、藤木久志編『戦国大名論集14　毛利氏の研究』(吉川弘文館、一九八四年)に収録される。
(42)　右に同じ。
(43)　「楽音寺文書」五六号(『広島県史　古代中世資料編Ⅳ』所収)。なお、この文書の成立年については、慎重な検討が必要である。
(44)　「米山寺文書」八号(『広島県史　古代中世資料編Ⅳ』所収)。
(45)　たとえば、『山内首藤家文書』四一八号(文禄五年二月十日付け山内氏年寄連署知行書立案)。
(46)　「万治以前主要法令集」26(『山口県史料　近世編　法制上』〈山口県文書館、一九七六年〉所収)。
(47)　田中誠二『近世の検地と年貢』(塙書房、一九九六年)第一章一「天正惣国検地と兼重検地」。
(48)　『戦国時代社会構造の研究』(校倉書房、一九九九年)第四部第一章「織豊期検地論」。
(49)　『織豊期検地と石高の研究』(桂書房、二〇〇〇年)第一編第四章「検地の多様化と朱印高の成立―越中検地―」。
(50)　「豊臣期における毛利氏領国の農民支配の性格」(『史学研究』第一二九号、一九七五年)。のち『戦国大名論集14　毛利氏の研究』に収録される。

(51)「野坂文書」一五七号。
(52)「厳島野坂文書」九七六・一一八五・一一八六号、「野坂文書」四一八・一〇四号。
(53)「厳島野坂文書」九八五・一四二八・一四七六号。
(54)「厳島野坂文書」一四七六号。
(55)『萩藩閥閲録』巻二一 柳沢靭負67。
(56)「⑤忌宮古文書」三号（『長門国二ノ宮 忌宮神社文書』所収）。
(57)「萩市郷土博物館蔵文書（鷲頭家文書）」四号（『山口県史　史料編　中世3』所収）。
(58)山口県文書館所蔵「毛利家文庫　一三譜録　国司木工信処」参照。
(59)「厳島野坂文書」一一六五号。
(60)管見によれば、佐世元嘉の官途が「石見守」である初見は、文禄四年十一月廿六日付け毛利輝元印判状（『広島県史　古代中世資料編Ⅳ』所収「小川又三郎氏旧蔵文書」二号、『萩藩閥閲録』巻一二八三上喜左衛門14）である。
(61)「野坂文書」二二〇・二二一号。
(62)「渋谷文書（渋谷辰男氏所蔵）」三八号（『広島県史　古代中世資料編Ⅳ』所収）。
(63)「厳島野坂文書」九六六号。
(64)「厳島野坂文書」九六七号。
(65)『東大寺文書』七七一・六九五・七七九号。
(66)『東大寺文書』六九八号。
(67)『大日本古文書　家わけ第二十二　益田家文書』三四八号。
(68)岸田裕之「毛利氏の惣国検地と段銭―吉見正頼書状の翻刻紹介を通して考える―」（『平成六年度科学研究費補助金（一般研究B）研究成果報告書　戦国大名毛利氏関係史料の調査と研究　研究代表者岸田裕之　課題番号〇四四五一〇七二』、一九九五年）。

第三章　地域大名の領国支配と石高制(2)

——名島小早川領の指出・検地と石高制——

はじめに

島津氏降服後の天正十五年（一五八七）六月、博多で豊臣秀吉が実施した九州「国分《くにわけ》」により、筑前国では宗像氏・原田氏・麻生氏ら国人領主が筑後国に移封され、筑前一国および筑後二郡・肥前一郡半は新たに小早川隆景の領国となり、領国主となった隆景が本国である備後国三原から筑前国に移り、立花城（のち名島城に移る）を拠点に領国支配を開始した。

隆景は、神屋宗湛や島井宗室ら博多の有力町衆らと緊密な関係を築きながら、相次ぐ戦乱で荒廃した博多の復興を推進したほか、秀吉が開始した第一次朝鮮出兵に参加するなど、豊臣政権の筑前・博多支配や対外政策に大きな役割を果たした[1]。その後、文禄四年（一五九五）には隆景が備後国に隠退し、代わって秀吉の甥で、隆景の養嗣子となった秀俊（のちの秀秋）が領国を継承する。そして第二次朝鮮出兵の最中である慶長三年（一五九八）には、秀秋の越前国への転封により、九州の領国が一時豊臣直轄領となるものの、秀吉没後の慶長四年（一五九九）初めには秀秋の復領が実現し、関ヶ原の合戦後に備前国岡山に移封となるまで、彼は筑前一国および筑後・肥前の一部を含む領域の領国主であった。

さて、二代にわたって推し進められた小早川氏の領国支配であるが、天正年間に隆景が実施した指出徴収や知行宛行（所領寄進）、そして文禄四年（一五九五）から翌五年（一五九六）にかけて秀俊が実施した領国検地が、実は名島小早川領における石高制の成立にとって重要な意味を持っていた。しかも、豊臣取立大名や秀吉近親者が新たに入部して支配をおこなった領国という点で、一貫して同じ大名による支配が展開した毛利氏領国とはまた違った状況が見受けられた。

そこで、小早川隆景の指出徴収や知行宛行、そして小早川秀俊（のちの秀秋）の領国検地の内容を具体的に検討することにより、名島小早川領における石高制の成立過程について明らかにしたい。

一　小早川隆景の指出徴収と「分古銭」

第一編で、戦国期の筑前国では田の石高に対し、畠は貫高、とくに「清料」額で評価されている事例を見た。しかし豊臣政権期には、従来貫高で表示されていた畠・屋敷にもしだいに石高が設定され、田・畠・屋敷の種別にかかわらず所領全般が石高で表示され、それが知行編成や軍役賦課の基礎数値となる状況が全国規模で展開するのであり、筑前でもそれが確認される。すなわち、石高制の成立である。したがって、石高制が成立する具体的な過程を、とくに銭貨の観点から考察する必要がある。そのさい注目されるのは、天正十五年（一五八七）の秀吉による九州平定後に筑前に入部した小早川隆景の指出徴収および知行宛行（所領寄進）に見られる「分古銭」や「分銭古」という文言である(2)。そこで、それを手がかりに、「清料」から石高成立までの史的展開について明らかにしたい。

筑前国宗像社領では天正十六年（一五八八）以降、小早川隆景の指出徴収が確認されるが、それは大宮司であった宗像氏貞亡き後の社官らによる社領注進という形でおこなわれている。

まず、同年十一月廿一日付けの宗像社家領注進状(3)（小早川隆景家臣桂景種宛）を見たい。

社家分弐百町田畠辻
一河西郷田七拾八町三段 永〻否除之 但二三年荒加之
一曲村田四拾七町八段大 御帳面ニ永〻否当否不被極分之間、半分加之、
一河東郷田拾壱町九十歩牟田除之
以上田数百参拾七町壱段大三十歩
一河西郷畠拾六町八段大二十歩
分古銭拾弐貫四百四拾四文
一曲村畠拾弐町八段大
分古銭拾貫文
一河東郷内畠五町九十歩
分古銭弐貫六百拾七文
以上畠数三拾四町七段半五十歩
分古銭弐拾五貫六拾壱文
貫目田七町五段七十歩也
右惣田数百四拾四町六段三百四十歩

弐百町不足分

五拾五町三段廿歩

天正拾六年十一月廿一日　　社官中

(桂宮内少輔景種)
桂宮様　参

これによると、河西郷・曲村・河東郷それぞれについて、田は面積のみだが、畠は面積とともに「分古銭」額が記載され、さらに「分古銭」合計額がほぼ一貫文＝三段の基準で田の面積に換算され、惣田数が算出されている。また、翌天正十七年（一五八九）十一月五日付けの学頭秀賀・図師良秀・忌子千秋連署による宗像社領御検地前一紙目録(4)でも、河西郷・曲村・河東郷それぞれについて田は面積と「分米」、畠は面積と「分銭古」額が記されている。

そして同じころ、太宰府天満宮領でも「天正十八年庚寅　隆景様御代御撿地高辻」として、田畠面積や分米・分銭を書き上げた史料が残されているが、穂波郡の満盛院領大日寺村の畠については次に見えるように、面積とともに「分古銭」額が「二季之分」として記されている。(5)

穂波郡之内天満宮満盛院大日寺村之事、

一田数三拾町

分米百九十九石八斗九升一合

御撿地高辻

一畠数壱町九反大

分古銭壱貫九百七拾壱文

二季之分

三笠郡内岩淵分之事、

一田数弐町六反

一畠四段

天正十八年庚寅
隆景様御代御撿地高辻

このように、小早川隆景が筑前入国後に実施した指出徴収や検地関係の史料では、田が面積と分米で示されているのに対し、畠は面積とともに「分古銭」あるいは「分銭古」額で示されていることがわかるが、これはかつて収納基準であった畠分銭の「清料」額をふまえたものと推測される。たとえば宗像社領では、天文廿一年（一五五二）二月十七日付け吉田兵庫助給分坪付注文(6)で「先吉田兵庫助給名子畠地分」として、坪付の一筆ごとの畠分銭の合計が「清料」額であるほか、永禄年間から天正年間にかけて多数残る宗像社領における米銭注進状(7)でも、「替物銭」のほか「田付銭」「検注銭」「御百姓定銭」「浮屋敷銭」「浮畠地銭」などが、「公銭分」として「清料」額で記されている。したがって、所領坪付や年貢米銭注進状における「清料」記載から、実際の収納銭貨が「清料」かどうかはともかくとして、「清料」額を基準とする年貢銭納の慣行が存在していたことは間違いなかろう。

さて、小早川隆景は指出徴収を実施した後に、給人や寺院に対する知行宛行や所領寄進をおこなっている。残された事例は少ないが、そこには畠分銭としての「分古銭」表記が確認され、指出徴収の成果をふまえた知行宛行や所領寄進であったことが判明する。

筑前糟屋郡・穂波郡弐百石賦打渡

糟屋郡内
別苻村

一田数拾五町壱段小拾歩

分米百拾壱石三斗五升

一畠数弐町七段三百廿歩　　右同村
分古銭壱貫五百五拾文
為石四石六斗五升
已上田畠数拾七町九段九拾歩
分石百拾六石
一田数四町四反三百三拾歩　　穂波郡内 津原村
分米三拾四石九斗六升四合
一畠数壱町四反九拾歩　屋敷共ニ　　右同村
分古銭壱貫九百拾六文
為石五石七斗四升八合
一田数六町三段小　　同郡内 吉隈村
分米四拾壱石九斗九升
一畠数七段大三拾歩　屋敷共　　右同村
分古銭四百五拾文
為石壱石三斗五升
已上田畠数拾三町九拾歩
分石八拾四石三斗五升
都合田畠数三拾町九段九拾歩

分石弐百石三斗五升

右如件

天正十九年（一五九一）辛卯十二月廿日

井上又右衛門（春忠）　判

手嶋東市助（景繁）　判

桂宮内少輔（景種）　判

鵜飼新右衛門尉（元辰）

国貞甚左衛門尉（景氏）殿

すなわち、天正十九年（一五九一）十二月廿日付けで小早川隆景の奉行人である井上春忠・手島景繁・桂景種・鵜飼元辰が連署して国貞景氏に宛てて発給した右の打渡状(8)によると、筑前国内の糟屋郡・穂波郡内で二〇〇石余りの所領を給与しているが、そのさい、畠が面積とともに「分古銭」額で表示され、それがさらに石高に換算され、田の石高と合算されていることがわかる。

また、翌天正二十年（一五九二）十一月にも、隆景家臣の手島景繁・宗近長勝・高尾盛吉が連署して、京都大徳寺黄梅院に打渡状を発給している。

筑前国那珂郡住吉村之内百石地田畠打渡之事

一田数拾壱町六段大拾歩

　分米九拾八石弐斗五升弐合

一畠数七段三拾歩　屋敷共ニ

　分古銭六百四拾弐文　但二季分

為石壱石九斗弐升六合
合田畠数拾弐町三段大四拾歩
分米百石壱斗七升八合
已上
天正廿年(一五九二)壬辰十一月十五日

手嶋市介(景繁)（花押）
宗近新左衛門尉(長勝)（花押）
高尾又兵衛尉(盛吉)（花押）

黄梅院
御納所

すなわち、筑前国那珂郡住吉村内で一〇〇石余りの田畠が黄梅院に寄進されている(9)。そのさい、畠は面積とともに「分古銭」額が記され、それがさらに石高に換算され、やはり田の石高と合算されている。そして、先の国貞景氏宛てと、この黄梅院宛ての打渡状に共通するのは、屋敷も含めた畠について、いずれも「分古銭」額で示したあと、それを一貫文＝三石の基準で石高を算出し、それを田の分米と合計した石高を知行宛行、あるいは寄進の対象としている点である。これは、畠や屋敷を評価した貫高が石高に換算される過程、すなわち「清料」額を基準とする分銭をふまえた「分古銭」額が石高に換算されることで、貫高が石高に転換されていく過程が具体的にわかる点で貴重である。

このように、筑前国では文禄四年（一五九五）に山口宗永の領国検地が実施される以前、小早川隆景によって特色ある石高の算出がおこなわれていた。同時期、毛利氏領国では惣国検地が実施され、そこでは畠分銭が「鍛」（ちゃん）と呼ばれる銭貨で表示され、しかもそれが「鍛」一貫文＝「京升」一石という基準のもとに石高に換算されていた（本編第二章）が、隆景の場合はこれとは基本的に異なる。おそらく、名島小早川領で実施された独自の手法であったと推測される。

すなわち、天正十五年（一五八七）の秀吉による九州平定以降、筑前国では新たに入部した小早川隆景によって指出徴収や検地に続き、知行宛行や所領寄進がおこなわれたが、そこでは戦国期の「清料」額をふまえたと推測される「分古銭（分銭古）」という銭納基準額が確認されるだけでなく、その「分古銭」額が石高に換算される仕組みも判明し、まさに石高制が成立する過渡期を示すものとして注目されるのである。

二　山口宗永の検地と石高制

文禄四年（一五九五）、小早川隆景は本国の備後国三原に隠退し、名島小早川領は隆景の養嗣子となった秀俊（のちの秀秋）が継承することになる。

秀俊は、豊臣秀吉の正室である北政所の兄木下家定の五男として天正十年（一五八二）に近江国長浜で誕生し、幼少より秀吉の養子として北政所のもとで養育され、将来の秀吉後継者と目されていたが、文禄二年（一五九三）に秀吉の側室淀《よど》が拾丸（のちの秀頼）を産んだことにより、秀吉後継の道は絶たれた。その後、実子に恵まれぬ毛利輝元の跡継ぎ案も一時浮上したが、最終的には小早川隆景の養子になることで決着した。もともと隆景には秀包《ひでかね》（毛利元就九男）という後継者がいたにもかかわらず、それをわざわざ変更しての養子縁組であった。

文禄三年（一五九四）十一月十三日、秀俊は備後国三原に下向し、毛利輝元の養女と婚礼を挙げたのち、二十四日にいったん帰京する(10)が、翌年九月に筑前名島城に初めて下向する。すなわち、博多の有力町衆神屋宗湛の茶会記である「宗湛日記」[11]によれば、秀俊は九月二十日に筑前に入り、さまざまな歓待を受けたのち、二十九日に博多の正月行事である松囃子《まつばやし》を名島城内で見物して再び上洛の途に就いている。そして、小早川隆景はこれを見届けたのち、十一月に備後国三原に隠退した。

さて、まだ若年の秀俊を補佐するために、秀吉が特別に付け遣わした人物が山口玄蕃頭宗永である。彼は、第一次朝鮮出兵（文禄の役）時の行動が問われて改易された大友義統の領国に、文禄二年（一五九三）に入って検地を実施した経験を持ち、その手腕が見込まれての筑前派遣であったと思われる。そして、小早川秀俊の補佐役を務めながら彼がおこなった最も重要な仕事が、文禄四年（一五九五）から名島小早川領の全域にわたって実施した検地である。そこで、「玄蕃検地」と呼ばれる、この検地の内容と意義について、以下述べることにしたい。

この検地については、わずかであるが残された史料によってその内容を窺い知ることができる。秀俊の支配領域は、隆景から受け継いだ筑前一国・筑後二郡・肥前二郡に、筑後二郡（御井・御原郡）[12]を加えたものであるが、これら筑前・筑後・肥前三国それぞれに検地実施の痕跡を見出すことができる。[13]それによると、「蒔田次郎兵衛組」「山口玄蕃内南部武右衛門組」「長崎伊豆守組」のように、組編成された秀俊の家臣によって村ごとに検地が実施されており、その調査結果は名島城に詰めていたと推測される小泉万丞・上野右衛門大夫・小島喜太郎三名のもとに集約され、村ごとに検地帳が作成された。

また、各村の検地帳には「上村」「中ノ村（中之村）」「下ノ村」などと村の等級（村位）が記されており、[14]それに相応する石盛が設定されていたと思われる。そして、表紙の日付と小泉万丞以下の署判箇所の日付が異なっており、しかも前者が後者よりも時期的に早いため、表紙の日付は検地を実施した日で、署判の日付は検地帳の作成もしくは確認作業をおこなった日を示すものと思われる。したがって、肥前では九月、筑前・筑後では十月に検地が実施され、十〜十一月にかけて検地帳の作成あるいは確認作業が進められたと推測される。

さて、現存する検地帳のなかでも最も保存状態の良いのが筑前国志摩郡御床村のもの[15]である。それは表紙を欠き、しかも最初から二十六帖までが鼠食により中央から左部分にかけて欠損しているが、それ以外はほぼ完全に残っており、検地の詳細がわかる点で史料的価値はきわめて高い。

それによると、田は上・中・下の三等級、畠は上・中・下・山畑の四等級、居屋敷は上・中・下の三等級に区分され、それに対応する形で田が一石二斗・一斗・八斗、畠が八斗・六斗・四斗・三斗、居屋敷が一石三斗・一石・不定という段別石盛りとなっている。

太閤検地のうち、文禄検地について全国規模で詳しく検討された佐藤満洋氏によれば、村位別石盛り制は文禄二年（一五九三）に旧大友領の豊後、三年（一五九四）に島津領薩摩・大隅・日向と摂津・河内・和泉・伊勢、四年（一五九五）に大和と太閤蔵入地、五年（一五九六）に近江、そして慶長三年（一五九八）に越前で実施されている[16]。このうち、文禄二年の旧大友領では山口宗永と宮部法印、文禄三年の島津領では石田三成が検地奉行に任命されているが、文禄四年の名島小早川領に対する検地は、これら二地域に続く九州における豊臣政権の直接検地であり、小早川隆景の隠退と小早川秀俊の領国継承を機に、豊臣政権が一挙に領国支配の強化を図るために実施した重要政策であったと理解される。なお、文禄二年実施の旧大友領検地において、山口宗永は豊後南部四郡（大分・海辺(部)・大野・直入郡）を担当しているが、そのときの村位別石盛り三等級（上・中・下）のなかで、筑前国志摩郡御床村の地位別石盛り（田の上・中・下の三等級が一石二斗・一斗・八斗、畠の三等級が八斗・六斗・四斗）が該当するのは「下ノ村」である[17]。

また、御床村検地帳の記載では、一筆ごとに所在地・田畠居屋敷の別・竪横の間数・面積・石高・居住地および請負人が見え、それが田・畠・居屋敷の順に記載されている。さらに、「新町」「番付村」「さんし(散司)」「弁さし」「本船付」

といった名称のほか、分付百姓や内者と推測される「分」や「内」の表記も認められ、非農業民だけでなく村落の役人的性格の者、そして身分構成についても窺うことができる。そしてなによりも、一反＝三〇〇歩制で「畝」の単位を使用し、畠については石高換算されるなど、小早川隆景時代の検地で見られた一反＝三六〇歩制や地積単位の「大半小」、さらには畠の「分古銭（分銭古）」表示が姿を消している。

その後、この検地の成果をふまえて知行宛行が実施されたが、それらはすべて「文禄四年十二月朔日」の日付でおこなわれた。しかも、検地によって算出された石高と、豊臣政権によって決定された石高に差が認められることから、個々の村における検地の成果がいったん名島城に集められたのち、さらに京都伏見に送られ、豊臣政権の政治的判断のもとに正式の石高（村高）が決定されたと理解されている。(18)

さて、こうして発給された文禄四年十二月朔日付けの知行宛行状には、有力寺社に対するものと給人に対するものとがある。それは、前者が秀吉の朱印による所領寄進状であるのに対し、後者は秀吉の朱印が添えられた秀俊発給の知行宛行状である。その場合、給人に対する知行宛行が、領国主の職権である以上、給人に対する知行宛行が秀俊の署判で発給されるのは当然と言える。しかし、そこにわざわざ秀吉の朱印が添えられている点がきわめて異例であり、文禄四年検地の成果をふまえ、名島小早川領の知行宛行をおこなった主体は領国主である秀俊ではなく、豊臣秀吉（豊臣政権）であったと見なすことができる。すなわち、名島小早川領の知行宛行についての最終決定権は実は豊臣政権が握っていたのであり、知行高の数値部分に朱印が捺されていることは、その石高が豊臣政権の保証した知行高であったことを象徴的に示すものである。

さらに注目すべきは、文禄四年検地をもとに豊臣政権によって決定された村々の石高やそれをふまえた知行高が、名島小早川領においては、その後豊臣期を通じて知行宛行や軍役賦課、さらには年貢収納における基準高として機能したことである。(19)そこには、豊臣政権によって大陸派兵の兵站基地として位置づけられた名島小早川領の性格が色濃く反映している。豊臣政権は、天正十五年の九州「国分」において、戦国期まで勢力を保持していた筑前国内の有力国人領主を他国に移封し、その後の領国支配を暫定的に小早川隆景に委ねたものの、やがて隆景の三原隠退と秀俊の領国継承を機に一挙に支配強化を図ったものと思われる。したがって、文禄四年十二月朔日付け知行宛行状に秀俊の署判とともに秀吉の朱印が添えられている状況は、領国主秀俊と豊臣政権が共通の支配基盤に立っていたことを示しているのであり、その意味で名島小早川領は豊臣直轄領に匹敵するような、まさに準直轄領的性格を有していたと言えよう。

このように、山口宗永によって領国全域に同一基準で実施されたこの文禄四年検地は、太閤検地の原則を名島小早川領に初めて導入した画期的な政策であり、個々の「村」が等級とともに確定され、その地積と石高が豊臣政権によって把握された結果、豊臣政権による統一的な知行編成や軍役賦課が初めて可能になった。そして、畿内の石高制原理が深く浸透することにより、名島小早川領一帯には田・畠・居屋敷に関係なく一律に石高が導入されるが、それは権力編成のための土地評価が銭貨額ではなく米穀量となり、銭納基準額が消滅したことを意味するものであった。

おわりに

豊臣秀吉の九州「国分」の結果、新たに筑前に入部することになった小早川隆景は、領国内の所領把握のために指出徴収を実施するが、そのさい作成された文書には、田の分米に対し、畠が「分古銭（分銭古）」額で表示されている。それは、戦国期における年貢銭納の「清料」額をふまえた銭貨額表示と推測され、隆景は畠について、戦国期の年貢銭納実績をもとにした「分古銭」での把握を試みていたことが判明する。そして隆景は、こうした調査をふまえて知行宛行や所領寄進を実施したと推測されるが、そこでは「分古銭」額が一貫文＝三石という基準で石高に換算され、田の分米と合算した総石高が給付・寄進の対象となった。これは、隆景独自の石高算出方法であり、「鍛」一貫文＝「京升」一石の「石貫」制で石高算出をおこなう毛利氏領国の方式とは、基本的に異なるものであった。

そして、名島小早川領の石高制は、文禄四年（一五九五）の秀俊入部により、また新たな段階を迎える。すなわち、秀俊の補佐役であった山口玄蕃頭宗永の惣検地により、筑前国を中心とする領国全域には太閤検地の原則が導入される。それは、山口宗永が文禄二年（一五九三）に旧大友領である豊後国で実施し、石田三成が文禄三年（一五九四）に島津領である薩摩・大隅両国で実施した検地と同じ性格のもので、一反＝三〇〇歩・畝制の地積基準のほか、整然とした地位別斗代や村位別斗代を採用して個々の村高を確定した。そして、これら村高を前提に、有力寺社には豊臣秀吉の朱印による所領寄進状が、給人には秀吉の朱印を伴った小早川秀俊の知行宛行状が発給された。また、給与された石高は、知行制や軍役賦課などの権力編成において機能したが、個々の村高そのものも年貢収納基準として、それ以降重要な役割を果たした。したがって名島小早川領は、豊臣政権が確立した石高制が典型的に機能した地域と言えよう。すなわちこの地域では、隆景の時代に石高制が導入され、秀俊の時代にそれが制度的に確立したと見なすことができるのである。

註

（1）豊臣政権下の小早川隆景および秀俊（秀秋）の筑前・博多支配については、拙稿「豊臣期筑前国における支配構造の展開」（『九州史学』第一〇八号、一九九三年）、「豊臣政権下の筑前」・「豊臣政権下の博多と町衆」（『西南地域史研究』第一一輯、一九九六年）を参照されたい。

（2）本文で紹介する筑前国における事例のほかに、畠分銭に「古銭」を用いたものとしては、天正十四年十一月二日付け沼間田民部丞寺領引渡状（『愛媛県史　資料編　近世上』所収「大洲旧記　一〇上吾川村」）・天正十四年十二月十三日付け野間郡遍照院領坪付（『同』所収「遍照院文書」）・天正十四年十二月十三日付け野間郡佐方保賀茂領坪付（『同』所収「伊予古文書　二九　波頭家文書」）など、伊予国における「分銭古」が確認される。これらは天正十三年に伊予国を、同十五年に筑前国を秀吉から与えられた小早川隆景が現状把握を主眼として新領国に対して実施した、指出徴収や検地をふまえたものであったと推測される。

（3）宗像大社蔵「宗像家文書」（『宗像市史　史料編　第三巻　近世』所収「慶長五年以前諸家文書」三二号）。

（4）宗像大社蔵「宗像家文書」（「慶長五年以前諸家文書」三三号）。形式上は、宗像社社官らによる「指出」である。

（5）「満盛院文書」（『大宰府・太宰府天満宮史料　巻十七』三三一頁所収）。また、彦山増了坊所蔵「就御尋書記之条々」（川添昭二・広渡正利篇校訂『彦山編年史料　古代中世編』所収）でも、天正十七年十一月十日付けで深野平右衛門尉による「筑前国上座郡彦山座主領御検地目録」が残されており、黒川・腰原・福井三カ村で田畠の面積のほか分米・分銭が記されているが、一部の畠について「白米古銭　四貫七百九十文」という表記が確認される。なお、これらは共に「御検（撿）地」とあるが、宗像社領と同様、指出徴収による成果である可能性が高い。

（6）「吉田公一文書」（『宗像市史　史料編　第二巻　中世Ⅱ』所収）。

（7）「増福院文書」「嶺文書」（『宗像市史　史料編　第二巻　中世Ⅱ』所収）。永禄十年・天正八〜十四年分の山田村・内殿郷・曲村・本木郷の御米銭注進状で「清料」記載が確認される。

（8）『萩藩閥閲録遺漏』巻二の二国貞平左衛門36。

（9）東京大学史料編纂所架蔵影写本三〇七一・六二—二一一「黄梅院文書」。

（10）『大日本古文書　家わけ第十一　小早川家文書』一五五号小早川秀秋三原下向祝言日記。

（11）『茶道古典全集　第六巻』（淡交新社、一九五六年）所収。

（12）文禄四年十二月朔日付け知行宛行状に筑後国御井・御原郡内の所領が数多く見られ、小早川秀俊の支配期以降、支配領域が拡大したものと思われる。また、「星野家伝記」（東京大学史料編纂所架蔵謄写本二〇七五—一二四七）にも「筑後御井・御原両郡秀秋公へ御加増、合弐拾壱郡御領知被成候」とある。

（13）「鎌田文書」（九州大学九州文化史研究施設所蔵写真版）、鶴久二郎・古賀幸雄編『久留米藩農政・農民史料集』（鶴久二郎、一九六九年）所収「名島領水帳写」、鳥栖市立図書館所蔵本『基養精細録・坤』所収「玄蕃竿御検地帳」、『新鳥栖市史』所収「園部村明細帳」、「筑前国上座郡石成村御検地帳移（写）」（福岡市博物館平成二年度収集寄贈資料「古賀武男資料」一〇九）。

(14) 右のうち、「園部村明細帳」に「上村」、「玄蕃竿御検地帳」に「中ノ村」「下ノ村」、「筑前国上座郡石成村御検地帳移（写）」に「中之村」の記述が見える。

(15) 「鎌田文書」。なお、この検地帳はかつて玉泉大梁氏によって詳細に検討されており、学ぶべき点が多い（福岡県農地改革史編纂委員会編輯『福岡県農地改革史　上巻　第一編 農地改革前史』（農地委員会福岡県協議会、一九五〇年）第二章第四節「太閤検地時代の土地制度」）。

(16) 佐藤満洋「太閤検地における村位別石盛り制の研究」（『大分県地方史』第五八・五九・六一・六二・六三号、一九七〇〜七二年）。のち、藤野保編『九州と豊臣政権』（国書刊行会、一九八四年）に収録される。

(17) 右に同じ。

(18) 中野等「文禄期豊臣政権の地域支配―筑前名島小早川領文禄四年検地の検討―」（『史学雑誌』第一〇二編第七号、一九九三年）。のち、同『豊臣政権の対外侵略と太閤検地』（校倉書房、一九九六年）第二編第一章「名島小早川領における太閤検地の基調と権力体系の再編」として収録される。

(19) 拙稿「小早川秀秋の筑前支配と石高制」（『九州史学』第一一七号、一九九七年）。

結論　総括と展望

三編九章にわたって述べてきた戦国・織豊期の貨幣流通と石高制の問題について、明らかにしたことを改めて整理し、当該期における貨幣流通の史的展開と石高制成立の歴史的背景を、流通・財政・権力編成の観点から総括した上で、最後に近世初期の状況を展望して、結論としたい。

十五世紀後半から十七世紀前半にかけて、日本国内で見られた「撰銭」状況は、一枚が一文という銭貨本来の等価値使用の原則が崩れ、種類による区別立てがおこなわれた社会現象だが、その発生原因は、中世後期における商品流通の発展による銭貨需要の増大に渡来銭供給が追いつかないなか、国内外で鋳造された低品位銭貨が流通市場に大量に参加したためと推測され、しかも明国内の銭貨流通の混乱が貿易を通じてわが国に波及したことが直接の契機になったと考えられる。

この「撰銭」状況の拡大に対して、大名大内氏や室町幕府などの公権力は、いわゆる撰銭令を発令するが、それは流通阻害を引き起こす恐れのある品質・形状の劣悪な銭貨を、流通市場から排除してその使用を禁止する一方、それ以外の銭貨については混入率等を設定して、精銭と等価値での使用を命じるものであった。当時は、良質の中国銭をはじめとする外国渡来銭のほかに、国内外の私鋳銭や長期使用により摩耗あるいは一部欠損した銭貨などが広く流通しており、たとえ限定的な通用範囲であっても低品位銭貨が地域経済を支え、しかも価格差を伴う銭貨使用が社会慣行であった以上、特定の銭貨を排除したり、流通可能な銭貨すべてを等価値で使用させることなど現実的には困難で、「撰銭」はその後も続き、やがて常態化した。

その結果、十六世紀半ばの天文年間には、安芸国厳島社と同国佐西郡山里刀祢との間で社納銭の「撰銭」をめぐる紛争が発生しているが、それは当時の異なる階層の人々の銭貨に対する姿勢の違いを端的に示す事例として興味深い。もともと山里刀祢らが、「材木以下」の品物を同郡の中心的な市町である廿日市で売却して得た銭貨を社納銭に充てていたところ、厳島社家衆がその銭貨を「悪料」として選別したことにより紛争が勃発した。それは、厳島社が地域経済圏を越えた広範囲の交易が可能な立場にあったのに対し、地域経済圏に生活基盤を持つ山里刀祢らにとって必要な銭貨はその地域で流通・通用するもので十分であり、厳島社が社納銭を選別する行為に反発、生活防衛のための訴訟を「国」支配権を握る大内氏に対して起こし、紛争の解決を求めた。それに対して大内氏は、公権力の立場で調停をおこない、円滑な銭貨流通を優先して厳島社の「撰銭」を停止させ、「当時通世銭」や「当国諸売買銭」での社納銭の受け取りを命じている。大内氏の場合、広域公権力として領国内での円滑な銭貨流通を維持しなければならない立場にあり、その点で地下百姓の主張と一致し、その結果、「撰銭」禁止の発令となったが、それは領国支配の観点から実施されたものであった。

しかし、一方で大内氏は、領主財政の観点から精銭獲得にも積極的であった。たとえば、豊前国で実施した公金貸し付け（「御預銭」）の返済について、段銭と同じく精銭納を命じているが、安芸・石見・土佐三国での材木購入という理由からも察せられるように、精銭は遠隔地交易にとってぜひとも必要な支払手段であった。また当時、中国銭が貿易用通貨としての性格を有していたことをふまえると、精銭需要の一つに外国貿易があったことも想定される。したがって大内氏は、財政的には厳島社と同様、精銭獲得に積極的な面を持ち合わせていたのであり、「撰銭」の禁止を銭貨政策の一つの柱とする大内氏が、勘渡・下行のさいに「並銭」を使用しながら、収納のさいに「撰銭」（精銭納）を命じているのも、精銭獲得という点で当該期における領主的本質を露呈したものと推測される。

このように、本来、一枚一文で等しく取り扱われるべき銭貨が、機能や通用範囲において差を生じ、人々もそれに即した銭貨取引をおこなうようになる。銭貨呼称は地域によってさまざまであるが、たとえば豊前国の場合、良質で基準銭貨の性格を持った「清料」のほか、その対立概念としての「悪銭」や「並銭」、さらには通用範囲（地域）に因む「国銭」や「国並銭」といった銭貨表現が確認され、これらすべてが個々の価値を持って流通・通用していたと思われる。しかも重要なのは、多種多様な銭貨、とくに低品位銭貨の流通への参加によって、流通銭貨間に品位に基づく差が発生し、価格基準となりうる基準銭貨とそれ以外の銭貨に分化したことである。

とくに、良質の銭貨である「清料」は、通用範囲がある程度限定される低品位の銭貨に比べて遠隔地交易においても利用価値が高く、大名や諸領主も財政上その獲得に積極的であったが、「清料」の持つ意味は単にそれにとどまらなかった。すなわち、年貢・公事・夫役の代銭納化に伴い、その額は基準銭貨である「清料」に基づく「清料」額として定額化する傾向にあったのであり、その意味で「清料」額そのものが賦課徴収の基準として重要な意味を持つことになった。しかし在地の現状は、豊前国で検証したように、「清料」基準額の有無にかかわらず、年貢正税やそれを担保とする借銭が「荒銭」を含む「並銭」額のもとで動いており、低品位銭貨の通用は良質銭貨よりもむしろ優勢であった。そのため、賦課徴収の基準である「清料」額に、実際流通する低品位銭貨の「当料」額を対応させる上で調整が必要となり、そこに両者を結ぶ換算値が発生したと推測され、大内氏支配下の筑前国ではすでに十六世紀前半に、「清料」—「当料」—「和利」の概念と通用慣行が成立していた。すなわち「清料」は、基準銭貨であると同時にそれに基づく銭貨額を意味し、年貢・夫役などの収納銭は基本的に「清料」を基準としていた。それに対して「当料」は、「清料」に比べ低品位・低価値の一般流通銭貨であると同時に、実際の収納・取引のさいに授受される銭貨額でもあった。そして「和利」は、「清料」から「当料」への換算値であり、収納基準額から実際の通用額が導き出されるさいの倍数数値であった。

したがって、基準額「清料」のあるところ、実際の通用額である「当料」、そしてそれを算出するための換算値である「和利」が必然的に存在するのであり、しかも「和利」は銭貨を授受する当事者双方にとって、きわめて関心の高い数値となった。それは、「清料」基準の銭貨授受の場合、「和利」そのものが収納額の多寡を決定づける数値となったからであり、納得しがたい「和利」の適用に対しては、地域住民らによる激しい抵抗が見られるなど、「和利」をめぐる諸階層間の対抗関係は熾烈であった。

なお、天文年間における筑前国内の種々の収納銭について、「清料」から「当料」への換算値が一・五倍で共通していることを確認したが、これは筑前国内で広範囲にわたって同じ「和利」数値が適用されていた可能性を示唆するものであり、豊前国における「和利」の事例からも、こうした数値は本来個別に成立するものであったにせよ、その調整や最終的な決定には広域公権力としての大名権力の公儀性がとくに期待され、それ故に「和利」をめぐる紛争が発生した場合、最終的には大名権力の判断に委ねられた。

さて、戦国大名毛利氏の場合、領国拡大に伴う新占領地の支配をおおむね先行権力の支配方式に則ることを領国支配の特色としているが、同様に有力寺社の仏神事料や段銭などの額も、前代すでに成立していた基準額を「古銭」額もしくは「清料」額として継承し、領国支配を展開した。したがって、毛利氏領国内の継承基準額が存在した地域では、その「古銭」(「清料」)額とそれに相当する通用銭貨での「当料」額とが併存しており、大名権力はもとより、諸階層の人々も日常生活のなかでそれに直面していたと思われる。しかしその場合、基準額から実際の通用額への換算値である「和利」は、本来その時点での銭貨相場の影響を受けるものでありながら、一方で公権力によって設定されるような、きわめて政治的な数値という面も持ち合わせていた。たとえば、周防国松崎天満宮や長門国二宮は神事料の勘渡について、「古銭」額に対する「和利」数値を従来の「四和利」(四倍)から「六和利」(六倍)に引き上げるよう陳情して、毛利氏によってその要求が認められているほか、出雲国杵築大社の三月会の神事料負担をめぐり両国造家間で発生した「和利」の相違に関する事件も、毛利氏が直接判断を下している。こうした事例から、毛利氏は、継承基準額である「古銭」額の「当料」額への換算値「和利」の最終決定権を握ることで、領国の公儀たりえたと言える。

では次に、毛利氏領国における流通銭貨について目を向けたい。

戦国・織豊期の毛利氏領国では、多様な銭貨の流通を確認することができる。まず注目されるのは、低品位銭貨と推測される南京銭が天文年間から慶長年間まで長期にわたってさまざまな用途で領国各地で使用されていた事実である。

たとえば、石見国益田氏領では、「清料」額基準の賦課に対して「南京」での納入がおこなわれており、「清料」基準額の存在と、流通銭である「南京」が上納銭貨としても利用されていたことがわかる。また、東福寺領周防国得地保では、年貢米売却で得た「新銭」と、返礼として受領した「南京」が異なる価値の銭貨であり、しかも年貢算用状では「新銭」額を三分の一、「南京」額を十分の一に換算した数値で算用を実施していたほか、「新銭」と「古銭」額との換算(「和利」計算)状況も確認でき、当時は個々の銭貨の価値をふまえた会計処理がおこなわれていたことが判明した。

また、大内氏の時代には段銭の精銭納が重視されていたが、毛利氏の時代には、低品位銭貨と思われる南京銭での段銭収納の事例が領国各地で多数検出される。とりわけ、安芸国佐西郡の事例によれば、天文年間に「清料」額基準の賦課であったものが、永禄年間には収納実態を反映する形で「南京（銭）」額が「当料」として賦課基準になっており、この地域で特徴的に見られる段別六〇〇文（分銭の一・二倍）や収納米の俵別三〇〇文といった賦課基準も、実は「南京（銭）」額であることが明らかになった。しかも「南京（銭）」は、段銭だけでなく地料銭としても収納されるなど、厳島社の財政運営において重要な意味を持っていたほか、田地の売買や納所・諸役の収納、さらには奉納銭としても各地で幅広く利用されていた。このように、毛利氏領国では南京銭の流通が各地で確認され、厳島社領をはじめ広い範囲で、南京銭流通経済圏の存在すら想定できる。

さらに、毛利氏領国では、南京銭以外にもさまざまな銭貨が異なる価格水準で流通・通用しており、その代表が「鍛」（ちゃん）と呼ばれる銭貨であった。史料的に天正年間以降確認されるこの銭貨は、南京銭に比べて高い価格水準のものであったが、やはり流通銭として毛利氏領国の各地でさまざまな用途で利用されていた。「鍛」の場合、毛利氏が特権商人である備後国尾道の渋谷氏に預け置いて運用させるなど、公用銭貨としての特徴を見せているが、長距離旅行者が各地で使用する銭貨もやはり高い価格水準のものであった。したがって、当時の社会では多様な銭貨が異なる価格水準で流通し、人々はこれらさまざまな銭貨を認識・区別しながら、目的に応じた利用をおこなっていたと推測される。

そして毛利氏の場合、撰銭行為の禁止や精銭・悪銭混用率の設定、あるいは段銭の精銭納原則といった、流通銭貨そのものに対する政策の実施事例を確認することができない。したがって、大内氏と異なり毛利氏は、流通銭貨についての規制や上納銭貨の指定などはとくにおこなわず、銭貨流通の現状を容認し、問題が発生した場合に大名権力としてその調整に乗り出し、紛争の解決を図っていたと思われる。その意味で、流通銭貨そのものよりもむしろ銭貨額の数値に関心を払い、価値変化に対応する政策を実施した点に特徴が認められる。そしてその背景としては、大内氏の時代とは異なり、領国を越えるような遠隔地取引をおこなう上で重要な役割を担う通貨として、銀が領国内ですでに流通し始めており、しかもその主要な鉱山である石見銀山を掌握していたことが、その通貨政策にも大きな影響を与えていたと推測される。

そもそも石見銀山の開発、銀の生産は、日本国内の流通経済はもとより、東アジアの貿易構造を一変させるものであったが、そこで産出される銀は、日本国内で通貨として流通する以前にまず、貿易通貨として爆発的な海外流出を見せたのであり、十六世紀前半には国際通貨として東アジア地域の通商の場で広く取り交わされていた。しかし十六世紀半ばには、日本国内でも通貨としての流通が始まり、鉱山開発や輸入により大量に流通することになった金と同様、従来精銭が担っていた貿易用通貨や遠隔地取引用通貨としての機能を吸収し、外国産品など高価格商品の取引に必要な高額貨幣として盛んに利用されるようになった結果、小額貨幣として地域社会の経済を支える銭貨とともに重層的な通貨体系を形成した。

したがって、石見銀山で生産された銀は当初、対外貿易の決済用途として海外に流出したものの、十六世紀後半には日本国内で通貨として広く流通したのであり、毛利氏領国でもその状況が認められる。すなわち、石見銀山の争奪戦に勝利した毛利氏は、元亀二年（一五七一）の厳島社遷宮用途に石見銀を充てるが、これが石見銀山と安芸厳島を結びつけ、その後の石見銀の厳島流入の契機になったと思われる。とくに天正年間には、石見銀山「住人」らが社殿廻廊の一間寄進を盛んにおこなっているが、それは銀の奉納を伴うものであったと推測されるほか、同時期には出雲国島根郡朝酌・持田の遠隔地社領の年貢も銀納されており、当時厳島には山陰地方から大量の銀が流入し、やがて周辺地域に拡散したと考えられる。そして慶長年間には、小袖などの高級絹織物が銀で大量に取引されるなど、厳島社における銀使用は一般化し、祭祀用途も銭から銀に転換、定額化の傾向を見せており、銀の社会浸透の深まりが窺われる。

さらに銀は、外国産品など高価格商品の取引だけでなく、軍事支援にも盛んに利用され、むしろそれによって社会に深く浸透することになった。毛利氏の場合、永禄・元亀年間から天正年間にかけて戦闘地域に対して銀での軍事支援が見られるが、贈答儀礼、とりわけ進物に銀が利用される事例が永禄末年からすでに確認できる。しかも豊臣政権下に入った天正十年代以降は、莫大な量の銀が中央政界に流れ始め、従来にない大規模な金銀の環流が日本国内で起こり、その影響により文禄・慶長期には毛利氏領国にも銀が深く浸透していた様子が認められる。しかし、毛利氏の財政構造は常に不安定な状況にあり、銀の財源は石見銀山以外にもあったものの、実際は直轄領年貢や防長段銭を担保とする「有徳人」からの借銀が大きな比重を占め、彼らの経済力に依存する体質は元就のころから輝元のころまで基本的に改善できずにいた。したがって豊臣政権下、増え続ける財政支出に対処するためには、脆弱な財政構造から脱却する必要があり、そのための方策が模索されていた。

一方、米は当該期、単に商品としてだけでなく重要な支払手段として機能した。たとえば、厳島社領安芸国佐西郡友田郷の年貢算用によれば、米を俵数単位で売却することにより銭を入手する一方、燃料や食料品など日常生活物資を米で調達するなど、米は財政支出において重要な役割を果たした。しかも銭の場合、種類によって品位や価値が異なる点で使用が不便であったのに対し、米は銭が本来果たすべき支払手段としての役割を代替するなど、幅広く機能した。また、文禄年間に建立・補修された厳島社の平橋・鐘撞堂上葺の入目付立によれば、各種の資材価格がみな米で表示されており、当時米が単なる商品としてだけでなく、支払手段や価値尺度としての機能を果たしていたことが確認され、そこに米穀量を基礎とする石高制が社会的に成立した背景を窺うことができる。

また、周防国吉敷郡仁保上郷の禅宗寺院に天正・文禄年間に施入された品物の使途について記した「養徳院祠堂帳」によれば、当時の米が担っていた別の役割が明らかとなる。すなわち、施入された米はもちろん、小袖や銀も米に替えられてさまざまな用途に充てられているが、とくに各種普請や災害復旧時の労働報酬である「代飯（台飯）」や「酒（代）」に多く充てられているほか、曾木や釘などの普請材料の調達にも米が利用されている。これは安芸国で見られた、銭立て価格に対する支払いや日常生活物資の調達に米が利用され、しかも造営修理用途が銭から米に変化するといった、米利用の拡大と同様の社会状況が、周防国でも展開していたことを物語るものである。

しかも米は、大名権力の財政においても重要な存在であった。防長両国では、すでに大内・陶氏のころから「段米」が段銭と同様、郡ごとに段別賦課され、寺社の造営・祭祀に利用されていたが、毛利氏のころには「段米」のほかに「段銭米」の事例が顕著となり、戦時には兵粮米として、平時には寺社の祭祀や普請、あるいは俸給・飯米など労働報酬として勘渡・支給されるなど、財政運営上、米の需要は多かった。一方、米の供給源としては、直轄領年貢のほか、段銭、とくに防長段銭による捻出がその中心を占め、兵粮米の場合、山口奉行と周防四郡段銭奉行、そして諸郡司とで構成される防長の支配機構のもとで調達され、船で積載輸送するため海辺部まで運び出された。また、段銭を担保とする「借替」による米調達も防長の支配機構のもとでおこなわれたほか、毛利氏自身も「有徳人」から盛んに借米しており、とりわけ戦時には大量の兵粮米を所領給与を約束しながらその確保を図っている。しかも当時は、需要の多さを背景に比較的高利で取引されるなど、米は相当の利殖が期待できる商品として社会で広く流通していた。

このように、毛利氏は財政運営上、戦時・平時を問わず、銀とともに大量の米を常に必要としていた。しかしながら、実際のところ米は慢性的な供給不足の状況にあり、防長段銭や「有徳人」からの借米に依存しなければならない財政構造上の問題は、一向に改善できずにいた。しかも、領国内諸地域における多様な賦課形態の存在は、統一的な賦課体系の成立を阻んでいたのであり、領国全域にわたる一律の賦課基準の創設が待たれていた。したがって毛利氏には、知行制や軍役賦課といった権力編成のためだけでなく財源確保のためにも、領国内の所領構成の再編も含めた抜本的な改革が求められていた。

さて織田政権は、直面する貨幣や米の現状をふまえ、従来の室町幕府の方針を大きく転換し、金銀も含めた新たな通貨制度の確立をめざす積極的な政策を展開した。それは「精銭」（「善銭」）を基準に、多くの低品位銭貨や金銀の換算基準を公定するもので、「撰銭」により排除される傾向にあった低品位銭貨を流通市場に呼び戻し、新たに市場に参入した金銀を通貨として公認し、混乱した銭貨秩序の回復をめざすものであった。そして結果的には、銭貨秩序の回復は果たせなかったものの、金銀の高額貨幣としての役割が明確化してその機能が発揮される一方、銭貨のうち「精銭」が金銀や低品位銭貨の価格基準として重要な意味を持つことになった。また織田政権は、堺の直轄化や但馬国生野銀山の掌握など、都市や流通、そして貿易に強い関心を抱き、金銀や米を積極的に活用する一方、商取引において価値尺度として機能し始めた米を政策的に利用し、貫高ではなく石高を土地評価の新たな尺度として採用したのであり、ここに石高制の「萌芽」を見ることができる。

そして豊臣政権は、織田政権の通貨制度や流通・貿易政策、そして権力編成の手法を基本的に継承しつつも、そこに独自性を加味してさらに発展させた。すなわち、生野銀山の支配を引き継ぐとともに諸国の金銀鉱山を掌握し、堺だけでなく国内の主要都市、とくに長崎を直轄化して貿易の統制・独占を強めた。また、新たに重量と品位を保証する法貨としての金銀貨を鋳造・発行し、金銀と蔵米を運用することにより、必要な物資を必要な場所に確保する体制を確立した。そして、新たな銭貨の鋳造こそ実施しなかったものの、東国支配に初めて臨んださいの永楽銭に対する換算規定や、第一次朝鮮出兵時に定めた長距離通信輸送制度の通行料規定において、畿内の「精銭」（「ヒタ」）を基準とする通貨法令を発令して銭貨取扱いの指針を示した。したがって、常態化した「撰銭」状況の克服や、混乱した銭貨秩序の回復は果たせなかったものの、畿内の「精銭」を基準に、領国ごとに異なっていた銭貨体系の全国規模での「統一」をめざした点で豊臣政権の銭貨政策は注目される。

しかも、織田政権がすでに採用していた石高による土地評価の方法は、豊臣政権によって受け継がれ、「京升」の普及のもと、天正十九年（一五九一）の御前帳徴収を機に全国規模で広がりを見せ、権力編成の基本原理として定着する。そして、もともと織田政権下の多様な検地方式の一つであった秀吉の検地原則がしだいに整備され、文禄年間には太閤検地原則として形を整えた。しかしながら、その形式がそのまま適用された地域は限られており、国内の多くの地域では畠分銭の石高換算などさまざまな点で、独自性を持つ多様な検地が実施された。

そもそも、畠や屋敷の分銭が石高のなかに組み込まれていくということは銭納基準額の消滅を意味しており、それは同時に、土地評価の価値尺度が銭貨額ではなく米穀量になったことを示す。戦国期、各地の大名権力は、領国内の所領を面積以外にも貫高もしくは石高によって把握し、権力編成をおこなった。しかし豊臣政権の誕生後は、石高が権力編成の基本原理となり、それは幕藩体制下においても近世石高制として継承される。このように、豊臣政権が貫高ではなく石高を権力編成の基本原理として採用したのは、やはり当該期における銭貨の通用状況や銭貨に対する信用度合が大きく影響したと見てよい。すなわち、低品位銭貨の流通市場への参加により等価値使用を原則とする銭貨流通秩序が崩壊した状況下では、銭貨に対する社会的信用は相対的に低下しており、権力側にとって、銭貨（額）を土地評価の価値尺度とすることはもはや適当でなかった。それに対し、高い商品価値を持ち、安定した交換媒体として普遍的な価値を持つ米が改めて注目され、銭貨に代わる価値尺度として選択・採用されたものと思われる。そして、豊臣政権によって「京升」が基準枡として採用され、その使用が太閤検地等を通じて全国に広まるなか、統一された量制のもと、土地評価は銭貨額ではなく米穀量によるものとなり、ここに石高を権力編成の基本原理とする石高制が成立した。ただ豊臣政権期には、太閤検地が実施される過程で、戦国期まで存在した多くの異質な基準額について、個々の大名権力がさまざまな方法でその均質化と統一化を試みており、その結果として地域ごとに多様な石高の成立が認められる。そこで本書では、とくに毛利氏領国と名島小早川領においてそれを検証した。

豊臣政権下、領国支配の強化を進める毛利氏は、広域公権力として制定した分国法（掟）や、権力編成のために実施した惣国検地において、領国内の銭貨状況をふまえつつ基準とすべき銭貨を選択・採用したと思われる。たとえば、天正十三・十四年（一五八五・八六）に制定した、領国内における渡し船や杵築大社の作事の料金規定は「南京」（南料）額で表示しているが、それは低価格水準でありながら領国各地で広く流通・通用する「南京」の状況を考慮した政治的判断であったと推測される。

一方、全領国規模で実施した惣国検地の畠分銭には、「南京」と同様、領国内で広く流通・通用しながら「南京」よりも価格水準の高い、「鍜」（ちゃん）を基準銭として採用した。そして、当時畿内で公用枡として定着しつつあった「京升」を毛利氏領国でも基準枡として採用し、それを基準銭「鍜」と組み合わせることにより、石高算出のための統一基準を創出した。それは当初、流通市場の和市を反映した石高換算基準であったと推測され、貫別六斗あるいは貫別五斗など、その換算基準には地域差も見られたが、天正の惣国検地が終了するころには貫別一石（一貫文＝一石）に落ち着き、いわゆる「石貫」制によって領国内所領を石高評価する方式が定着した。したがって、天正の惣国検地では、基準銭「鍜」と基準枡「京升」を構成要素とする「石貫」制という新たな統一基準によって、「古銭」などの継承基準額の均質化も含めた領国内所領の数量的把握を実現し、毛利氏はついに領国規模で統一的な知行制および軍役体系を確立した。

ただ毛利氏領国のなかには、備中国小田郡神島のように、惣国検地の適用を受けていないと思われる地域も存在しており、そこでは検地後もなお土地評価額としての「古銭辻」を基準とする年貢銭納が確認され、「古銭」額の「わり《和利》」換算のもと、流通銭「鍛」による収納が実施されており、「古銭」額を基準とする年貢銭納の実態について知ることができる。

その後、文禄四年（一五九五）から慶長二年（一五九七）にかけて、毛利氏は天正の惣国検地で決定した所領高を再確認する作業をおこなう。まず、所領付立を提出させて所領高・「所務」高・屋敷数を確認する一方、すでに発給していた打渡坪付を提出させて「石貫」制の徹底を図るために石高数値の修正をおこない、担当奉行衆が紙背に証判を加えて返却している。しかもそれは、単に石高の修正にとどまらず、石高を基準とする「御判御礼銀」の賦課徴収を伴っていた。すなわち、天正の惣国検地の実施により、領国内の段銭は一部を除き、基本的に石高のなかに包摂されて石高制が成立することになるが、これは同時に毛利氏が石高を基準とする賦課体制を確立し、全領国一律の収奪が可能になったことを意味する。したがって天正の惣国検地は、領国規模での統一的な知行制および軍役体系を確立しただけでなく、同時に財政面でも画期的な制度改革であったと言える。こうして石高制の導入により、地域ごとに異なっていた賦課形態はここに解消され、国衆領・寺社領を問わず領国全域において一律の賦課収奪体制が成立し、その結果、年貢・軍役と段銭という従来の二本立ての賦課体系は、石高基準のもとに一元化された。したがって、周防国衙領では段銭の事例が近世初期まで確認されるが、それも正確には石高を基準とする「段銭米」であり、公田面積を賦課基準とする段銭本来の性格はもはや喪失していた。

さて慶長年間に入ると、一反＝三〇〇歩・畝制など新たな検地方式が毛利氏領国にも導入され、慶長四・五年（一五九九・一六〇〇）ごろには惣国検地がその方式のもとで実施された。そこでは、畠だけでなく屋敷にも分銭が付けられ、しかも田の反別斗代が一石を超えるなど、天正の惣国検地に比べると大きな変化が認められる。そして、この反別斗代の上昇などから、天正の惣国検地の石高が「収納高」を把握したものであったのに対し、慶長の惣国検地の石高は「生産高」を把握したものであったという見方が一般的である。しかし、豊臣政権期の反別斗代や検地石高を「生産高」と断定するには史料的に不十分である。むしろ、年貢収納高の算出方法や「免」の性格が慶長年間に大きく変化したことにより、検地石高の持つ意味が変化し、それに伴って反別斗代も上昇する結果になったと理解することが可能である。

したがって、慶長の惣国検地については、太閤検地方式が色濃くなったと従来から指摘されているが、それが明確なのは実は地積基準だけであり、畠・屋敷には分米ではなく依然として分銭が設定され、地位別斗代や村位別斗代の存在も確認されず、田の平均反別斗代も一石以上ではあるものの、太閤検地方式のものに比べると低い水準にとどまっている。こうした点から慶長の惣国検地は、太閤検地の原則を一部採用しながらも、基本的には毛利氏独自の方式による領国検地であったと見るべきで、太閤検地方式の登場は結局のところ毛利氏の場合、防長移封を待たねばならなかったと言える。

それでは、九州の名島小早川領ではどうか。

豊臣秀吉の九州「国分」によって新たに筑前に入部した小早川隆景は、領国内の所領把握のために指出を徴収しているが、そのさいに作成された文書によれば、田の分米に対して畠が「分古銭」(分銭古)額で表示されている。それは、戦国期における年貢銭納の「清料」額をふまえた分銭表示と推測され、隆景は畠について、戦国期の銭納実績をもとに「分古銭」として把握を試みていたことが判明する。しかも隆景は、こうした調査をふまえて知行宛行や所領寄進を実施したと思われるが、そこでは「分古銭」額が一貫文＝三石という基準で石高に換算され、田の分米と合計した総石高が給付・寄進対象となっている。これはまさに小早川氏独自の石高算出方法であり、「鍛」一貫文＝「京升」一石の「石貫」制で石高算出をおこなった毛利氏領国の方式とは、基本的に異なるものであった。

そして名島小早川領の石高制は、文禄四年（一五九五）の秀俊（のちの秀秋）入部により新たな段階を迎え、秀俊の補佐役であった山口玄蕃頭宗永の惣検地実施により、筑前国を中心とする領国全域には太閤検地の原則が導入される。それは、山口宗永が文禄二年（一五九三）に旧大友領である豊後国で実施し、石田三成が翌三年（一五九四）に島津領である薩摩・大隅両国で実施した検地と基本的に同じ性格のもので、一反＝三〇〇歩・畝制のほか、整然とした地位別斗代や村位別斗代を適用して個々の村高を決定した。しかも、これら村高を前提に、有力寺社には豊臣秀吉の朱印による寄進状が、給人には秀吉朱印を伴った小早川秀俊の知行宛行状が発給され、そのさい確定した石高は知行制や軍役賦課などの権力編成において機能したほか、個々の村高そのものも年貢収納基準として重要な役割を果たした。このように名島小早川領では、隆景の時代に石高制が導入され、秀俊の時代にそれが制度的に確立したのであり、豊臣政権がめざす石高制原理が深く浸透した地域であったと言える。

本書で明らかにしたことは以上である。そこで、その歴史的意義について改めて述べてみたい。

国内外で鋳造された低品位銭貨の流通市場への参入は、等価値使用が原則であった従来の銭貨秩序を崩壊させ、異なる価値の多様な銭貨の出現を生み、「撰銭」行為が社会現象化した。そして十六世紀後半には、通貨として国内流通が本格化した金銀が、良質銭貨である精銭とともに高額貨幣として機能し始めるが、低品位銭貨も忌避されるばかりの存在ではなく、取引が可能な地域では、小額貨幣としての役割を十分果たしていたものと思われる。貨幣は本来、身分や階級を越えて等しく取り扱われるべき存在であるが、等価値使用の慣行が崩壊した状況下では、使用者によって取り扱う銭貨に差違が生じ、しかも銭貨によって広狭さまざまな通用範囲（領域）が成立する。しかしそれが、日本の中・近世移行期における貨幣流通の特徴であり、流通銭貨が等価値でなくなったことで銭貨本来の秩序は崩壊したものの、多様な価値と通用範囲を有しながら銭貨が個々に機能している点において、貨幣経済そのものは維持されていた。したがって、低品位銭貨については無文銭も含め、その役割をけっして過小評価してはならないのであり、一般民衆が取り扱い、地域経済を支えていた銭貨の実態について、さらに具体的に明らかにしていく必要がある。

一方、財政面に目を向けると、十六世紀前半までは良質銭貨である精銭が、大名権力や諸領主から財政上、とくに重要視されていたが、十六世紀後半には高額貨幣として新たに登場した金銀が、各種用途として需要の高まった米とともに、中央政権や大名権力の財政運営において主要な位置を占めるようになった。しかし、天正年間における厳島社の年貢算用で低価格水準の銭貨が使用されていたように、地域経済に直接つながる部分がある以上、たとえ低価値の銭貨であってもその存在は重要であった。諸権力としては、広域で通用する銭貨と、限られた地域（領域）で通用する銭貨とを用途に応じて使い分けるなど、有効な利用方法を常に模索し、対処していたものと思われる。

さて、「撰銭」の発生から石高制の成立までは、日本国内における権力の状況が「分散」から「集中」へと向かう時期にあたり、具体的には諸権力が「分立」から「競合」を経て「統一」されていく時期に相当する。その過程で、諸権力が選択・採用した権力編成の基本原理は、その時々の社会経済状況に影響を受けたものであったと推測される。年貢収納の基準は、古くは耕地面積であったが、中世には代銭納や米穀納の収納実態を反映して「貫高」や「石高」が登場し、やがてそれは権力編成の原理として機能することになり、戦国期には高度に整備された「貫高制」が出現した。しかし、「貫高」は結局「石高」に取って代わられ、米穀量を基準とする「石高制」が権力編成ばかりか、社会編成の原理としても日本社会に定着していくが、それは「石高制」成立時の中央政権である織豊政権を取り巻く社会経済状況が重要な鍵を握っていたことによると思われる。すなわち、異なる価値の多様な銭貨が流通する状況では、銭貨額の数値は普遍性を持つ絶対的な価値尺度とはなりえず、銭貨の代替物として信用を高めた米の容積を基準とする「石高」こそ、権力編成の価値尺度として妥当と判断された。したがって、近世国家の社会編成の基本原理でもある「石高制」の成立には、織豊政権が直面した当時の貨幣流通や米の状況が直接影響したと理解される。

こうして日本では、中・近世移行期、国家権力の国内支配の方式が、耕地面積（「公田」数）を掌握するものから、耕地が生み出す農産物量（「石高」）を掌握するものへと変化を遂げた。そのさい、すでに一定度の貨幣経済の進展がありながら、貨幣額ではなく米穀量が価値尺度となった点に、当時の日本国内における社会経済状況が色濃く反映していたと言えるのである。

以上、戦国・織豊期の貨幣と石高制について論じてきた。そこで最後に、三貨体制成立に至る近世初期の銭貨状況と、幕府や藩（長州藩）の政策的対応について述べるとともに、[1]残された課題を提示して「結び」としたい。

近世初頭の西国では、米と銀を中心に経済が展開するが、銭貨も、流通形態や品位・価値において地域性と多様性を伴いながら、依然通貨として機能した。

安芸厳島社は、関ヶ原の合戦後に芸備両国の新たな領国主となった福島正則のもとで、社領に対する従来の支配を否定されたが、代わりに主要財源として藩庫の蔵米が支給され、所有する町屋敷の地料についても庄屋年寄から銀で受け取ることになった。[2]それは見方を変えると、流通経済の主役が銭から米や銀に移ったことを示すものであり、厳島社の財政構造や町場の経済も米や銀を中心に展開する。ただ、こうした状況下であっても、厳島社の祭祀には南京銭が依然必要とされており、[3]相対的に信用が低下したとはいえ、銭貨の存在価値がなくなることはけっしてなかった。

したがって江戸幕府が銭貨だけでなく、金銀も含めた貨幣環境を整備することで銭貨が再び信用を回復するまでの間、幕府の銭貨政策と国内各地（各藩）で展開していた多様な銭貨の流通について、具体的に明らかにする必要がある。

江戸幕府は、「鐚銭」(4)（京銭）の価格を安定させ、その信用を確保するために、東国の通貨事情をふまえてまず永楽銭の優位性を否定し、金一両＝銭四貫文という公定価格を設定し、低品位銭貨を流通市場から排除する撰銭令を繰り返し発令した。(5)それは本来、江戸市中の流通や主要街道の交通を整備するためであったと思われるが、金を基準とする「鐚銭」（京銭）の公定価格の設定と、低品位銭貨の徹底的な排除により、「鐚銭」（京銭）は徳川政権のもとでしだいに信用を高め、やがて公用銭貨としての地位を獲得するに至ったと推測される。

一方、長州藩では、慶長・元和年間に低価格水準の銭貨「当料」が流通し、藩財政の一部を担っていたが、(6)これは当時「国銭」や「萩銭」と呼ばれ、(7)藩が領内産出銅を原料に鋳造していた銭貨と推測される。しかし同じころ、大坂から京都、あるいは大坂から江戸までの通行・宿泊には「京銭」が必要であり、長州藩としては、国元における行財政の最高責任者である「当職」が大坂商人に手形を発行して「京銭」の立替・勘渡を依頼し、藩外の主要街道の通行・宿泊に必要な「京銭」について、独自の対応をおこなった。(8)すなわち、近世初頭の長州藩は、領内に独自の銭貨流通を有しながら、主要街道における通行・宿泊や幕閣への進物には、「京銭」や「上銭」(9)など上質銭貨を使用するなど、藩の内外で異なる銭貨対応を見せていた。したがって、近世初期には依然、国内各地で異なる価値の多様な銭貨の流通が存在し、それに対する諸藩の独自の政策が展開されていたと推測され、その実態については個々に明らかにしなければならない。

さて、慶長・元和年間に金や銀との公定換算値を設定し、「鐚銭」（京銭）を銅銭の基準銭とする方向性を打ち出した幕府だが、寛永年間にはその価格水準のもと、ついに「新銭」（寛永通宝）の鋳造に着手した。そして、江戸・近江坂本のほか京都・大坂に鋳銭所を設け、さらに八ヵ所の諸藩にも鋳造を命じるなど、全国規模で「新銭」の増産をはかり、それを従来の「古銭」(鐚銭・京銭)と同等の価値で使用することを繰り返し命じた。[10] 長州藩も、八ヵ所の鋳銭担当藩の一つに選ばれて「寛永新銭」の鋳造を命じられたが、それは近世初頭における同藩の銭貨鋳造の実績が考慮されたことによると思われ、長州藩としては藩内の職人と彼らの鋳銭技術をもとに、「新銭」鋳造を長門国美祢郡赤村でおこなった。[11] そして、こうした幕府・諸藩の取り組みの結果、「寛永新銭」は大量に鋳造・発行されて国内に広く普及し、延宝年間には従来の「古銭」が「悪銭」と同じ扱いを受けるまでになった。[12]

ただ、市場に流通し始めた「新銭」が、その後どのように従来の流通銭貨である「古銭」と混じり合い、それを駆逐していくのか、その具体的な過程についてはまだ明らかにされていない。各地に流通する多様な銭貨が「新銭」に完全に取って代わられるのか、一部残存するのか、領主側の史料だけでなく、地域社会の実態を伝える史料を素材とした丹念な分析が必要であろう。

かくして十七世紀半ばには、渡来銭を中心とする中世銭貨の時代は終わり、新たに金銀貨と一定の換算基準で結ばれた幕府公鋳銭貨を基準とする日本固有の銭貨制度が始まる。しかし、この近世三貨体制が成立する以前、石高制を基本原理とする日本特有の社会構造はすでに構築されていたのであり、そこに戦国・織豊期の貨幣や米をめぐる社会経済が及ぼした影響力の大きさが窺われるのである。

註

(1) 拙稿「中近世移行期安芸厳島における銀の浸透と米の機能」(『日本史研究』第五〇四号、二〇〇四年)・「近世初期幕府の銭貨政策と長州藩」(『広島女子大学国際文化学部紀要』第一三号、二〇〇五年)で具体的に論じているので、参照されたい。

(2) 「巻子本厳島文書」一二五号(『広島県史　古代中世資料編Ⅲ』所収)・「厳島野坂文書」一五四二号(『広島県史　古代中世資料編Ⅱ』所収)。

（3）「厳島野坂文書」一六〇五・一六〇六号。

（4）「鐚銭」（京銭）と呼ばれる銭貨は、畿内をはじめ国内に広く流通する、宋銭を中心とした渡来銭であったと推測される。『多聞院日記』によれば、天正年間以降、畿内の主要な流通銭貨が「ヒタ」と呼ばれているが、これに対して「鐚」の文字（国字）を宛てたものが「鐚銭」であり、おそらく永楽銭との比較から東国で成立した表記であったと思われる。

（5）『徳川禁令考』三六八四～三六八九号、『大日本史料　第十二編之二十四』所収「離宮八幡宮文書」（元和二年三月十日付け「定」）。

（6）井原俊夫氏蔵・埼玉県立文書館保管「井原家文書」（五八）慶長十五年分防長両国御蔵入物成一紙（『山口県史　史料編近世3』所収「二五　慶長期財政史料」）。

（7）『大日本古文書　家わけ第二十二　益田家文書』四五八号、「村山家檀那帳　慶長十七年」（山口県文書館所蔵「毛利家文庫五七御什書三―9、36の2」）。

（8）山口県文書館所蔵「毛利家文庫　遠用物（近世前期）」二〇七五・二〇七六・二〇七八・二〇七九号。

（9）『公儀所日乗　壱』（福間牒）寛永十年二月廿七日・三月十九日条（山口県文書館所蔵「毛利家文庫　一九日記4」）。

（10）『徳川禁令考』三六九〇・三六九一・一六七三号、『公儀所日乗　四』（福間牒）寛永十三年十一月廿六日条。

（11）山口県文書館所蔵『桑原覚書』（「毛利家文庫　一六叢書13」）には、「寛永十四年丁丑正月中旬比萩より美祢郡於赤村ニ新銭御鋳せ候」と見える。この鋳銭所は、山口県美祢郡美東町大字絵堂字銭屋に所在し、一九八六年十一～十二月に国庫補助を受けた発掘調査が一部地域で実施され、山口県文書館所蔵の鋳銭所普請指図（「県庁伝来旧藩記録　一般郷土史料　袋入絵図二七八」）に示された通りの遺構が発見され、その位置が確認されたほか、「寛永通宝」二〇枚や坩堝・砥石が出土した。その成果は、山口県埋蔵文化財調査報告第一〇三集『銭屋―長州藩銭座跡―』（山口県教育委員会、一九八七年）に詳しい。

（12）『徳川禁令考』三六九五号。

あとがき

本書は、二〇〇四年十二月に広島大学に提出した学位請求論文「中近世移行期の貨幣流通と石高制」のうち、戦国・織豊期部分を中心に据え、近世初期部分についてはその骨子を「結論」の中に組み込む形で再構成したものである。

本書を執筆するにあたり、基礎となった論文は、以下の通りである。

「毛利氏領国における基準銭と流通銭」（広島大学文学部内海文化研究施設『内海文化研究紀要』第二〇号、一九九一年）

改稿して、第一編第一章二、第二編第一章、第三編第二章一、同二1・2に収載した。

「戦国期社会における銭貨と基準額―筑前・豊前両国を中心に―」（『九州史学』第一二六号、二〇〇〇年）

改稿して、第一編第二章、第三編第三章一に収載した。

「戦国・豊臣期の貨幣通用と公権力―撰銭の発生から石高制の成立まで―」（池享編『銭貨―前近代日本の貨幣と国家―』所収、青木書店、二〇〇一年）

改稿して、第一編第一章一、第三編第一章二1、同三3に収載した。

「南京銭と鍛（ちゃん）」（『出土銭貨』第一五号、二〇〇一年）

改稿して、第二編第二章に収載した。

「戦国・豊臣期の貨幣流通と東アジア貿易」（岸田裕之編『中国地域と対外関係』所収、山川出版社、二〇〇三年）
改稿して、第二編第三章一、第三編第一章二2、同三1・2に収載した。
「中近世移行期安芸厳島における銀の浸透と米の機能」（『日本史研究』第五〇四号、二〇〇四年）
改稿して、第二編第三章二、同第四章一1に収載した。

また、序論、第二編第三章三、同第四章一2・二、第三編第一章一・二3・三4、同第二章二3・三、同第三章二、そして結論は新稿である。

このように、一書としての論理展開を重視したため、もとの論文については複数の章に分割、あるいは大幅に加筆・修正をおこなったほか、多くの新稿も加えている。

学位論文審査には、主査の岸田裕之先生のほか、西別府元日、勝部眞人、山代宏道（以上、広島大学）、市村高男（高知大学）の諸先生にあたっていただいた。そのさい、お寄せくださったご意見には示唆に富むものが多く、一部は本書にも反映させているが、それがかなわなかった部分もあり、それらについては今後執筆する論文の中でお応えしていきたい。

学問としての日本史に取り組むことになったのは、一九七九年に広島大学文学部史学科国史学専攻に入学してからである。松岡久人先生、坂本賞三先生、有元正雄先生に初めてお目にかかった新入生ガイダンスの日のことは今でもはっきりと覚えている。翌年には鳥取大学から岸田先生が移ってこられ、日本中世史講義を受講することになった。三年生のときには、岸田先生が秋山伸隆さんと進めておられた中国地方の毛利氏関係史料の出張調査に加えていただき、山口県文書館などの公共機関や個人のお宅を訪問して原文書を閲覧し、写真撮影をする作業を経験した。ちょうど同じころ、自治体史の編纂に伴う近世の地方《じかた》文書の調査にも参加したが、中世文書と近世文書の調査方法をあわせて学べたことは幸運であった。

卒業論文では安芸国の在地領主制を取り上げたが、修士論文では研究室に東京大学史料編纂所架蔵影写本の「東大寺文書」を撮影した三五ミリフィルムがあったことがきっかけで、当時はまだ活字化されていなかった「未成巻文書」を基本史料とし、東大寺の周防国衙領支配の実態解明に取り組んだ。一九八四年の夏、「柳生の里」の民宿に泊まり込み、毎日バスで東大寺図書館に通い、暑い部屋で文書を閲覧し、昼休みに南大門や境内の各所を散策したことが今でも懐かしい。こうして書き上げた修士論文がもとになり、その後加筆・修正して発表したのが「中世後期東大寺の周防国衙領支配の展開」（『日本史研究』第二九六号、一九八七年）である。これは、中世後期の「油倉《あぶらくら》」を通した東大寺の周防国衙領に対する支配構造の史的展開を、年貢輸送にも目を向けながら明らかにしたもので、流通経済など社会経済史に対する興味はこのころから芽生えていたように思う。

さて、最初の論文はこのような形で生まれたが、なぜか同じ方向性で研究を進めていく気持ちにはなれなかった。むしろ、身近に存在する中国地方の史料を活用して、大名権力の領国支配や権力編成の問題に取り組んでみたいと思った。しかし、毛利氏研究にはすでに豊富な蓄積があり、新たな視点をどこに求めるか模索する日々が続いた。

実は、本書誕生のきっかけは大学院時代の演習である。当時、岸田先生が担当されていた大学院の授業は「大名領国の研究」と題する演習で、各自がテーマを自由に設定して発表する形式であったが、一九八五年四月十八日におこなった「毛利領国の経済構造―その一「撰銭」を始めとした貨幣流通経済について―」と題する報告が、私の貨幣研究の出発点となった。そのときの報告の骨子は、毛利氏領国における「清料」「古銭」が前代以来の継承基準額であること、「和利」が換算値であること、そして「鍛」が惣国検地での基準銭であることなどである。その後、「鍛」を「ちゃん」と呼ぶらしいことなど、秋山さんにご指摘を受けながら、大内氏時代から豊臣政権期までの中国地方における貨幣通用の実態と諸権力の対応についてまとめたのが「毛利氏領国における基準銭と流通銭」で、本書のもとになった論文の中で最も古いものである。

しかし、この論文を執筆した後も、やはり貨幣研究をそのまま進めていこうとは思わなかった。興味関心が次々と変わるのは悪い癖だと思うが、しばらくは学界における貨幣史研究の推移を静観し、その間は別のことに取り組みたいと思った。

それは、福岡市博物館に学芸員（文化学芸職）として採用（一九八九年五月）され、九〇年十月の開館に向けた準備作業に従事していたころであった。生まれ育った広島の地を離れ、異なる風土や文化に接しながら過ごす日々はとても貴重だった。結果的に四年一一ヵ月という短い期間ではあったが、今考えても中身の濃い歳月であった。博物館のさまざまな業務、歴史以外の考古・民俗・美術といった諸分野との出会い。扱う資料が違えば分析方法が違うし、価値判断も展示手法も違う。しかも、博物館業務を通じて展示設計や映像・レプリカ・パネル制作、そして美術運送など、さまざまな「職人」の仕事に接したことは机上の学問、とくに文献史学しか知らない者にとってはとても新鮮で、彼らの物作りにかける情熱や「技《わざ》」のすばらしさを知った。

加えて、九州大学文学部国史学研究室の関係者と交流できたこともありがたかった。川添昭二先生には初対面でご自宅に上がらせていただいたが、その学問に対する姿勢にはいつも頭の下がる思いがした。また、佐伯弘次さんを通して大庭康時さんら福岡市教育委員会の埋蔵文化財関係の方々を知り、中世の国際都市博多の復元作業について学んだほか、九州の地にあって、広島県の草戸千軒町遺跡の重要性について改めて知ることができた。さらに、近世史読書会にも時折顔を出し、関心ある近世初期の諸問題をめぐる宮崎克則、中野等、福田千鶴氏らの熱の籠もった議論を目の当たりにする機会を得たほか、学外でも松薗斉、日隈正守氏らと中世史懇話会なる研究会を立ち上げ、ときには鹿児島県の入来院に出かけたこともあった。

もともと福岡市博物館で中世後期、とくに戦国・織豊期の時代担当であったこともあり、大内・大友氏だけでなく豊臣政権の筑前・博多支配や博多町衆に関する史料を見る機会が多かったが、中国地方だけでなく九州地方（とくに筑前・豊前関係）の史料にも触れ、豊臣政権の地域支配について考察を深めることができたのは、福岡時代の貴重な財産である。

一九九四年四月、縁あって広島の安田女子大学に勤務することになり、生まれ故郷に戻ることになったが、実はこのころから貨幣史研究がにわかに活気を帯びてきた。「出土銭貨研究会」という新しい研究会が発足したので会員になるよう中島圭一氏からお誘いがあった。毛利氏領国における貨幣の論文を執筆した後、しばらくは学界の推移を見守りたいとの思いを軌道修正するほど、東洋史や考古学の研究成果が次々と登場し、それに触発されるように日本貨幣史の研究も活発化してきた。

もはや沈黙しているわけにはいかない、なんらかの主張をしなければとの気持ちが芽生え始めたちょうどそのころ、青木書店から池享氏を編者とする貨幣関係の書籍『銭貨―前近代日本の貨幣と国家―』が刊行されることになり、戦国期の貨幣流通と公権力の対応について執筆を担当することになった。そこで、「撰銭」状況の発生から石高制の成立までを視野において、戦国・織豊期の貨幣流通の実態と公権力の対応について整理することになったが、そのときの論の組み立てが本書成立の土台となっている。

ただ、本書の構成そのものに直接影響を与えたのは、実は二〇〇三年十二月に開催された二つの研究会での報告であった。そのころはすでに現在の職場である県立広島大学（改組前は県立広島女子大学）に移っていたが、同年の秋、慶應義塾大学の故鈴木公雄先生から直接お電話をいただき、日本銀行金融研究所で開催されている貨幣史研究会東日本部会で報告するよう求められた。実は、その少し前に織豊期研究会からも報告の要請があり、数ヵ月後の同じ月に開催される研究会でどのような内容で報告するか模索する日々が始まった。貨幣史研究と織豊期研究のそれぞれの専門家が集う二つの研究会で、参加者の期待にある程度応えるためには、それまでの大内・毛利氏領国の事例紹介だけでは不十分で、この機会にそれ以外の地域にも目を向けるとともに、織田・豊臣政権の貨幣や米に対する政策的対応についても検討する必要性を感じた。そして試行錯誤しながらなんとか練り上げた発表構成がそのまま学位請求論文の構成となった。その意味では、この年の十二月九日と二十日に開催された研究会に向けての報告準備が、本書の骨組みを完成させたと言える。

貨幣史研究会では鈴木先生をはじめ安国良一、櫻木晋一、黒田明伸、桜井英治、田中浩司、中島圭一ほかの方々、また織豊期研究会では三鬼清一郎先生をはじめ藤田達生、播磨良紀ほかの方々に貴重なご意見を賜ったが、とくに後者の研究会に出席されていた木越隆三さんには後日わざわざご著書を送っていただき、織豊政権の検地事例やその意義について深く学ぶことができた。

以上述べてきたように、本書は大学院時代の演習に端を発し、福岡時代の九州地方や豊臣政権期の史料との出会い、一九九〇年代以降の貨幣史研究の活発化、そして二つの研究会からの報告要請と、ある意味で偶然の重なりの中から生まれたものである。そして、長年にわたり多大な学恩を賜った岸田先生には約二十年かかってようやく大学院時代の演習レポートを提出できた感がある。

その意味では、本書の刊行により一つの区切りができた。ここ数年、貨幣史研究のため封印してきたものも含め、いくつかの研究課題にようやく本腰を入れて取り組めるようになったことが何よりも嬉しい。豊臣政権下の毛利氏の権力構造や領国支配、現在科学研究費補助金の研究分担者として参加している石見銀山、地域史研究として向き合わねばならない安芸厳島の歴史と文化、そして最初の論文以来遠ざかっている内海流通の史的展開など、これら諸課題について計画性をもって取り組んでいきたい。

史料の蒐集にあたっては、山口県文書館や東京大学史料編纂所などの史料保存機関にご協力を賜った。また、大学の先輩であり、現在同じ職場の上司でもある秋山伸隆さんには日頃から大変お世話になっている。氏の叱咤激励がなければ、学位論文の完成はもっと先になっていたであろう。広島大学文学部国史学研究室、とくに中世史読書会の諸先輩からは多くを学んだが、後輩たちの活躍もまた大きな刺激となった。山本浩樹氏の戦国期戦争論をはじめ、木村信幸、和田秀作、鹿毛敏夫、長谷川博史各氏の吉川氏・大内氏・大友氏・尼子氏研究の成果についてはいつも学ばせていただいている。

このほかにも多くの方々の存在が力となった。常に精力的に史料調査を進められる一方、近年では学術研究と一般市民の架け橋としての役割を模索されている大阪城天守閣の北川央さん、また多忙を極める学校現場にありながら、筑前宗像氏の研究を一貫して進められている桑田和明さん、こうした方々から時折送られてくる論考によって、ともすれば怠けがちの私は幾度となく活を入れられた。さらに、博物館や資料館・文書館に勤務、あるいは埋蔵文化財の発掘や文化財の保護に従事されている方々の調査研究の成果や史料情報にも大いに助けられた。

今、人文学の存在意義が問われている。目先の経済効率が優先され、先人が長年にわたって受け継いできたものが簡単に捨てられようとしたり、歴史に真摯に学ぶ姿勢が失われてきているように感じられる。そうしたなか、歴史学の果たすべき社会的役割と、その教育・研究に携わる者の社会的責任や地域貢献のあり方について、改めて考えなければならない。また、かつて博物館に勤務していた者として、指定管理者制度など諸問題に直面する自治体博物館の将来も心配である。経営効率だけで判断してはならない博物館の社会的な役割や存在意義についても機会があれば発言していかなければと考えている。

最後に、私の歴史研究は歴史好きの祖父の話し相手になることから始まった。その歴史研究を自分の職業にできたことを嬉しく思うし、それだけに好きな道を歩ませてくれた両親に感謝したい。また、家族の支えがあってこその研究活動である。妻と二人の息子、そして母の存在は日々の研究活動はもちろん、本書の誕生にも大きな力となった。

なお、本書の出版にあたっては吉川弘文館編集第一部の重田秀樹さん、そして製作においては「歴史の森」の関昌弘さんに大変お世話になった。また、本書の刊行に際しては、直接出版費の一部として独立行政法人日本学術振興会平成十八年度科学研究費補助金（研究成果公開促進費）の交付を受けた。記して感謝申し上げる次第である。

二〇〇六年七月十二日

管絃祭の夜、宮島にて

本　多　博　之

戦国織豊期の貨幣と石高制（オンデマンド版）

Digital Publishing

2019年9月1日　発行

著　者　本多博之《ほんだひろゆき》

発行者　吉川道郎

発行所　株式会社 吉川弘文館
〒113-0033 東京都文京区本郷7丁目2番8号
TEL 03(3813)9151(代表)
URL http://www.yoshikawa-k.co.jp/

印刷・製本　株式会社 デジタルパブリッシングサービス
URL http://www.d-pub.co.jp/

本多博之（1960～）
ISBN978-4-642-72857-7

著者略歴
一九六〇年　広島県に生まれる
一九八三年　広島大学文学部史学科卒業
一九八九年　広島大学大学院文学研究科博士課程後期単位取得退学
福岡市博物館学芸員、安田女子大学助教授を経て
現在　県立広島大学人間文化学部助教授、博士(文学)

〔主要論文〕
中世後期東大寺の周防国衙領支配の展開(『日本史研究』二九六)　小早川秀秋の筑前支配と石高制(『九州史学』一一七)　戦国大名毛利氏の厳島支配と厳島「役人」(『安田女子大学紀要』二八)

戦国織豊期の貨幣と石高制

二〇〇六年(平成十八)十一月十日　第一刷発行

著　者　本《ほん》多《だ》博《ひろ》之《ゆき》

発行者　前田求恭

発行所　株式会社　吉川弘文館
郵便番号一一三―〇〇三三
東京都文京区本郷七丁目二番八号
電話〇三―三八一三―九一五一(代)
振替口座〇〇一〇〇―五―二四四番
http://www.yoshikawa-k.co.jp/

印刷＝株式会社 理想社
製本＝株式会社 ブックアート
装幀＝山崎　登

索　　引

I 事 項 名

あ 行

か 行

さ　行

た　行

な　行

は　行

ま 行

や 行

ら 行

わ 行

II 地　　名

あ 行

か　行

さ　行

た 行

な 行

は 行

ま　行

や　行

ら　行

わ　行

Ⅲ　人名・寺社名

あ　行

か　行

さ　行

た　行

な　行

は　行

ま　行

や　行

ら　行

わ 行

Ⅳ 研究者名

あ 行

か 行

さ 行

た 行

な　行

は　行

ま　行

や　行

わ　行